河南省"十二五"普通高等教育规划教材

高等教育经济管理类专业"十三五"规划教材

经济学基础

第2版

主　编　姜法芹　　胡建明

副主编　刘伟娜

参　编　姜继英　　高婧婧　　周　洁　　马志桦

机械工业出版社

经河南省普通高等教育教材建设指导委员会审定，本书为河南省"十二五"普通高等教育规划教材。书中介绍了经济学的基本理论和方法，包括微观经济学和宏观经济学，着重阐述了微观经济规律和宏观经济政策。本书具有两大特色：一是在版块设置上体现自我特色；二是在内容设计上凸显技能培养。

本书配有课件、电子教案、案例提示答案、习题练习答案等相关资料，可作为普通高等教育经济与管理类专业基础课程的通用教材，也可作为社会在职人员学习提高、培训用书。

图书在版编目（CIP）数据

经济学基础/姜法芹，胡建明主编．—2 版．—北京：机械工业出版社，2019.2（2025.8 重印）
ISBN 978-7-111-61855-3

Ⅰ．①经… Ⅱ．①姜… ②胡… Ⅲ．①经济学—高等学校—教材 Ⅳ．①F0

中国版本图书馆 CIP 数据核字（2019）第 012260 号

机械工业出版社（北京市百万庄大街 22 号　邮政编码 100037）
策划编辑：孔文梅　　　　　责任编辑：孔文梅　乔　晨
封面设计：鞠　杨　　　　　责任印制：刘　媛
责任校对：郑　婕　陈　越
北京富资园科技发展有限公司印刷
2025 年 8 月第 2 版第 6 次印刷
184mm×260mm・15.75 印张・381 千字
标准书号：ISBN 978-7-111-61855-3
定价：45.00 元

电话服务　　　　　　　　　　　网络服务
客服电话：010-88361066　　　　机　工　官　网：www.cmpbook.com
　　　　　010-88379833　　　　机　工　官　博：weibo.com/cmp1952
　　　　　010-68326294　　　　金　书　网：www.golden-book.com
封底无防伪标均为盗版　　　　　机工教育服务网：www.cmpedu.com

前言 PREFACE

本书付梓之际，恰逢我们国家改革开放 40 周年的伟大日子。本书是一本致力培养学生现代经济学思维能力的专业基础教材，是一本让经济学常识成为学生能用、会用并且对学生走向社会以后有用的教材。全书围绕着微观经济学的"价格决定"和宏观经济学的"国民收入"，以资源配置和资源利用为主题，层层展开，环环相扣，通过从概念到理论的总体把握，教会学生掌握经济学的方法，训练提高学生的经济学思维能力。

在内容的设计上凸显技能培养。西方经济学的知识点繁多复杂，理论性强且较为抽象，学生要用较短的学时掌握经济学中各知识点"是什么""为什么""怎样做"的问题是很困难的。因此，本书以训练学生的经济学思维方式培养学生对经济现象的分析能力为目的，以必需、够用、能用为原则，选取基本的理论，力求使学生从经济学的纯理论学习中解脱出来，从困难的教学模型设计中超脱出来，对"是什么"的问题做到表述清楚，对"为什么"的问题尽量从简，把"怎样做"的问题进行层次分解，讲明讲透，使学生具有认识社会经济现象、掌握经济学思维方式、提高经济效益的能力。

本书在每一章内容的前面，首先列出了"学习目标""重点难点""案例导入"三个前提性栏目，在每章内容中分别插入"案例讨论""例题""即问即答"，在每章的结尾处附有"主要内容网络图""关键名词""复习与练习""实践与实训""人物介绍"五个总结性栏目，以利于学生对全部内容的系统理解。每章前提部分的"学习目标"中，列出了技能目标；章节中穿插着大量的"实例"和"案例分析"，使复杂的理论尽可能地变得简明通俗；章节后的"实践与实训"，进一步训练学生理论联系实际的能力。

在第 1 版的基础上，我们对全书进行了一些调整：一是在内容的选择上，增加了当前在经济社会中具有实践意义的一些理论内容，更具有社会时代性；二是更新并使用了新的案例、新的统计数据，具有时效性和针对性；三是充分听取广大教师和学生的意见，特别是邀请相关实践工作者，了解实践对学生学习的要求和建议，逻辑更加清晰，概念更加准确，风格更加简洁。课后的复习思考题，对应每章中的重要知识点，便于学生对照复习思考题来复习、检查自己对经济学理论的掌握程度。

本书主编为姜法芹、胡建明，副主编为刘伟娜，参加编写的还有姜继英、高婧婧、周洁、马志桦。具体编写分工是：姜法芹编写第一章、第二章、第五章；胡建明编写第三章、第四章、第七章；周洁编写第六章；刘伟娜编写第八章、第九章；高婧婧编写第十章；姜继英编写第十一章；马志桦编写第十二章。全部参编人员共同负责各章节的课件制作、图形制作、习题答案整理等工作，最后由主编负责全书的统稿和修改工作。

本书由河南省普通高等教育教材建设指导委员会专家张辉教授主审，在本书的体系结构、相关内容等许多方面，提出了建设性的修改意见，在此深表感谢。河南省普通高等教育教材建设指导委员会对本书的出版给予了大力支持，在此深表感谢。

本书为校企合作教材，中国工商银行郑州分行、郑州市市区农村信用合作联社对本书的编写，特别是针对"实践与实训"项目，提出了实用性和前瞻性的修改意见；在本书的编写过程中，我们参阅了国内外有关专家、学者的专著、教材和研究成果，并得到了有关学者、部门和机械工业出版社的大力支持，在此谨表感谢。

由于编者水平有限，书中难免有不当、疏漏或错误之处，诚恳欢迎各位专家和读者批评指正。

为方便教学，本书配备了电子课件等教学资源。凡选用本书作为教材的教师均可登录机械工业出版社教育服务网 www.cmpedu.com 免费下载。如有问题请致电 010-88379375，QQ：945379158。

编　者

目 录
CONTENTS

前 言

第一章　绪论 ... 001
　第一节　经济学的研究对象 ... 002
　第二节　经济学的研究内容 ... 006
　第三节　经济学的分析方法 ... 010
　第四节　经济学的演变与发展 ... 013

第二章　供求理论及市场均衡 ... 018
　第一节　需求 ... 019
　第二节　供给 ... 023
　第三节　均衡价格 ... 027
　第四节　弹性理论 ... 031

第三章　消费者行为理论 ... 041
　第一节　效用概述 ... 042
　第二节　基数效用论 ... 044
　第三节　序数效用论 ... 047
　第四节　消费者行为理论的应用 ... 051

第四章　生产者行为理论 ... 059
　第一节　生产函数概述 ... 060
　第二节　短期生产函数 ... 063
　第三节　长期生产函数 ... 068
　第四节　规模报酬 ... 072
　第五节　成本收益分析 ... 073

第五章　市场结构理论 ... 091
　第一节　市场结构的划分 ... 092
　第二节　完全竞争市场 ... 093
　第三节　完全垄断市场 ... 102
　第四节　垄断竞争市场 ... 108
　第五节　寡头垄断市场 ... 112

第六章　生产要素与收入分配理论 ... 120
　第一节　生产要素的需求与供给 ... 121
　第二节　工资、利息、地租、利润理论 ... 123
　第三节　收入分配政策 ... 128

第四节　帕累托最优 131

第七章　市场失灵与微观经济政策 137
　　第一节　市场失灵 138
　　第二节　外部性 138
　　第三节　公共物品 141
　　第四节　信息不对称 146

第八章　国民收入核算 152
　　第一节　宏观经济总量 153
　　第二节　国民收入的核算方法 158
　　第三节　国民收入核算中的恒等关系 161

第九章　国民收入决定理论 167
　　第一节　简单国民收入决定模型 168
　　第二节　IS-LM 模型 175
　　第三节　总需求与总供给 179

第十章　通货膨胀与失业 186
　　第一节　通货膨胀 187
　　第二节　失业 194
　　第三节　通货膨胀与失业的关系 200

第十一章　经济周期、经济增长与开放经济 206
　　第一节　经济周期理论 207
　　第二节　经济增长理论 210
　　第三节　国际收支、外汇与汇率 215
　　第四节　国际贸易相关理论 219

第十二章　宏观经济政策 226
　　第一节　宏观经济政策概述 227
　　第二节　财政政策 229
　　第三节　货币政策 233
　　第四节　财政政策与货币政策的综合运用 239
　　第五节　供给管理政策 241

参考文献 245

第一章 绪论

学习目标

知识目标
1. 理解经济学产生的原因。
2. 掌握经济学的研究对象和研究内容。
3. 理解经济学的基本假设。
4. 了解经济学的演变发展过程。

技能目标
运用所学的知识,尝试对生活中的经济问题进行简单分析。

重点难点
1. 经济学的产生。
2. 生产可能性曲线。
3. 机会成本。
4. 资源配置与资源利用中的基本问题。

案例导入

地狱与天堂

从前,有一个幸运的人被上帝带去参观天堂和地狱。

他们首先来到地狱。在这里,他们看见一群人围着一大锅肉汤,但这些人看起来都营养不良、绝望又饥饿。仔细一看,每个人都拿着一只可以够到锅子的汤匙,但汤匙的柄比他们的手臂长,所以没法把食物送进嘴里,因此人人挨饿,个个愁眉苦脸,看起来非常悲苦。

紧接着,上帝带他来到另一个地方。这个地方和之前的地方完全一样:一锅汤、一群人、一样的长柄汤匙,但每个人都吃得很愉快,所有的人都很开心快乐。上帝告诉他,这里就是天堂。

参观者很迷惑:为什么情况相同的两个地方,结果却大不相同?经过仔细观察,他找到了答案:地狱里的每个人都想着自己舀肉汤吃,而在天堂里的每一个人都在用汤匙喂另一个人。结果,地狱里的人挨饿又可怜,天堂里的人吃得很好而且快乐。

西方有一句谚语:"天下没有免费的午餐。"我们也经常说,"没有付出就没有收获。"在缤纷的世界中,每个人在追求自我利益最大化的过程中,如何才能在不损人利己的前提下,实现"人人为我、我为人人"的双赢?在现实经济生活中,"看不见的手"是如何发挥调节作用的?

让我们一起开启经济学的航程吧。

第一节 经济学的研究对象

一、资源的稀缺性与最优选择

（一）欲望的无限性

在经济学中，欲望是一种受主观意识支配的心理感受，是指人因缺乏某种东西或不满足而形成的心理上的渴求状态。人的欲望是不断变化的，随着年龄、周围环境、收入状况和社会地位等的变化而变化，它具有多层次、多目标、重复性和无限性的特点。一个欲望得到满足以后，新的欲望又产生了，欲望总是在不断地产生、不断地被满足中无限循环往复。这也是人类社会不断向前发展的动力源泉。

美国心理学家马斯洛用需求层次理论来说明人类欲望的特点。马斯洛把人类的总体需要分为五个层次：第一层是生理需要，即生存的需要，包括对食物、饮水、睡眠和御寒等的需要，这是人们最原始、最基本、最低层次的需要。第二层是安全需要，当人的生理需要相对满足以后，就会产生安全需要，如对人身安全、财产安全、职业安全及健康保障等的需要。第三层是社会需要，即爱和归属的需要，包括亲情、爱情、友情和归属感等方面的需要。第四层是尊重的需要，指个人的才华与成就需要得到别人的认可，希望社会给予尊敬、赏识、赞美和承认地位。第五层是自我实现的需要，即个人潜能与才华得到发挥，实现自己的人生理想和抱负，个人获得了极大的满足感等。五个层次的需要相互联系、逐层提高，当低层次欲望或需要得到满足以后，人类就会产生更高一级的欲望或需要，并为之不断奋斗。所以，人的欲望总是连绵不绝、无穷无尽的。

（二）资源的稀缺性

资源是一国或一地区内拥有的物力、财力、人力等各种物质要素。资源分为自然资源和经济资源两大类。自然资源是指不经过人类生产就可以从自然界直接取用的物品，如阳光、空气、水、森林及海洋鱼类等。经济资源也叫生产要素，是指必须经过人类加工、付出代价才能获得的物品，包括劳动、资本、土地和企业家才能等。经济资源的价值在于它们可以组合起来，既能生产出满足人们需要的各种物品和服务，又能实现自身的财富增值。

资源的稀缺性是相对于人的欲望（或需要）的无限性而言的，资源总是不足的、有限的。稀缺是人类社会面临的永恒问题。人类的生存与发展无时无刻不在消耗着资源，现有的很多资源已经不能满足人类社会的需要，资源约束是各国经济社会发展中的一大难题。自然资源不是取之不尽、用之不竭的；即便是明媚的阳光、清新的空气、干净的水源，也存在稀缺问题。

小知识　　　　　　　　　稀缺法则

稀缺法则也叫稀缺性规律，是指资源和物品相对于人类无限欲望而表现出的有限性。如果资源是无限的，能够生产出任意数量的物品，或者人类的需要已经完全被满足，那么每个人都能随心所欲地得到他所需要的东西，也就不会产生任何经济问题。正是由于资源有限，在客观上人类才面临各种选择，以期解决各种最优化问题，于是就产生了经济学。稀缺性是经济学研究的根本主题。

(三)最优选择:经济学的产生

选择是在各种不同用途上加以比较并做出决策的过程,是把稀缺资源用于某种特定用途而放弃其他可能用途的行为。资源是稀缺的,但同一物品或资源总是有多种可相互替代的用途;欲望是无限的,但具体到每个人在具体的时间和空间范围内,与其收入和地位相称的切合实际的欲望又是具体的,是有轻重缓急之分的。把稀缺的经济资源从多种用途中挑选一种或几种加以利用的过程,就是选择,就是资源配置的过程。选择的可能性来自资源的多用性;选择的必要性来自资源的稀缺性;选择的原则是最有利、最优化;选择的目的是用有限的资源去满足更多的欲望。

经济学起源于经济中客观存在的无限欲望、稀缺性和由此产生的选择问题。人们用一定的理论和技术、采用科学的方法去解决经常出现的选择问题,总结出具有规律性的结论并自成体系,于是就产生了经济学。

综上所述,经济学是关于选择的学问,是研究各种稀缺资源在可供选择的用途中进行合理配置和充分利用以便满足人类需要的科学。

案例讨论 　　　　　　　　　　**小张的烦恼**

小张是一名大学一年级的学生,寒假后开学离开家时,妈妈给他3 000元钱作为本学期的所有费用开支(学费、书费、住宿费新生入学时已交)。妈妈规定,3 000元钱包干使用,超支不补,结余留用。对于小张来说,他本学期的支出欲望很多:生活费2 000元,学习用品费200元,手机费200元,上网费300元,购买衣物支出300元,五一短途旅游费300元,家庭学校间的往返交通费300元,同学过生日的礼品费和聚餐费300元,还有……光这些支出合计就需3 900元,更不用说其他的了,这钱哪够花呀?小张想到这事就很烦恼。

讨论:如果你是小张,你该怎么办呢?

二、经济学的基本问题

(一)资源配置:微观层面的基本问题

资源配置是微观领域讨论的重要问题,主要由微观经济学来研究。从字面意思来看,资源是指各种经济资源,配置即在各种不同用途中加以比较并做出选择的过程。具体来说,资源配置,就是把拥有的各种经济资源按照生产要求科学地搭配起来,以实现资源的最佳使用,生产出最适用的商品和劳务,以获取最佳效益的过程。对各类经济主体而言,在日常生产中要面对众多的选择,但最基本的选择有以下三个:

1. 生产什么

这是人们面对外部市场需求所要做出的首要选择。稀缺资源可以有多种用途,能生产出各式各样的商品,如果生产某种商品占用的资源多一些,生产其他商品的可用资源就会少一些。那么该生产什么?生产多少?是要大炮还是要黄油?在哪个组合点才是恰当的?在市场经济体制中,这些决策都是通过市场机制来完成的。

2. 怎样生产

这是人们在生产组织方面的选择。每种生产要素都有多种用途，任何产品都可采用多种生产方法。在实践中，采用什么样的生产方法、采用多大的生产规模，以及采用什么方式的生产要素组合等诸如此类的选择问题，是每个人都需要面对的。

3. 为谁生产

这是有关人们的生产成果该如何分配的选择，即收入分配问题。产品的生产一般需要投入相应的资本、土地、劳动、企业家才能等，各种要素的所有者——股东、土地占有者、劳动者、企业家等，根据各自在生产中的贡献取得相应的产品或报酬，谁得到报酬就意味着产品为谁生产。

（二）资源利用：宏观层面的基本问题

资源利用是宏观领域讨论的重要问题，是指一国如何更好地利用现有的稀缺资源，使之生产出更多的物品。如果资源利用不当，就存在资源的闲置和浪费问题。资源利用需要讨论以下三个基本问题：

1. 资源充分利用问题

资源利用与社会就业密切联系，判断资源的闲置和浪费是以失业率的高低为重要依据的。有关资源利用方面的问题有：一国的资源是否得到充分利用？资源为什么得不到充分利用？如何解决失业问题，实现充分就业？

2. 经济增长问题

经济增长问题主要是指经济稳定增长问题，诸如：怎样实现经济的持续、平稳增长？经济水平和产量为什么会波动？如何减少经济的周期性波动？

3. 货币购买力稳定问题

货币购买力稳定问题主要讨论物价稳定问题，诸如：货币供给如何影响社会经济？为什么出现通货膨胀或通货紧缩？通货膨胀和通货紧缩有什么影响？怎样才能保持币值稳定？

三、生产可能性曲线

（一）生产可能性曲线概述

1. 生产可能性曲线的含义

生产可能性曲线也叫生产可能性边界，是指在一定的技术条件下，一国利用现有资源所能生产出的各种商品最大产量的组合。

我们可以用大炮和黄油为例。假设一国只生产两种商品：黄油和大炮。横轴代表黄油的数量，纵轴代表大炮的数量，如图1-1所示。假设全部资源用在黄油的生产上，每年所能生产的黄油会有一个最大的数量；我们也可以把所有的资源都用于生产大炮上，这是处于两种极端的可能性。如果我们愿意放弃一些大炮，就可以多生产一些黄油；如果我们愿意放弃更多的大炮，就可以生产更多的黄油。这意味着从 A 到 B……到 F 各点，我们就把劳动、物资和其他资源从大炮行业转移到了黄油行业。

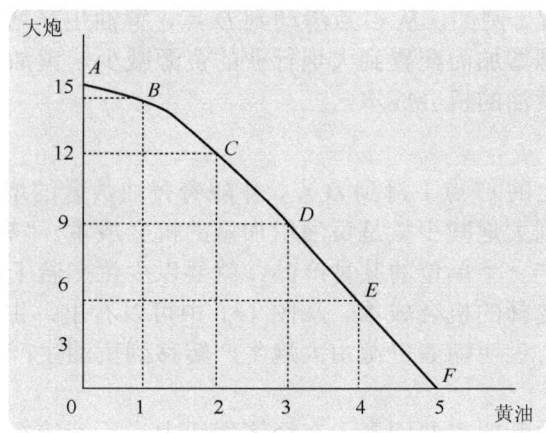

图 1-1　生产可能性曲线

在图 1-1 中，A 点表示全部资源只生产大炮的一个极端，而 F 点表示全部资源用于生产黄油的另一极端，在其间的 B、C、D、E 各点，表示大炮的数量逐渐减少，以便换取更多的黄油。当我们填满所有的点后，我们就得到图 1-1 中所示的"生产可能性曲线"。

大炮并不是在实物上变成黄油，而是资源的一种用途转换为另一种用途的选择性假设。生产可能性曲线上的任意一点都表示全部资源被利用时，社会可接受并得到的产量组合。

生产可能性曲线 AF 把坐标平面分成两个部分，曲线以内的点表示没有充分利用现有资源条件下生产的黄油与大炮的组合，不是合理选择区域。曲线以外的点表示目前不可能生产的两类商品的组合，是无法选择区域。只有在生产可能性曲线 AF 上的点，才是可能的有效的生产组合，此时资源得到充分利用，生产的黄油和大炮的组合数量最多，能够最大可能地满足人们的需要。

2. 生产可能性曲线的意义

（1）生产可能性曲线是资源稀缺性假设的具体表现。为什么大炮与黄油是有限的？生产可能性曲线形象地表现了这个资源稀缺问题。

（2）生产可能性曲线是经济选择行为的集合。生产的大炮与黄油该怎么组合？生产可能性曲线反映了在资源配置过程中所有可能选择的集合。经济学是一门关于选择行为的科学，生产可能性曲线的重要性在此显而易见。

（3）生产可能性曲线体现了资源的充分利用。社会生产的大炮与黄油的各个组合，都是动用了全部社会资源的最大组合，说明资源都得到了充分利用。因此，生产可能性曲线代表了人们充分利用稀缺资源来增进社会福利的最终目标。

（二）机会成本

1. 机会成本的含义

机会成本是指把既定资源用于某种用途就必然会放弃其他用途，即在放弃的其他用途中所能获得的最大收益。因此，机会成本也称隐形成本。

生产可能性曲线也可以说明机会成本问题。按照生产可能性曲线来生产产品，解决的是资源的利用问题。但是，曲线 AF 上有无数个生产组合点，究竟选择哪一个生产组合点，就属于资源的配置问题。如果沿着生产可能性曲线上下滑动，黄油与大炮的组合就会发生变化，产生新的资源配置。例如，从 C 点滑动到 D 点，黄油生产增加而大炮生产减少，说明配置到黄油行业的资源增加而配置到大炮行业的资源减少，黄油的增加要以大炮的减少为代价，这个代价便是黄油的机会成本。

2. 机会成本的应用

从生产可能性曲线上的 C 点下滑到 D 点，伴随着黄油数量的增加，必须以大炮数量的减少作为损失或代价，则大炮减少量是黄油增加量的机会成本。"有一得必有一失"，在资源一定的情况下，多生产一个单位的某种产品，就要以少生产若干单位的另一种产品作为代价，这种代价就构成选择的机会成本。从图 1-1 中可以看出，生产可能性曲线 AF 以递减的速度向右下方倾斜，说明随着资源由大炮生产转移到黄油生产，黄油的机会成本会越来越高。

机会成本是选择与决策的重要因素。在经济生活中，不管选择做什么事情，都有机会成本存在。由于我们的金钱、财物、时间、精力及知识等资源有限，选择一种用途就要放弃其他用途，也就产生了机会成本问题。对于经济决策来说，机会成本越小越好。

> **案例讨论**　　　　　　　　　　**上大学的机会成本**
>
> 同学们高中毕业进入大学阶段学习深造，想过上大学的机会成本吗？考虑下面情况：上大学一般要耗时 3～4 年，以 4 年计，平均每年要花费 2 万元，那么读完大学 4 年，你需要花费 8 万元；如果不上大学，去打工或上班每月的收入为 1 000～5 000 元，一年的收入为 1.2 万～6 万元，按一年 3 万元算，4 年下来总收入为 12 万元。可以简单地算出，上大学与不上大学收入相差约 20 万元。
>
> 讨论：
> （1）大学生脱产在校学习的机会成本还有哪些？
> （2）为什么还有许多人争相上大学？

第二节　经济学的研究内容

一、经济学的基本假设

（一）理性人假设

1. 理性人假设是经济学大厦的基石

理性人也叫经济人，是经济学关于人类经济行为的一个基本假设。理性人是指作为经济决策的主体（消费者、厂商、政府）都是理性的、自利的，以自身利益的最大化作为自己的追求。经济主体的行为是经过权衡、基于精确判断和计算之上的，他们既不会感情用事，也不会轻信盲从，并以追求自身利益最大化为目标。

2. 经济学的基本定律

经济学的基本定律是指理性人都无一例外地追求"既定条件下的最大化"，包括收益最大化、产量最大化及利润最大化等。具体来讲，消费者追求效用最大化，生产要素所有者追求收益最大化，厂商追求利润最大化，政府追求目标决策最优化。

（二）完全信息假设

完全信息假设是指假定经济活动的所有当事人都拥有同样充分的信息，而且获取信息不需要任何成本。每个决策者都掌握了与决策相关的所有信息，都清楚地知道这一决策的条件和后果，因而经济活动中不存在任何不确定性。例如，每一个消费者都能完全了解市场上每一种商品的性能和特点，准确地判断商品给自己带来的消费满足程度，掌握商品价格在不同时期的变化等，从而能够确定最优的商品购买量。每一个厂商都能准确地掌握产量和生产要素投入量之间的技术数量关系，了解商品价格和生产要素价格的变化，以及在每一个商品价格水平上消费者对产品的需求量等，从而做出最优的生产决策。

当然，在现实经济生活中，人们做决策时并不总是深思熟虑的，在许多场合往往是按习惯办事，非理性行为或错误决策也是难免的。另外，人们在进行经济决策时，除了经济利益以外，还会受到社会、政治以及道德等方面的影响和制约。经济学家承认，这两个假定条件未必完全符合现实，只是为了理论的方便而设立的，在此基础上可以提出一些重要的结论，并据此对人们的有关行为做出预测，提供行动方案或政策决策的理论依据。

二、微观经济学

（一）微观经济学的研究对象

微观经济学以市场价格为中心，采用个量分析方法，以单个经济单位为研究对象，研究其在市场机制作用下的经济活动和经济变量的单项数值如何确定。

在简单的市场经济模型中，单个经济单位是指构成市场机制运行主体的家庭（或个人）和企业（或厂商），通过产品市场和要素市场联系起来。家庭（或个人）是产品市场的需求方和要素市场的提供方，企业是产品市场的供给方和要素市场的购买方，他们共同构成了微观经济循环的基本框架，如图1-2所示。实线表示物品和劳务的流通方向，虚线表示货币的运动方向，理解和掌握这个循环关系对于微观经济分析是非常重要的。

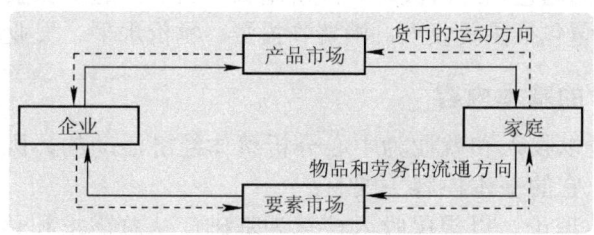

图1-2 简单的市场经济模型

微观经济学对单个经济单位的考察，主要是在三个逐步深入的层次上进行的：

第一层次是分析单个家庭和单个企业的经济行为。研究单个家庭如何进行最优的消费决策以获得最大的效用，单个企业如何进行最优的生产决策以赚取更多的利润。

第二层次是分析单个市场均衡价格的决定。单个市场上的均衡价格是家庭和企业进行优化决策共同作用的结果。

第三层次是分析所有单个市场均衡价格的共同决定。这个决定是所有单个市场相互作用的结果。

（二）微观经济学的基本内容

概括来讲，微观经济学实际上要解决两个问题：一个是消费者对各种产品的需求与生产者对产品的供给怎样决定着每种产品的产销量和价格；另一个是消费者作为要素的供给者与生产者作为要素的需求者怎样决定生产要素的使用量和价格。因此，微观经济学的基本内容有：

（1）均衡价格理论。研究商品价格如何决定及价格如何调节整个经济的运行，它是市场机制的核心，也是微观经济学的核心内容。

（2）消费者行为理论。研究消费者如何把有限的收入分配到各种物品的购买上，目的是实现消费的效用最大化。

（3）生产者行为理论。研究生产者如何把有限的资源用于各种物品的生产从而实现利润最大化，它分析生产要素与产量之间的关系、成本与收益之间的关系及不同市场条件下产量与价格的确定。生产者行为理论包括生产理论、成本理论和市场结构理论。

（4）分配理论。研究产品按什么原则分配给社会各集团与个人，即工资、利息、地租、利润等要素价格如何决定。

（5）一般均衡分析。研究全社会所有市场如何实现均衡，社会资源如何配置以达到最优化，以及实现社会福利最大化等问题。

（6）微观经济政策。研究政府有关价格管理、消费与生产调节、市场失灵的纠正措施，以及实现收入分配平等化和兼顾效率与公平的措施。

三、宏观经济学

（一）宏观经济学的研究对象

宏观经济学是相对于微观经济学而言的，它以整个国民经济作为研究对象，通过研究社会总体经济问题以及相应的经济总量是如何决定的及其变化规律，来说明资源如何才能得到有效利用。社会总体经济问题包括经济波动、经济增长、失业、通货膨胀（或者通货紧缩）、宏观经济政策等，经济总量包括国民收入、消费、投资、物价水平、失业率、利率及汇率等。

（二）宏观经济学的基本内容

由于宏观经济学是以收入和就业为中心分析整体经济活动的，因而宏观经济学又称为收入理论或就业理论。它的基本内容主要有：

（1）国民收入决定理论。以国民收入核算为基础，从总需求和总供给的角度出发，分析国民收入决定及变动的规律，这是宏观经济学的核心部分。

（2）失业与通货膨胀理论。研究失业与通胀问题产生的原因及其关系，并找出解决问题的途径。

（3）经济周期与经济增长理论。分析国民收入波动的原因、国民收入增长的源泉，以期实现经济的长期稳定发展。

（4）宏观经济政策。研究政府调节经济所采用的政策、手段及政策效应，为国家制定经济政策、干预宏观经济提供理论依据。

（5）开放经济理论。分析开放经济条件下国民经济的调节与实现国民收入的均衡问题，分析国际收支、国际贸易对国民收入的影响。

(三）微观经济学与宏观经济学的联系

微观经济学和宏观经济学在研究对象、研究方法、解决的问题上有所不同，但这种划分是相对的，它们共同构成了整个经济学理论体系。

微观经济学与宏观经济学两者相互补充、互为前提。微观经济学研究资源配置时，是假定资源利用问题已经解决。宏观经济学在研究资源利用时，是假定资源已经得到优化配置。两者各把对方的研究对象作为自己的理论基础。在经济社会中，不仅有资源配置问题，也有资源利用问题，要把两个问题合并考虑，才能解决好整个社会的经济问题。

微观经济学是宏观经济学的基础。对总体经济行为的分析离不开对单个经济行为的分析，从个体的经济规律也可以大致看出或推演出总体的经济规律。但是，宏观经济行为一般并不是微观经济行为的简单加总，在微观里是正确的结论，在宏观里则不一定正确。所以，研究当代经济问题时，应使微观分析与宏观分析有机结合，只有进行综合分析，才能得出正确结论。

四、基本经济体制与价格机制

（一）基本经济体制

经济学研究的是稀缺资源的配置与利用问题，但不能忽略一国经济体制的因素。当今世界上大致存在三种经济体制，在解决上述问题的方式上有很大差异。

1. 市场经济体制

在市场经济体制下，由市场供求所形成的价格决定了一个经济社会生产什么、如何生产和为谁生产，即资源的配置与利用是依靠价格的调节和刺激来实现的。其特征主要有：

（1）从决策结构上来看，市场经济体制的重要特征之一是分散决策。作为经济主体的家庭和企业，消费什么、消费多少、生产什么、如何生产等问题，完全由他们自己选择、自由交易。

（2）每个经济主体的行为服从利益最大化原则。消费者依据效用最大化原则确定消费数量，生产者依据利润最大化原则确定生产数量。

（3）市场信息通过价格的涨落来传递。价格的涨落可以准确地反映市场供求状况，并引导经济主体行为。资源配置与利用依靠一只"看不见的手"来调节和引导，从而形成较高的市场效率，但也存在市场失灵的情况。

2. 计划经济体制

在计划经济体制下，通过由中央政府下达计划和指标的方式来解决资源配置和利用问题。其特征主要有：

（1）从决策结构上看，计划经济体制的重要特征之一是集中决策。政府制订生产计划，逐级下达到生产单位，并配备生产要素。产品由政府计划分配，即统一生产、统一采购、统一销售，微观主体没有经营自主权。

（2）经营单位的动机是非经济的。政府高度集中生产资源，通过行政命令手段严格执行国家计划，经营单位生产活动的目的是为了实现理想和抱负、得到上级的认可等，是非经济动机。

（3）计划是调节生产的依据。市场供求关系是通过政府计划来调节与平衡的，供给小于需求的状况可通过计划增加生产和压缩需求来实现。一些国家的经济实践证明，计划经济体制不能有效地解决资源配置问题，会使整个经济社会缺乏效率。

3. 混合经济体制

混合经济体制凭借市场机制来解决资源配置问题，依靠政府干预来解决资源利用问题。目前，这种体制被认为是最好的制度，效率和公平可以得到较好的协调。

实践证明，纯粹的市场经济体制和纯粹的计划经济体制都是行不通的。当今存在的经济体制基本上都是混合经济体制，即以市场经济为主、政府干预为辅，价格机制与政府干预同时起作用。在这种经济体制下，分散决策与集中决策相结合，既有分散决策的私人部门，又存在集中决策的公共部门；经济主体的动机既可以是自身的经济利益，也可以是社会目标，相应的激励机制是经济利益、行政命令、法律法规；整个经济制度中的信息传递同时通过价格和计划来进行。

（二）价格机制

在市场经济中，价格通过其与供求、竞争之间的联系，能较好地解决生产什么、如何生产和为谁生产的问题。价格机制就是指价格变化同商品或资源供求之间的有机联系。

1. 价格机制的作用过程

首先，供求的相互作用决定价格的变动及均衡价格的形成。当某种商品供不应求时，买方相互竞争而抬高商品价格，价格上升一方面刺激生产增加，另一方面抑制需求，直至供不应求局面得到改善，最终形成供求均衡，市场价格也趋于稳定。当某种商品供过于求时，卖方相互竞争而压低价格，价格下跌一方面导致生产减少，另一方面刺激需求增加，直至出现供求均衡，市场价格也趋于稳定。

其次，价格的任何变化都会引起供给或需求的变化。价格变化会引起供给量同方向变动和需求量反方向变动，进而影响人们的生产和消费行为。工资、利息、利润和地租的变化会引导劳动、资本、企业家和土地在不同部门和行业间的流动，实现社会资源的重新配置。

价格机制通过一系列供求、价格、竞争的联系，解决了大量的、庞杂的选择问题。每天数以亿计的经济主体购买、投资及消费各种商品，进行亿万次的选择决策，都不是在某个部门的统一设计和计划下做出的，而是由他们各自分散独立完成的，这就是价格机制这只"看不见的手"的神奇之处。

2. 价格机制的功能

在市场经济中，价格机制主要有四个方面的功能，分别是传递信息功能、配置资源功能、促进竞争功能和收入分配功能。

第三节 经济学的分析方法

一、实证分析和规范分析

1. 实证分析

实证分析是指在一定假设的前提下，研究经济现象之间的现实联系，分析经济活动的运行过程，预测经济行为的后果并给予解释，据此总结出经验性或规律性的结论。实证分析排除一切价值判断,不受情感、立场的影响,不对经济活动的结果做出好、坏、当、否等判断,旨在解释经济过程的"实际是什么"或"将会是什么",回答"是什么"的问题。例如:经济现象是什么?经济事物的现状如何?有几种可能的选择?每种选择各会带来什么结果?但是,它拒绝回答现状是好还是坏、应该如何选择、哪一个结果更好等价值判断问题。

采用实证分析方法来研究经济问题的理论称为实证经济学。

2. 规范分析

规范分析是指以一定的价值判断为基础,提出行为标准,并以此作为处理经济问题和制定经济政策的依据,探讨如何才能符合这些标准的分析和研究方法。规范分析得出的结论包含说话者或政策制定者的情感、立场和意识形态,回答"应该是什么"的问题,关心应该如何运行、应该如何行动的问题。例如:经济活动应该怎样?社会面临的经济问题应该怎样解决?什么方案好、什么方案不好?采用某种方案是否合理?由于人们的立场、观点和伦理道德不同,对同一经济现象、问题和政策会有不同的价值判断,同样是经济学家,也有可能提出相反的结论和建议。

采用规范分析方法来研究经济问题的理论称为规范经济学。

经济学既是实证科学又是规范科学。一般来说,微观经济学主要采用的是实证分析方法,但是在讨论收入分配和社会福利问题时,就不可避免地涉及价值判断和伦理道德。近年来,随着制度经济学的兴起,规范分析方法依然受到重视。事实上,两种分析方法具有互补性,因为经济现象总是相互联系的。例如,社会公共政策的制定,仅仅有实证分析是不够的,还必须有规范分析。经济学作为一门社会科学,与自然科学有不同之处,它不可能摆脱规范问题而成为一门纯粹的科学,这就需要把实证分析和规范分析结合起来。

二、均衡分析

均衡是从物理学中借用的一个概念。经济学中的均衡是指各种相互牵制的、相互作用的经济变量势均力敌,使所考察的经济事物处于相对静止、不再变动的状态。具体来说,在某项经济活动中,如果消费者或厂商认为,重新配置生产要素或调整购买数量已不能获得更多的利益,从而不再改变其经济行为时,各种变量处在一种平衡的状态,即均衡状态。从社会经济体系来说,是指主要变量(如总供给和总需求)处在平衡状态,经济运行处于相对稳定不变的状态。在实际生活中,经济事物很难自动达到均衡状态,均衡的出现也只是短暂的或相对的,经常出现的是从非均衡到均衡再到非均衡的不断调整过程,所以,经济中的常态是非均衡。但此处讨论均衡分析,是对复杂经济事物的一种简化处理,它显示了经济变量在市场机制作用下有趋于均衡的力量和趋势,这对进一步分析复杂的经济问题具有重要意义。

三、静态分析、比较静态分析和动态分析

根据影响经济事物的时间参量是否允许变动,经济学的分析方法可以分为静态分析、比较静态分析和动态分析。它们与均衡分析是密切相关的,从稳定机制角度来看是均衡分析;从时间变化角度来看,就是静态分析、比较静态分析和动态分析。

静态分析就是分析经济现象的均衡状态以及有关的经济变量达到均衡状态所具备的条

件，它完全抽象掉了时间因素和具体的变化过程，是一种静止地、孤立地考察某种经济事物的方法。例如，研究均衡价格时，舍弃掉时间、地点等因素，并假定影响均衡价格的其他因素如消费者偏好、收入及相关商品的价格等静止不变，单纯分析该商品供求达到均衡状态时的产量和价格决定。

比较静态分析主要考察新的均衡状态与旧的均衡状态之间的变化关系。在原有的已知条件发生变化后，考察变化后形成新的均衡状态与旧的均衡状态相比发生了什么样的改变，即对经济现象有关变量一次变动（而不是连续变动）的前后状态进行比较分析。比较静态分析不考虑经济变化过程中所包含的时间阻滞，忽略时间因素的影响。例如，已知某商品的供求状况，可以考察其供求达到均衡时的价格和产量。如果由于消费者的收入增加而导致对该商品的需求增加，从而产生新的均衡，使新的价格和产量都较以前提高。这里，只把新的均衡所达到的价格和产量与原均衡的价格和产量进行对比而得出结论的方法，便是比较静态分析。

动态分析是指考察经济事物在一定时间内变化和发展的全貌，考虑时间因素，把经济现象看成随时间变化的连续过程，对从原均衡过渡到新均衡的实际变化的全过程进行分析的方法。动态分析把静态分析和比较静态分析中假定不变的因素作为变量来考察，研究这些因素在一定期间内的变化如何影响一个经济体系的运行。由于在分析经济运行过程时，要把这个过程划分为连续的"期间"进行考察，故动态分析又称为序列分析或期间分析。动态分析因为考虑各种经济变量随时间延伸而变化对整个经济体系的影响，因而难度较大，在微观经济学中，占有重要地位的是静态分析和比较静态分析方法。在宏观经济学中，特别是在经济周期和经济增长研究中，动态分析方法占有重要的地位。

四、边际分析

边际分析是指运用导数和微分方法研究经济运行中微增量的变化，用以分析各经济变量之间的相互关系及变化过程的一种方法。边际的原意为边缘、边界、界限等，这里是指额外的、追加的意思，指处在边缘上的"已经追加上的最后一个单位"，或"可能追加的下一个单位"，属于导数和微分的概念。在函数关系中，自变量发生微量变动导致因变量的微量变化，边际值大小就是这两个微增量的比值。

边际分析就是研究相对于某种现状的微小变动的效应。拍卖场上的买方在决定是否喊出更高价格时，会把竞价的提高与他们对物品的个人估价进行比较；生产者在决定供给多少产量时，会把增加一单位产量所引起的成本的增加与销售该单位产量所获得的收益增加进行比较。边际分析方法对经济变量间相互关系的定量分析严格，因而被广泛应用于经济行为和经济变量的分析过程中，如对效用、成本、产量、收益、消费、储蓄、投资及要素效率等的分析都用到边际的概念。边际分析的运用使西方经济学的研究重心发生了转变，开创了经济学"数量化"的时代，奠定了最优化理论的基础，并促进了微观经济学的形成。

五、经济模型

经济模型是经济理论的数学表述，是一种常用的经济分析方法，可以用文字、表格、数学方程和几何图形来表达。其中使用较多的是数学方程和几何图形，文字说明往往起一种辅助作用。经济模型分析是定量分析的一种形式，它通过研究各种经济变量之间的关系来寻找经济活动的内在规律，同时说明影响经济活动的各经济变量之间的关系。

数学经济模型是由一组变量构成的，主要有：①经济变量。这是指在经济活动中其数值可以变化的事物。②自变量和因变量。如果确定某一个或几个变量之后，另一个变量都有确定的值与之对应，则前者为自变量，后者为因变量。③存量与流量。在某一个时点上观察到或测定到的量值是存量。流量是指在某个时期内所观察到或所测定到的经济量值，是在两个时点之间所发生的变化量。④内生变量和外生变量。由经济模型内部的其他经济变量所决定的经济变量称为内生变量；由经济模型外部的其他因素所决定的经济变量称为外生变量。

经济模型是在一些假定前提下建立的，目的是先舍弃掉若干次要因素或变量，把复杂现象简化和抽象为数量不多的主要变量，然后按照一定的函数关系把这些变量变成单一方程或者联立方程，构成经济模型，就可以把有关经济现象概括地描述出来。借助经济模型，人们可以预测经济变化的结果，为决策提供依据。

第四节 经济学的演变与发展

经济学成为一门独立科学，是与资本主义生产方式相伴随产生并逐渐发展起来的。虽然早在古代许多思想家就研究了经济问题，但他们对经济问题的论述与哲学、政治学、伦理学等混杂在一起，经济学本身在当时并没有成为一门独立的科学。经济学从产生到现在，经历了重商主义、古典经济学、新古典经济学和当代经济学四个重要发展阶段。

一、重商主义：经济学的萌芽阶段

重商主义是原始积累时期代表商业资本利益的经济学说。重商主义产生于15世纪，终止于17世纪中期，此时欧洲的封建制度逐渐解体并开始向资本主义制度过渡，这段时间也是资本主义生产方式的形成与确立时期。重商主义以粗浅的现实主义总结了商业资本实践，主要代表人物有英国经济学家约翰·海尔斯、托马斯·孟，法国经济学家安·德·蒙克莱田等人。蒙克莱田在1615年发表了代表作《献给皇上和皇太后的政治经济学》，最早使用了政治经济学这一概念。重商主义时期的代表作是托马斯·孟的《英国得自对外贸易的财富》。

重商主义经济学说的基本观点主要体现在以下几个方面：①强调国家财富的重要性，把金银作为财富的唯一形态；②认为对外贸易是一国财富的唯一来源，只有通过对外贸易吸收他国财富（金银），才能增加本国财富；③民穷国富论。重商主义者认为，私人财富的增加，会导致国家财富的减少。他们主张国家对国内外经济生活严格地实行全面干预，主张实行促进出口、限制进口的贸易保护政策和低工资的消费政策，限制国内非生产部门的发展和工人生活水平的提高，增加国家和商业资本的财富积累。

重商主义仅限于对流通领域的研究，只有一些浅显的认识和政策主张，有些认识甚至是不对的、不科学的，所以只能算是经济学的萌芽阶段。

二、古典经济学：经济学的形成阶段

古典经济学产生于17世纪中期，完成于19世纪70年代。主要代表人物有英国经济学家亚当·斯密、大卫·李嘉图、约翰·穆勒、托马斯·罗伯特·马尔萨斯，法国经济学家

让·巴蒂斯特·萨伊等。其中，最重要的代表人物是亚当·斯密，其代表作是 1776 年出版的《国民财富的性质和原因的研究》（简称《国富论》）。《国富论》的发表被视为经济学史上的第一次革命（对重商主义的革命），标志着真正意义上的经济学的开始，以亚当·斯密等为代表的一批学者，建立了以自由放任为中心的古典经济学体系。

古典经济学家把经济学研究从流通领域转移到生产领域，研究的中心问题是国民财富如何增长。他们认为，国民财富增长的主要途径是通过增加资本积累和分工来发展生产，而社会生产和整个社会的经济运行"受一只看不见的手的指导"。这只看不见的手，把无数人盲目的、相互矛盾的经济行为，纳入整个经济有秩序的运动中。因此古典经济学家主张自由放任、自由竞争、自由贸易，反对国家对经济生活的干预。亚当·斯密这里所论述的"看不见的手"，实际上就是市场机制或价格机制思想的最早表述，从而奠定了微观经济学的理论基础。

古典经济学自由放任的思想，反映了资本主义自由竞争时期经济发展的要求。至此，经济学逐步成为一门具有独立体系的科学，真正意义的经济学从此产生。

马克思在研究英国古典经济学的基础上，取其精华，最终发展出马克思主义政治经济学，成为马克思主义的重要组成部分。

三、新古典经济学：微观经济学的形成阶段

新古典经济学从 19 世纪 70 年代的"边际革命"开始，到 20 世纪 30 年代结束。代表人物有阿尔弗雷德·马歇尔、萨伊、马尔萨斯、穆勒等。这一时期的经济学思潮仍然是自由放任，从这种意义上讲，新古典经济学是古典经济学的延续。同时，新古典经济学又采用边际、均衡等新的分析方法，从消费和需求的角度来论述自由放任思想，并明确地把资源配置作为经济学研究的中心，建立了以价格如何调节经济为研究对象的微观经济学体系。在古典经济学前加一个"新"字，以示与古典经济学的不同，更赋予了经济学新的含义。

19 世纪 70 年代，奥地利经济学家卡尔·门格尔、英国经济学家威廉姆·斯坦利·杰文斯和法国经济学家里昂·瓦尔拉斯分别提出了边际效用递减原理，引发了经济学上的边际革命，后经维弗雷多·帕累托、马歇尔和约翰·贝茨·克拉克等人的补充和完善，形成了边际效用价值论，开创了经济学一个新的时期。其后，英国剑桥学派经济学家马歇尔在 1890 年出版了《经济学原理》，该著作集古典学派、边际效用学派和边际生产力学派之大成，对效用需求和成本供给共同决定价格等问题，第一次做出了完善的论证，成为新古典经济学的代表作。

新古典经济学把消费、需求分析与生产、供给分析结合在一起，建立起以均衡价格论为中心的现代微观经济学的理论体系和基本内容。由于该体系是以完全竞争为前提的，到 20 世纪初已不能解释资本主义垄断的现实，在 20 世纪 30 年代，美国经济学家爱德华·哈斯丁·张伯伦和英国经济学家琼·罗宾逊分别提出了垄断竞争和不完全竞争条件下的资源配置理论，是对微观经济学体系的重要补充。

四、当代经济学：宏观经济学的形成与发展阶段

当代经济学始于 20 世纪 30 年代的凯恩斯革命，发展至今。这一阶段是宏观经济学的

形成和发展阶段，又可简单分为以下三个时期。

（1）凯恩斯革命时期：20世纪30年代到50年代。20世纪30年代之前，在新古典经济学中占统治地位的是萨伊定律。该定律认为，资本主义市场经济的"供给能够自动创造需求"，资本主义经济能够自动达到并经常处于充分就业的均衡状态，从而在政策上主张实行自由放任主义。但是20世纪30年代的经济大萧条打破了这种神话，理论与现实发生了尖锐的冲突，新古典经济学面临前所未有的挑战。1936年，英国经济学家约翰·梅纳德·凯恩斯发表了他的划时代著作《就业、利息和货币通论》。在书中，凯恩斯抛弃了萨伊定律，指出在资本主义市场经济中，由于存在边际消费倾向递减、资本边际效率递减和流动偏好三大基本心理规律，导致有效需求不足，经常存在非自愿失业，提出了非充分就业均衡论；在政策上，凯恩斯反对自由放任，主张实行国家干预，认为只有通过国家干预实行需求管理，才能有效地摆脱经济萧条和失业困扰，实现经济繁荣。

凯恩斯的理论观点、分析方法及政策主张与新古典经济学完全不同，被称为"凯恩斯革命"。这次革命形成了凯恩斯主义，产生了"凯恩斯时代"，诞生了现代西方宏观经济学，凯恩斯也被尊称为现代宏观经济学之父。

（2）凯恩斯主义发展时期：20世纪50年代到60年代末。第二次世界大战之后，各国都加强了对经济社会的干预并取得巨大成效，西方社会出现一片繁荣，凯恩斯理论得到广泛传播，凯恩斯经济学处于鼎盛时期，也吸引了大量的追随者。其间，凯恩斯的追随者对凯恩斯经济学进行了重要的补充和发展，形成了新凯恩斯主义的两个重要派别：一个是以美国经济学家保罗·萨缪尔森和阿尔文·汉森为首的、以美国麻省理工学院为中心的新古典综合派；一个是以罗宾逊为首的、以英国剑桥大学为核心的新剑桥学派。新古典综合派将新古典经济学的微观经济理论与分析方法同凯恩斯的宏观经济理论及分析方法综合在一起，对凯恩斯经济学说进行了重要的补充和发展。新古典综合派是战后凯恩斯主义经济学中占据主导地位的经济学，是当代经济学的主流，被称为主流经济学。

（3）自由放任思潮的复兴时期：从20世纪70年代发展至今。进入20世纪60年代以后，西方各国经济出现了经济停滞和通货膨胀并存的"滞胀"局面，这种状态是新古典综合派无法解释的，从而打破了凯恩斯主义一统天下的局面，各种非凯恩斯主义宏观经济理论得以迅速产生和发展。其中占重要地位的是自由放任经济学思潮的发展，如形成于20世纪60年代的以美国著名经济学家米尔顿·弗里德曼为首的现代货币主义学派；形成于20世纪70年代的以美国经济学家罗伯特·卢卡斯为首的理性预期学派；形成于20世纪70年代的以罗伯特·蒙代尔为代表的供给学派。这些学派都把凯恩斯主义的国家干预作为经济滞胀的根源，主张减少国家干预，充分发挥市场机制的作用，实行自由放任。20世纪70年代以后，西方各国逐步实行了经济自由化的政策，这便是现代西方经济学史上的"自由放任"复兴时期。自由放任经济学流派的理论在现代宏观经济理论中占有非常重要的地位，成为现代宏观经济学的一个重要组成部分。

从经济学的发展历程不难看出，经济学的演变与发展正是现实经济发展的反映，每一时期经济理论的产生都顺应了当时经济发展的要求，这清楚地说明了经济学服务于现实的特征。

主要内容网络图

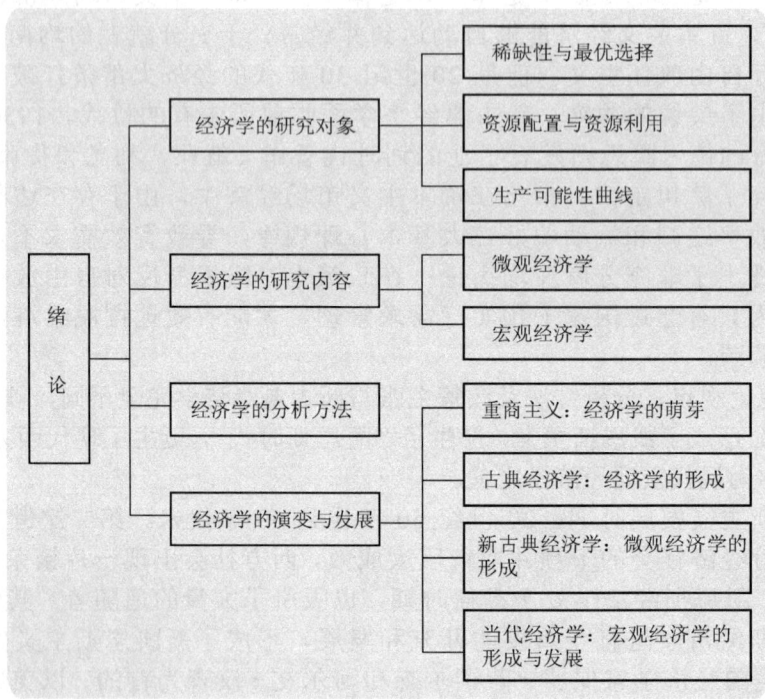

关键名词

经济资源　　稀缺性　　选择　　经济学　　生产可能性曲线　　机会成本
古典经济学　　凯恩斯革命

复习与练习

一、单项选择题

1. 资源的稀缺性是指（　　）。
   - A. 资源的绝对有限性
   - B. 资源的充足性
   - C. 资源的稀少性
   - D. 资源的相对稀缺性
2. 生产可能性曲线上的点说明（　　）。
   - A. 资源得到充分利用
   - B. 资源不够使用
   - C. 资源浪费
   - D. 资源配置扭曲
3. 处在生产可能性曲线内侧点的组合说明（　　）。
   - A. 资源充分利用
   - B. 资源不足
   - C. 资源合理配置
   - D. 资源浪费

4. 下列属于上大学的机会成本的是（　　）。
   A. 学费　　　　　　　　　　B. 生活费
   C. 上班的收入　　　　　　　D. 教材费
5. 不属于微观经济学研究范畴的是（　　）。
   A. 价格　　　B. 利润　　　C. 失业　　　D. 产量
6. 经济学的基本假设是（　　）。
   A. 自私人　　　　　　　　　B. 利他人
   C. 理性经济人　　　　　　　D. 经纪人

二、判断下列语句是实证分析还是规范分析，并说明理由
1. 其他条件不变，如果苹果价格上涨，苹果的需求量就减少。
2. 为防止物价上涨的影响，国家对在校大学生应提供伙食补贴。
3. 商品房价格过高过快上涨的原因之一，是土地出让金较高。
4. 收入差距过大影响社会安定，国家要出台缩小收入差距的政策。

实践与实训

上大学后，远离父母到外地求学，衣食住行都要自己安排和筹划，怎样做才是有利的？请根据自己开学时从家中带来的有限货币，安排好整个学期的开支计划。要求：
（1）开学时父母给的钱不很多，但可以基本满足一个学期的开销。
（2）学期中间不向父母要钱，不向同学借钱，期末无赤字。
（3）学期中间无收入，只有一项稀缺资源——从家中带来的现金。
（4）按照轻重缓急之分把自己的欲望排序，做一个详细的支出计划，并保存下来，到学期期末时对比实际支出情况，总结其中的得与失。

人物介绍

亚当·斯密

亚当·斯密（Adam Smith，1723—1790），经济学的主要创始人和奠基人，被尊称为经济学之父。亚当·斯密于1723年出生在苏格兰，青年时就读于牛津大学。1751到1764年在格拉斯哥大学担任哲学教授，在此期间发表了他的第一部著作《道德情操论》，确立了他在知识界的威望。1768年开始着手著述《国富论》。1776年3月《国富论》的出版引起了大众的广泛关注，除了英国本地，欧洲和美洲也为之疯狂。1790年亚当·斯密离世，享年67岁。亚当·斯密的父亲在他出生前几个月去世，亚当·斯密一生与母亲相依为命，终身未娶，没有子女。

亚当·斯密被人们称为经济学开山鼻祖，他的经济学观点主要集中在其代表作《国富论》中。亚当·斯密认为，看似杂乱无章的自由市场实际上是有自行调整机制的，自动倾向于生产社会最迫切需要的商品种类和数量，通过"看不见的手"能够实现资源的最优配置，主张自由放任，反对国家干预。在价值论上，论证了劳动价值论，确定了这一原理的最早理论体系；在国际贸易领域，提出了著名的绝对优势理论，阐述了国际分工对一国财富增长的促进作用。

亚当·斯密的经济学思想在经济学发展历程中处于重要地位。从亚当·斯密思想出发，形成了诸多经济学思想和流派，对各国经济发展产生了巨大影响。

第二章 供求理论及市场均衡

学习目标

知识目标
1. 掌握需求和供给定理。
2. 理解均衡价格的形成机制与过程。
3. 理解并掌握需求弹性与供给弹性。

技能目标
1. 学会分析影响某商品需求或供给的因素。
2. 能够运用比较静态分析方法解释经济生活中的商品价格上涨或下降现象。
3. 掌握弹性理论在现实生活中的简单应用。

重点难点
1. 供求定理。
2. 比较静态分析均衡价格。
3. 价格弹性的计算与应用。

案例导入

谷 贱 伤 农

谷贱伤农是一句成语,出自东汉班固著《汉书·食货志上》:"籴甚贵伤民,甚贱伤农。民伤则离散,农伤则国贫。"谷贱伤农中的"谷"指粮食,"贱"即便宜,"伤"是伤害,"农"指农民,即种粮人。丰收之年粮食产量虽然上去了,但因粮食价格卖得过低,农民的收入不仅没有增加,还减少了许多,会伤害到农民。在经济生活中,类似这样的例子不少。叶圣陶先生在《多收了三五斗》一文中做了这样的描述:1932 年 6 月,万盛米行粮食价格是 13 块(银圆)一担,甚至达到过 15 块。但秋收后,由于粮食丰收,价格一落千丈,"糙米五块,谷三块",这个价格跌得太多了,农民苦不堪言。现实中类似的现象也有:2006 年 7 月,山西运城西瓜两分钱一斤,价格冰点致瓜农自杀;2008 年,山西玉米、东北大豆滞销,农户损失很大;2009 年安徽蒙城大白菜丰收,价格低廉无人收购,菜农任由白菜烂掉;2010 年 1 月底,海南琼海市辣椒收购价每斤仅 4 角钱,低于当地椒农保本价每斤 5 角钱,辣椒被当作垃圾大量丢弃。

应该如何理解价格与销售数量的关系?为什么丰收不意味着收入的增加?我们先从需求与供给谈起。

第一节 需 求

一、需求的概念及影响因素

（一）需求的概念

需求是指消费者在某一时期内，在各种可能的价格水平上愿意购买并且能够购买的商品或劳务的数量。

理解需求的概念，要注意以下几个要点：①消费者主观上要有购买意愿，即对某种商品因缺乏而产生的需要或欲望。②消费者要有购买能力，能支付得起价款。③需求表示的是价格与需求量之间的对应关系：给定任何一个可能的价格，总是能得到相应的需求数量。在这里，需求与需求量不同，需求总是涉及价格与需求量两个变量，没有某一价格水平，就谈不上相应的需求量。

需求通常有个人需求和市场需求之分。个人需求是指单个消费者对某种商品或劳务的需求；市场需求是指在某一个市场范围内，对某种商品的所有个人需求的加总。市场需求是决定商品价格的关键因素。

（二）影响需求的因素

包括商品本身价格在内，影响商品需求的因素有很多，主要因素有：

1．商品价格

一般说来，一种商品的价格越高，该商品的需求量就会越小；相反，价格越低，需求量就会越大。两者呈反方向变化。

2．消费者的收入水平

消费者的收入水平与商品的需求量变化分为两种情况。对于正常商品来说，当消费者的收入水平提高时，就会增加对商品的需求量；当消费者的收入水平下降时，就会减少对商品的需求量，消费者的收入水平与商品的需求量呈同方向变化。对于低档商品（或称劣等品）而言，消费者的收入水平与商品的需求量呈反方向变化。

3．相关商品的价格

一种商品本身的价格保持不变，当相关的其他商品的价格发生变动时，该商品的需求量也会发生变化。商品之间的相关性有两种，一种是替代商品，另一种是互补商品。

替代商品是指两种商品的使用功能相近，可以相互替代，都能满足消费者的某一需求。例如，羊肉与牛肉、苹果与梨、出行时乘坐的火车与飞机等，都具有较强的替代性。由于它们之间可以相互替代以满足消费者的某种需求，替代商品价格上升将引起对该商品的需求增加，替代商品价格下降将引起对该商品的需求减少。例如，当羊肉价格上涨时，人们就会用牛肉来替代羊肉，把一部分羊肉需求转移到牛肉需求上，导致对羊肉的需求减少。所以，商品的需求与替代商品的价格呈同方向变动。

互补商品是指两种商品难以分开使用，只有搭配起来共同消费，才能满足人们的某种欲望。例如，汽油与汽车、光碟与光驱等，都有很强的互补性。由于它们要同时被消费才能满足消费者的某种欲望，互补商品价格上升将引起对该商品的需求减少，互补商品价格的下降将引起对该商品的需求增加。例如，当汽油价格上涨时，人们会担忧汽油的消耗量而减少对汽车的需求。所以，商品的需求与互补商品的价格呈反方向变动。

4．消费者偏好

当消费者对某种商品的偏好程度增强时，该商品的需求量就会增加。相反，偏好程度减弱，需求量就会减少。消费者的偏好一般与所处的社会环境及当时当地的社会风俗习惯等因素有关。

5．消费者对商品的价格预期

当消费者预期某种商品的价格在将来某一时期会上升时，就会增加对该商品的现期需求量；当消费者预期某种商品的价格在将来某一时期会下降时，就会减少对该商品的现期需求量，这是一个心理因素。影响消费者需求量的预期因素，不仅有价格预期，还有对未来收入和支出的预期、对政府政策倾向的预期等。

6．政府的经济政策

财政政策、货币政策和外贸政策等都会影响消费者的需求。例如，政府对香烟课以重税以减少大众对香烟的需求，银行降息会增加投资与消费，取消某种商品的进口配额会扩大国内对它的需求等。

> ● 即问即答 ●
>
> 在一般情况下，价格是影响人们需求的第一因素，但在某些特殊环境下，价格却不是决定是否购买的首要考虑因素，请你举几个例子加以说明。这表明了现实生活中需求问题的复杂性。

二、需求表、需求曲线和需求函数

一般情况下，价格是影响需求的最主要因素。商品价格与需求量之间的关系可以通过需求表、需求曲线和需求函数表示出来。

（一）需求表

需求表是用来描述某种商品或劳务的价格与对应的需求数量之间变动关系的表格。表 2-1 描述的是某市场在一定时期内对大米的需求状况，表示出该市场上的大米在各种不同价格下的个人需求量和市场需求量。

表 2-1 需求表

价格/（元/公斤）	个人需求量（公斤）			市场需求量（公斤）
	甲消费者	乙消费者	其他消费者	
1	60	30	…	50 000
2	50	25	…	40 000
3	40	20	…	20 000
4	30	15	…	18 000
5	25	13	…	17 000
6	20	10	…	16 000

从需求表中可以读出两个信息：①给出不同的价格，可以知道每个消费者（包括市场）的具体需求数量；②随着大米价格不断上涨，大米的个人需求量和市场需求量都是下降的。

(二) 需求曲线

根据上述需求表中给定的需求量和商品价格之间关系的数据，可以在坐标图上绘出需求曲线。因此，需求曲线是在坐标图上用来描述商品需求量与价格相互对应关系的曲线，如图2-1所示。图中横轴Q代表需求量，纵轴P代表商品价格，D为需求曲线，从图中可看到，需求曲线是一条由左上方向右下方倾斜的曲线，斜率为负值，表明商品的价格和需求量之间呈反方向变动的关系。

一般来说，需求曲线的形状和位置主要取决于价格、需求量和其他因素的变动。需求曲线较多表现为曲线形状，但也可以是直线，如图2-2所示。本书为了便于用数学方法表述，把需求曲线简化处理为直线型。

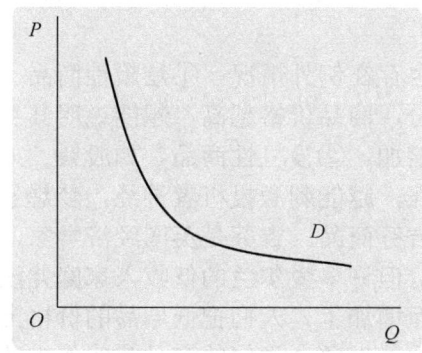

图2-1　非线性需求曲线

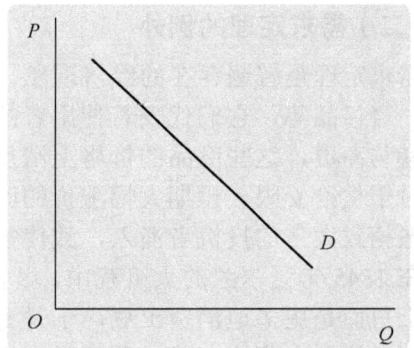

图2-2　线性需求曲线

(三) 需求函数

如果把影响需求的各种因素作为自变量，把商品的需求量作为因变量，则可以用函数的形式表达两者之间的相互关系，这就是需求函数。以Q_d代表需求量，以P、M、P_r、F、$\cdots$，分别代表影响需求的价格、收入、相关商品价格、偏好等因素，则需求函数为

$$Q_d = f(P, M, P_r, F, \cdots)$$

在影响需求的诸因素中，价格是最主要的因素，价格以外的因素称为其他因素。为了把需求函数简化，假定其他因素不变，只考虑商品本身价格对需求量的影响，需求函数就变成如下形式

$$Q_d = f(P)$$

对于线性需求曲线，表述的是需求量与价格之间的线性函数关系。需求价格函数就可以具体表述为

$$Q_d = \alpha - \beta P$$

式中，α、β为常数，且$\alpha>0$，$\beta>0$，α表示线性需求曲线在横轴上的截距，$-\dfrac{1}{\beta}$是线性需求曲线的斜率，为负值，表明需求量与价格是呈反方向变化的。

三、需求定理

（一）需求定理的内容

需求定理是指在影响需求的其他因素不变的情况下，商品的需求量与价格呈反方向变动的规律。需求量随商品本身价格的上升而减少，随商品本身价格的下降而增加。

需求定理的存在是替代效应与收入效应共同作用的结果。以商品涨价致使商品需求量减少为例：替代效应是指一种商品价格上涨导致消费者购买其他的非涨价商品来替代涨价商品，从而减少对涨价商品的需求；收入效应是指商品涨价引起消费者的实际收入减少，导致其减少对涨价商品的需求。两者共同作用，都会减少对涨价商品的需求。

（二）需求定理的例外

需求定理是普遍存在的经济现象，但在某些市场也存在例外情况：①炫耀性商品。如珠宝、奢侈品等，它们代表着使用者的社会地位与身份，商品价格越高，越能说明其身份的显赫与高贵，这些商品的价格上涨反而会使需求量增加。②投机性商品。如股票、期货等，对于供给受限、预期大幅涨价的商品，价格越上涨，越能刺激投机者神经，梦想暴富的憧憬招致大量的投机者涌入，致使需求量大增。③吉芬商品。吉芬是英国经济学家，他发现在1845年爱尔兰的大饥荒中，尽管土豆价格大涨，但许多爱尔兰的低收入家庭并没有少吃土豆而是更多地消费土豆，于是土豆的需求量反而增加了。人们把低档品的价格上涨时购买量增加、价格下降时购买量减少的现象，称为吉芬现象，类似的商品就叫作吉芬商品。这说明人们的消费需求在特定时期受收入水平的影响较大。

> ● 即问即答 ●
>
> "需求定理的例外"中提及的几种商品，都是特殊条件下的需求量与价格呈同方向变化的例外情况（需求曲线向右上方倾斜）。还有另一种例外情况，即需求曲线垂直于横轴的情况（需求曲线表现为一条垂线），你能举例说明生活中什么商品的需求曲线符合这一特征吗？

四、需求量的变动与需求的变动

我们把影响需求量变动的因素分为两类：价格因素和其他因素。价格因素变化引起的需求量的变化，称为需求量的变动；其他因素变化引起的需求量的变化，则称为需求的变动。

（一）需求量的变动

需求量的变动是指在其他因素不变的条件下，只有价格因素变化而引起需求量的变化。它表现为同一条需求曲线上点的移动：需求量与价格的组合点向左上方移动说明价格上涨导致需求量减少；向右下方移动说明价格下降导致需求量增加。如图2-3所示，在需求曲线 D 上，组合点由 B 点移到 A 点，价格从 P_0 涨到 P_1，需求量从 Q_0 减少到 Q_1；相反，组合点由 B 点移到 C 点，价格从 P_0 跌到 P_2，需求量从 Q_0 增加到 Q_2。在这里，需求量的变化完全是由价格因素改变导致的，这种现象称为需求量的变动。

（二）需求的变动

需求的变动是指在商品本身价格不变的情况下，由于其他因素的变化所引起的需求的变动。这种变动表现为整个需求曲线位置的左右平行移动，如图2-4所示。在商品价格不变时，其他因素如收入减少、替代商品价格下跌、互补商品价格上涨、偏好减弱等都会使需求减少，需求曲线从 D_0 向左平移到 D_1，导致需求量从 Q_0 减少到 Q_1，组合点从 B 点向左移到 A 点；相反，其他因素如收入增加、替代商品价格上涨、互补商品价格下跌、偏好增强等都会使需求增加，需求曲线从 D_0 向右平移到 D_2，导致需求量从 Q_0 增加到 Q_2，组合点从 B 点向右移到 C 点。在这里，需求的变化完全是由其他因素改变导致的，这种现象称为需求的变动。

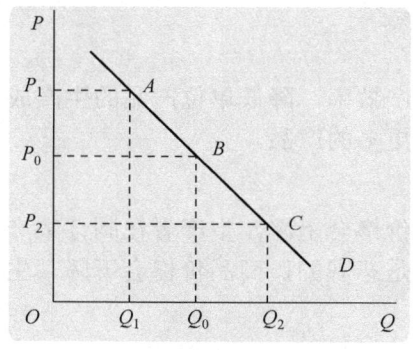

图2-3 需求量的变动

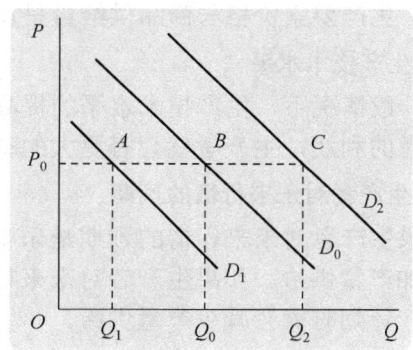

图2-4 需求的变动

第二节 供　　给

一、供给的概念及影响因素

（一）供给的概念

供给是指生产者在某一时期内，在各种可能的价格上愿意提供并且能够提供的商品和劳务的数量。

理解供给的概念，要注意以下几个要点：①生产者主观上有出售愿望。这样的主观动机可有多种：或有钱可赚，或抢占市场，或维持最低生产以度过萧条期等。②生产者客观上有供给能力。即生产者具备生产某种商品的场地、资金、技术等条件。③供给表示的是价格与供给量之间的对应关系，给定任何一个价格水平，总是能得到相应的供给量。

同样，供给也分为个别供给和市场供给。个别供给是指单个生产者愿意并能够提供的商品和劳务数量，多个生产者个别供给的加总就构成市场供给。

（二）影响供给的因素

商品的供给量取决于多种因素的影响，概括起来主要有：

1. 商品价格

一般来说，一种商品的价格越高，生产者提供的产量就越大；相反，商品的价格越低，生产者提供的产量就越小。商品供给量与其价格呈同方向变化。

2．其他商品价格

例如，一个同时生产冰箱和空调的厂家，如果冰箱市场竞争激烈、价格长期下跌，导致冰箱生产处于微利甚至亏损的状态，厂商就会压缩冰箱产量，把腾出的生产资源用于扩大空调产能，导致空调供给量增加。

3．生产要素价格

生产要素价格的高低决定了厂商生产成本的大小，影响到厂商利润的多少，进而影响了厂商产量。例如，在商品自身价格不变的条件下，要素价格上涨导致厂商生产成本增加，利润相应减少，厂商的生产积极性减弱，从而会压缩产量，导致供给量减少；反之，供给量增加。生产要素价格与商品供给量呈反方向变化。

4．生产技术水平

在一般情况下，生产技术水平的提高会提高生产效率，降低单位产品的生产成本，增加生产者的利润，生产者就会有更大的动力去生产更多的产品。

5．生产者对未来行情的预期

如果生产者对未来行情的预期是乐观的，商品价格会上涨，生产者在制订生产计划时就会增加产量供给。如果生产者对未来行情的预期是悲观的，商品价格会下降，生产者在制订生产计划时就会减少产量供给。

6．政府的经济政策

政府对某些行业采用鼓励投资或生产的政策，如税收优惠、信贷支持、投资奖励及风险补助等措施，可以刺激该行业产品生产，促使市场供给增加。

案例讨论　　　　　　　　　　**技术进步与计算机供给**

在影响供给的因素中，一般认为价格是最重要的因素。但在某些行业中，从长期来看，决定供给的关键因素却不是价格。例如，在计算机等高科技电子产品中，技术是关键因素。

20世纪80年代，按现在性能折算的计算机价格约100万美元/台，尽管价格如此高昂，但供给量极小，只有少数工程师和科学家使用。如今，同样性能的计算机已降至不足1 000美元。价格只是当初的千分之一，但供给量增加了何止万倍。

计算机供给的这种增加是由于技术进步引起的。从20世纪80年代末开始，计算机行业的生产技术发生了根本性变化。集成电路、高速CPU、海量存储介质、操作软件、规模化生产等技术突飞猛进，引起计算机供给巨幅增加，供给曲线向右大幅移动。虽然计算机价格下降了许多，但其供给还是大大增加了。

（资料来源：缪代文．微观经济学与宏观经济学[M]．3版．北京：高等教育出版社，2012：39．）

讨论：你还能举例说明除价格以外的影响供给的关键因素吗？

二、供给表、供给曲线和供给函数

与需求相似，供给表、供给曲线和供给函数都可以用来表示商品供给量与商品价格之间的关系。

（一）供给表

供给表是表示某种商品的各种价格与相对应的商品供给量之间关系的表格。它反映多个价格与供给量之间的组合，并形成趋势。某个糖果市场在特定时期内的个别供给量与市场供给量见表2-2。

表2-2 供给表

价格/（元/公斤）	个别供给量（公斤）			市场供给量（公斤）
	甲生产者	乙生产者	其他生产者	
10	100	100	…	2 000
15	300	200	…	4 000
20	500	300	…	8 000
25	700	400	…	10 000
30	900	500	…	12 000
35	1 100	600	…	14 000

从供给表中可以读出两个信息：①给出不同的价格，可以知道每个生产者（包括市场）的具体供给量；②随着糖果价格不断上涨，糖果的个别供给量和市场供给量都是增加的。

（二）供给曲线

根据供给表中价格与供给量的不同组合，绘制二维坐标系中的各点，再将各点描成一条平滑的曲线，就形成了个别供给曲线和市场供给曲线。供给曲线可以是直线（如图2-5所示），也可以是曲线（如图2-6所示），为便于以后的研究，我们通常把供给曲线简化为直线型。如图2-5所示，横轴Q表示供给量，纵轴P表示价格，供给曲线是一条自左下方向右上方倾斜的直线，斜率为正，说明商品供给量与价格呈同方向变化。

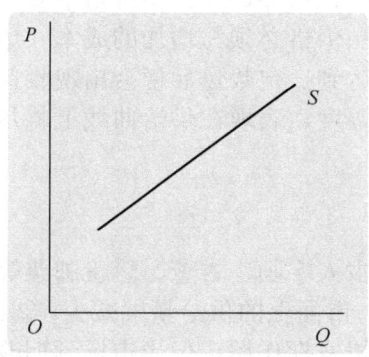

图2-5 线性供给曲线

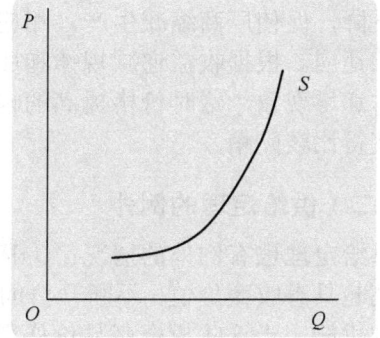

图2-6 非线性供给曲线

（三）供给函数

如果把影响供给的各种因素作为自变量，商品的供给数量当作因变量，则可以用函数的形式表达两者之间的变化关系，这就是供给函数。以Q_s代表需求量，以P、P_r、C、T、…，分别代表影响供给的商品本身价格、相关商品价格、生产要素价格、生产技术等因素，则供给函数为

$$Q_s = f(P, P_r, C, T, \cdots)$$

在影响供给的诸因素中,价格是最主要的因素,价格以外的因素称为其他因素。为了把供给函数简化,假定其他因素不变,只考虑商品本身价格对供给量的影响,则供给函数就变成如下形式

$$Q_s = f(P)$$

对于线性供给曲线,表述的是供给量与价格之间的线性函数关系。供给价格函数就可以具体表述为

$$Q_s = -\delta + \gamma P$$

式中,δ、γ为常数,且$\delta>0$,$\gamma>0$,$\frac{1}{\gamma}$是线性供给曲线的斜率,为正值,表明供给量与价格是呈同方向变化的。

三、供给定理

(一)供给定理的内容

从供给表、供给曲线和供给函数所呈现的商品供给量与价格的对应关系中可以看出,一般商品的供给量随着价格的变化而呈同方向变化,表现在供给曲线上是一条向右上方倾斜、斜率为正值的曲线。

供给定理是指在其他因素不变的条件下,商品的供给量与其价格呈同方向变动的规律,即商品价格上涨,供给量增加;商品价格下跌,供给量减少。

我们可以从两个角度来解释供给定理存在的原因:①厂商追求利润最大化目标。较高的价格意味着较多的利润,较多的利润驱使厂商扩大生产、增加供给。当价格下降时,利润也下降,促使厂商缩减生产,相应减少了供给。②商品价格必须与增加的成本(边际成本)相适应。根据收益递减规律和成本递增规律,产量达到一定数量后便会出现收益递减和成本递增现象,这时价格提高的幅度大于产量增加的幅度,表现在供给曲线上就是曲线逐步变得比较陡峭。

(二)供给定理的例外

供给定理也有例外的情况:①稀缺珍贵的商品。如古人字画、古董、珍贵邮票等,价格越高越具有收藏价值,不断升值的预期使收藏人惜售,市面上的供给量就减少。②证券、黄金的供给。当这些投资商品价格震荡攀升时,供给规律发挥作用,但当市场预期改变、价格大幅上涨时,投资人期望有更高的收益,愿意现价出售的人不多,供给量就会下降。③劳动的供给。劳动的价格是工资,当工资初始提高时,劳动的供给增加;当工资达到较高水平后,个人会倾向于追求更多的娱乐休闲,此时再提高工资,劳动的供给量不会增长多少,甚至会有所减少。

> ● 即问即答 ●
> 在供给定理的例外情况中,也存在垂直于横轴的供给曲线,即商品价格的变动对商品供给量没有影响,你能举例说明生活中具有这一特征的商品吗?

四、供给量的变动与供给的变动

我们把影响供给的因素分为两类：价格因素和价格以外的其他因素。由于这两类因素的作用不同，产生了供给量的变动与供给的变动的差异。

（一）供给量的变动

供给量的变动是指在其他因素不变的条件下，由商品本身价格因素变化而引起供给量的变化。它表现为供给量与价格的组合点沿着供给曲线上下滑动，如图 2-7 所示，向左下方滑动说明价格下跌导致供给量减少（如 A 点）；向右上方移动说明价格上涨导致供给量增加（如 C 点）。这里供给量的变化完全是由商品本身价格因素改变所导致的，供给量与价格的组合点的变化不受其他因素的影响，这里的变动称为供给量的变动。

（二）供给的变动

供给的变动是指在商品本身价格不变的情况下，由于其他因素的变化所引起的供给的变化。这种变动表现为整个供给曲线位置的左右平行移动，形成新的供给曲线，如图 2-8 所示。在商品价格不变时，其他因素如相关商品价格上涨、生产要素价格上涨、预期未来行情下跌、国家政策限制等都会使供给减少，供给曲线从 S_0 向左平移到 S_1，导致供给量从 Q_0 减少到 Q_1，组合点从 B 点左移到 A 点；相反，其他因素如相关商品价格下跌、生产要素价格下跌、生产技术水平提高、国家政策鼓励等都会使供给增加，供给曲线从 S_0 向右平移到 S_2，导致需求量从 Q_0 增加到 Q_2，组合点从 B 点右移到 C 点。由此，供给的变化完全由其他因素改变导致，这种现象称为供给的变动。

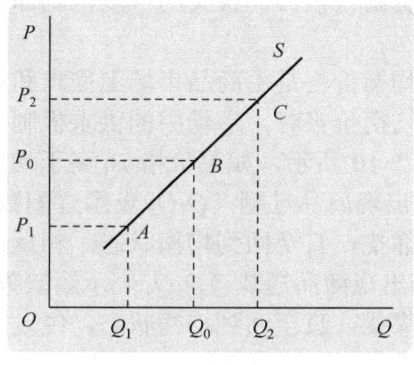

图 2-7　供给量的变动

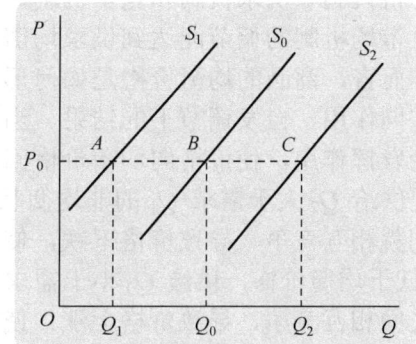

图 2-8　供给的变动

第三节　均　衡　价　格

一、均衡价格概述

需求曲线说明消费者在各种可能价格下的商品需求量是多少，供给曲线则说明生产者在各种可能价格下的商品供给量是多少，但它们都没有说明究竟在哪一个具体价格水平下的需求量与供给量相等，这就涉及商品价格是如何决定的问题。在这里，商品价格是由供需双方共同决定的，需要用均衡分析方法来解释。商品的交易有买卖双方两股力量，只有当需求量与供给量相等，即买的力量和卖的力量均衡时，商品价格才处于稳定或相对静止状态，此时，商品价格与交易量都是买卖双方愿意接受的，于是形成了均衡价格。

均衡价格是指某种商品的需求量与供给量保持平衡时的价格，由均衡价格所决定的需求量或供给量称为均衡数量。如果把需求曲线与供给曲线绘制在同一个坐标系中，需求曲线与供给曲线就会相交，表明供需相等，在交点处就产生均衡价格与均衡数量。如图 2-9 所示，需求曲线与供给曲线的交点 E 为均衡点，由均衡点所决定的价格 P_0 为均衡价格、交易量 Q_0 为均衡数量。

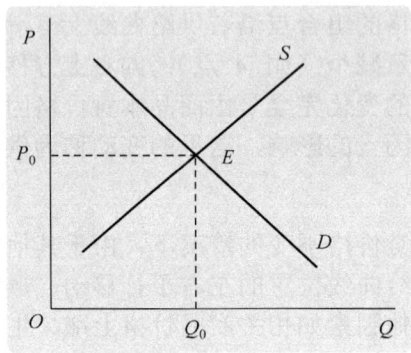

图 2-9 均衡价格

二、均衡价格的形成

微观经济系统有一套严格的市场机制来调节市场供求，实现资源的优化配置。市场机制包括价格机制、供求机制和竞争机制，其中价格机制是核心，狭义的市场机制即价格机制。通过市场机制的调节能达到供求均衡的状态。

具体而言，商品的均衡价格是如何形成的呢？均衡价格是由商品市场上需求和供给两股力量共同作用、自发调节下的结果。当价格偏离均衡价格时，市场中的供求机制和竞争机制就会发挥作用，使价格向均衡价格回归。如图 2-10 所示，如果价格 P_1 高于均衡价格 P_0，出现供给 Q_2 大于需求 Q_1 的非均衡状态，市场出现商品过剩（Q_1Q_2 表示过剩数量）。卖方之间就相互竞争，导致价格下跌，使 P_1 向 P_0 靠拢，直至回到均衡状态。相反，如果价格 P_2 低于均衡价格，供给 Q_3 小于需求 Q_4，市场出现商品短缺（Q_3Q_4 表示短缺数量），消费者之间相互竞争，导致价格上涨，使 P_2 向 P_0 靠拢，直至回到均衡状态。经过市场自身调节，供给量正好等于需求量，达到市场均衡状态。

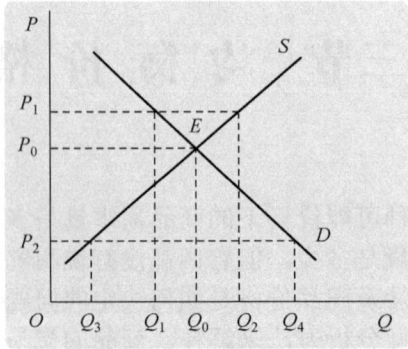

图 2-10 均衡价格的形成

● 即问即答 ●

均衡价格的计算

已知某市场的需求函数是 $Q_d = 25-3P$，供给函数是 $Q_s = -5+2P$，你会计算市场的均衡价格和均衡数量吗？

三、需求与供给变动对均衡价格的影响

（一）需求的变动对均衡价格的影响

在供给不变的情况下，如果其他因素变化致使需求增加，会使需求曲线向右平移，导致均衡价格和均衡数量都增加；如果其他因素变化致使需求减少，会使需求曲线向左平移，导致均衡价格和均衡数量都减少。如图 2-11 所示，需求曲线从 D_0 右移到 D_1 时，表明需求增加，与供给曲线 S 交于新的均衡点 E_1，形成新的均衡价格 P_1 和均衡数量 Q_1，两者都是增加的；D_0 左移到 D_2 时，表明需求减少，与 S 交于 E_2 点，形成新的均衡价格 P_2 和均衡数量 Q_2，两者都是减少的。

（二）供给的变动对均衡价格的影响

在需求不变的情况下，如果其他因素变化致使供给增加，会使供给曲线向右平移，导致均衡价格下降、均衡数量增加；如果其他因素变化致使供给减少，会使供给曲线向左平移，导致均衡价格上升、均衡数量减少。如图 2-12 所示，供给增加会使曲线从 S_0 右移到 S_2，与需求曲线相交于新的均衡点 E_2，形成新的均衡价格 P_2 和均衡数量 Q_2，与原均衡点比较发现，新的均衡价格下降、均衡数量增加；相反，供给减少会使曲线左移到 S_1 位置，与需求曲线交于 E_1 点，新的均衡价格 P_1 上涨，新的均衡数量 Q_1 减少。

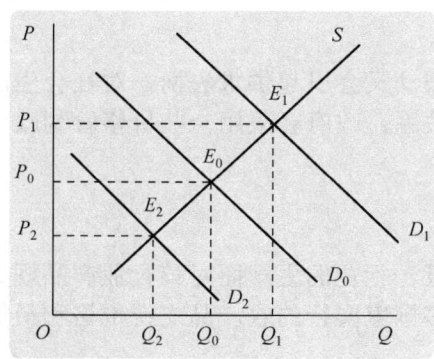

图 2-11　需求变动的影响

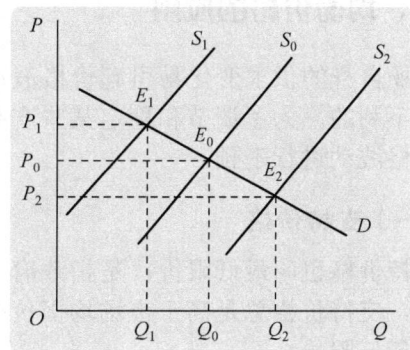

图 2-12　供给变动的影响

（三）供求定理

1. 供求定理的内容

从需求与供给的变动对均衡价格的影响分析中，可得出供求定理的内容：需求的变动引起均衡价格和均衡数量同方向变动；供给的变动引起均衡价格反方向变动和均衡数量同方向变动。

供求定理是重要的经济学定理，应用十分广泛，对于分析市场上的商品价格变化具有重要意义。价格的高低取决于供求关系，而供求的变动必然会产生新的供求关系，形成新的均衡价格，这就是供求定理的原理所在。

2. 供求定理的应用

由于导致供求变动的其他因素很多也很复杂，要采取一定的分析方法，才能得出正确的结论。在分析某个事件如何影响市场价格时，可采用如下步骤：①明确影响事件是其他因素，还是商品本身价格的变化；②判断这一事件影响的是供给方还是需求方，这里指直接的、明显的影响；③明确导致供给（或需求）增加还是减少，据以确定供给（或需求）曲线的平移方向；④比较新均衡点与原均衡点的不同，得出结论。供求分析的目的是要说明均衡点变化后，新的均衡价格和均衡数量是高了还是低了，也就解释了价格和数量变化的原因。

2016年夏季，甘肃、重庆等地遭遇几十年不遇的高温干旱天气。重庆、川东地区高温日数达40多天，气温纷纷突破最高气温极值纪录。兰州的冷饮市场异常火爆，出现价格大涨、成交量倍增的局面。一般情况下，根据需求定理，商品价格上涨，它的需求量是减少的。但需求定理是解释不了兰州冷饮的价涨量增现象的，需要用供求定理来解释。

分析步骤如下：①确定高温干旱天气是其他因素，不是价格因素；②明确高温干旱天气直接影响冷饮的需求；③高温干旱天气导致需求增加，需求曲线向右平移；④比较两个均衡点。利用图2-11加以说明，假定均衡点E_0表示往年夏季正常气候的兰州冷饮市场的交易状况。2016年夏季的高温干旱天气使冷饮需求大增，需求曲线从D_0向右平移到D_1，与供给曲线S交于E_1点形成新的均衡。此时，通过比较两个均衡点发现，冷饮价格上涨到P_1水平，成交量也增加到Q_1位置，这就解释了2016年夏季兰州冷饮价格上涨、成交量大增的现象。

四、均衡价格的应用

市场自身的供求变化易引起价格波动，价格波动又会引起供求失衡，对社会生产和消费都是不利的。为了调节和稳定某些产品的供求关系，政府会采用一些价格管制政策来对市场价格波动进行干预。

（一）支持价格

支持价格也叫最低限价，是指政府为了扶持某一行业的生产而对该行业产品规定的最低价格，支持价格总是高于市场均衡价格的。许多国家实行的农产品支持价格和最低工资都属于最低限价。

以农产品为例，如图2-13所示，市场均衡价格在P_0水平，但政府为了鼓励农产品生产，把收购价格提高到P_1水平，高于市场均衡价格P_0，P_1即是支持价格。但由于价格偏高，刺激了农产品生产而抑制了农产品的需求，导致供大于求，出现农产品的过剩，线段AB或线段Q_1Q_2表示过剩的数量。政府通常要收购市场上过剩的农产品以维持支持价格。

（二）限制价格

限制价格也称为最高限价，是指政府为了限制某种商品价格上涨而规定的最高价格，限制价格总是低于市场均衡价格的。图 2-14 表示政府对某种产品实行限制价格的情形。政府实行限制价格政策，规定该产品的市场最高价格为 P_2，低于市场均衡价格 P_0，它抑制了产品生产而刺激了需求，导致市场供不应求，出现商品短缺，线段 CF 或 Q_1Q_2 表示短缺数量。

政府实行限制价格的目的往往是为了抑制某些产品的价格上涨，特别是为了对付通货膨胀。当然，为了限制某些行业，如一些垄断性很强的公用事业产品的价格，政府也采取限制价格政策。但是政府实行限制价格的做法也会带来一些不良影响：限制价格下的供不应求会导致市场上消费者排队抢购和黑市交易盛行，引发投机猖獗，政府又不得不采取配给制、限量供应产品。此外，生产者也可能粗制滥造，降低产品质量，形成变相涨价。

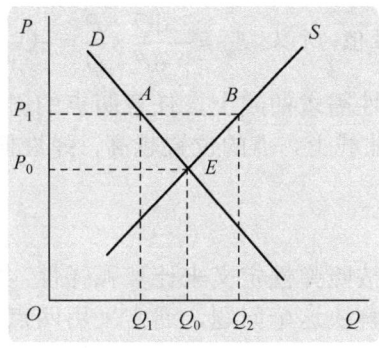
图 2-13　支持价格

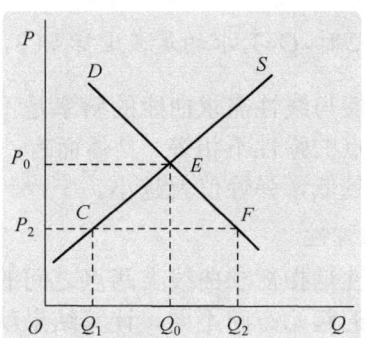
图 2-14　限制价格

第四节　弹　性　理　论

在经济学中，弹性是指在有函数依存关系的经济变量中，因变量的相对变动对于自变量的相对变动的反应程度。当一个经济变量发生 1%的变动时，引起另一个经济变量变动的百分比即为弹性数值。需求价格弹性和供给价格弹性，都属于数量分析，是从量上具体分析价格变动对供求的影响程度。

一、需求价格弹性

（一）需求价格弹性的概念

需求价格弹性简称需求弹性，是指在一定时期内，一种商品的需求量变动对于该商品的价格变动的反应程度。需求价格弹性等于需求量变动的百分比除以价格变动的百分比，表示价格每变动 1%时，需求量相应变动的百分比。常用 E_d 表示弹性系数的大小。

对于需求函数 $Q=f(P)$，其需求价格弹性公式为

$$E_d = \frac{需求量变动的百分比}{价格变动的百分比} = -\frac{\Delta Q/Q}{\Delta P/P} = -\frac{\Delta Q}{\Delta P} \times \frac{P}{Q}$$

式中，Q 是需求量，ΔQ 是需求变化量，P 是价格，ΔP 是价格变化量。由于 ΔQ、ΔP 的变动方向相反，所以 E_d 为负值，在前面加负号，以使其为正值，便于弹性分析和比较。

（二）点弹性与弧弹性

1. 点弹性

需求的点弹性是指需求曲线上某一点的弹性值。当价格发生无限小的变动时，引起需求量的变动也很微小。表现在一个点上的弹性大小，其公式为

$$E_d = \lim_{\Delta P \to 0}\left(-\frac{\Delta Q}{\Delta P} \times \frac{P}{Q}\right) = -\frac{dQ}{dP} \times \frac{P}{Q}$$

例题 已知需求函数 $Q = 9-3P$，求价格 $P=2$ 时的点弹性值。

当 $P=2$ 时，$Q=3$，求的是在坐标点 $(3,2)$ 上的点弹性值，所以：$E_d = -\frac{dQ}{dP} \times \frac{P}{Q} = -(-3) \times \frac{2}{3} = 2$

点弹性与线性需求曲线的斜率是不同的。在线性需求曲线上，任意两点的斜率相等，但任意两点的弹性不相等。具体而言，在线性需求曲线上，点的位置越高，弹性值就越大；点的位置越低，弹性值就越小。

2. 弧弹性

弧弹性是指需求曲线上两点之间的弹性。如果按照弹性定义来计算弧弹性，由于在两点间选择的起始方向不同，计算结果就不同。为了解决这个问题，通常采用两点间的算术平均值即中点坐标来计算弧弹性值。其公式为

$$E_d = -\frac{\Delta Q}{\Delta P} \times \frac{P}{Q} = -\frac{Q_2 - Q_1}{(Q_2 + Q_1)/2} \div \frac{P_2 - P_1}{(P_2 + P_1)/2} = -\frac{Q_2 - Q_1}{P_2 - P_1} \times \frac{P_2 + P_1}{Q_2 + Q_1}$$

例题 某市场面粉的调查数据是：价格为 2 元/公斤时，销售量是 500 公斤；价格为 3 元/公斤时，销售量是 400 公斤。求面粉的弧弹性值。

将数据代入弧弹性公式：$E_d = -\frac{Q_2 - Q_1}{P_2 - P_1} \times \frac{P_2 + P_1}{Q_2 + Q_1} = -\frac{400 - 500}{3 - 2} \times \frac{3 + 2}{400 + 500} = 0.56$

弧弹性讨论的是需求曲线上一段弧（即线段）的弹性大小，与需求曲线的斜率密切相关。线性需求曲线的斜率是 $\frac{\Delta P}{\Delta Q} = \frac{P_2 - P_1}{Q_2 - Q_1}$，它的倒数是 $\frac{\Delta Q}{\Delta P} = \frac{Q_2 - Q_1}{P_2 - P_1}$，是计算弧弹性公式的一部分。所以，一般情况下，线性需求曲线的弧弹性与斜率呈反方向变化关系。曲线越平缓，斜率越小，弧弹性就越大；曲线越陡峭，斜率越大，弧弹性就越小。

（三）需求价格弹性的类型

根据需求弹性系数所处的区间不同，从大到小将其分为五类。

1. $E_d = \infty$，需求完全弹性

只要价格发生微小的变化，就会使需求量发生无穷大的变化，需求曲线是一条平行于横轴的水平直线，如图 2-15a 所示。这是一种极端的情况，如完全竞争市场上单个厂商面临的需求曲线就是这种类型。

2. $E_d > 1$，需求富有弹性

需求量变动的幅度大于价格变动的幅度，需求量对于价格变动的反应比较敏感。需求曲线较平缓，斜率较小，如图 2-15b 所示。

3. $E_d=1$，**需求单位弹性**

需求量的变动幅度等于价格的变动幅度，需求曲线是一条正双曲线，如图 2-15c 所示。

4. $E_d<1$，**需求缺乏弹性**

需求量变动的幅度小于价格变动的幅度，需求量对于价格变动的反应不敏感。需求曲线较陡峭，斜率较大，如图 2-15d 所示。

5. $E_d=0$，**需求完全无弹性**

无论价格发生多大的变化，需求量都不会发生任何数量变化，商品的需求量与价格无关。垂直的需求曲线上的弧弹性为零，如图 2-15e 所示。完全无弹性的商品在生活中比较少见，如土葬地区的棺材等。

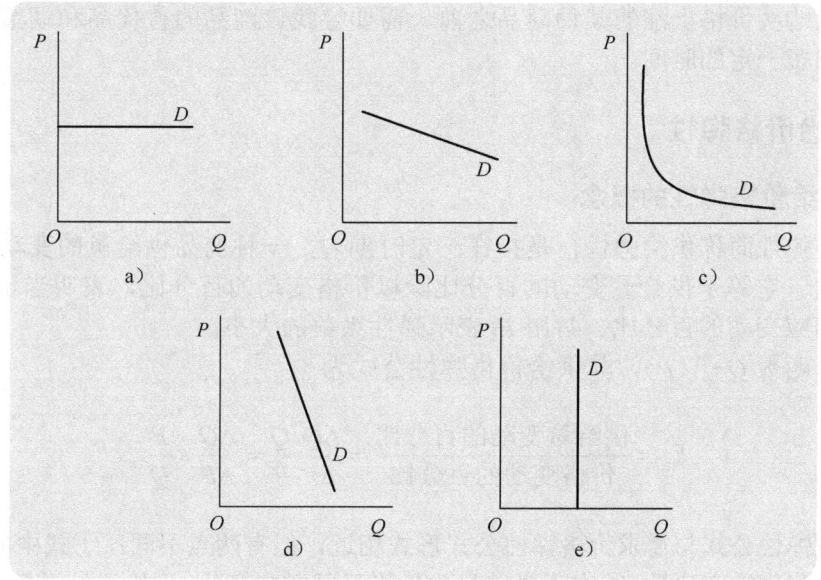

图 2-15 需求价格弹性的类型

a) $E_d=\infty$　b) $E_d>1$　c) $E_d=1$　d) $E_d<1$　e) $E_d=0$

（四）影响需求价格弹性的因素

影响商品的需求价格弹性的因素比较多，主要有以下几个方面：

1．商品的可替代程度

一般来说，越容易被替代的商品，需求价格弹性就越大。相反，越不容易被替代的商品，需求价格弹性则越小。一种商品相近的替代品越多，需求价格弹性则越大。例如，在水果市场，相近的替代品较多，某水果的需求弹性就比较大；对于几乎没有替代品的食盐来说，需求价格弹性非常小。

2．消费者对商品的急需程度

一般而言，生活必需品的需求价格弹性较小，而非必需品或奢侈品的需求价格弹性较大。生活必需品是人们正常生活中的必备商品，需求强度大且比较稳定，它们的价格变动对需求量的影响很小，如粮食、新鲜蔬菜及公共交通等。

3．商品用途的广泛性

一般来说，用途广泛、具有通用性、大众化的商品，其需求价格弹性较大；相反，用途狭窄、具有很强的专用性和独占性的商品，需求价格弹性就较小。因为对于用途广泛的商品而言，当它的价格较高时，消费者只购买较少的数量用于最重要的用途上；当它的价格较低时，就会被投入其他用途而导致需求量大增，如森林原木等。

4．商品消费支出在消费者总支出中所占的比例

一般而言，商品消费支出在消费者总支出中所占比例越大的商品，需求价格弹性越大；反之，则越小。如家庭用针线包、牙刷、圆珠笔芯等与珠宝、家电、汽车等商品相比，需求量对价格变动不敏感，是缺乏弹性的。

5．消费者调节需求量的时间

一般来说，消费者调节需求量的时间越长，则需求价格弹性就越大。因为当消费者决定减少或停止购买价格上涨的某种商品之前，需要寻找该商品的替代品和调节自身的适应性，这需要花费一定的时间。

二、供给价格弹性

（一）供给价格弹性的概念

供给价格弹性简称供给弹性，是指在一定时期内，一种商品供给量的变动对其价格变动的反应程度。它等于供给量变动的百分比除以价格变动的百分比，表明当价格变动 1% 时，供给量相应变动的百分比。常用 E_s 表示弹性系数的大小。

对于供给函数 $Q=f(P)$，其供给价格弹性公式为

$$E_s = \frac{\text{供给量变动的百分比}}{\text{价格变动的百分比}} = \frac{\Delta Q/Q}{\Delta P/P} = \frac{\Delta Q}{\Delta P} \times \frac{P}{Q}$$

供给价格弹性公式与需求价格弹性公式形式相近，但有两点不同：①式中的 Q、ΔQ 分别代表供给量和供给变化量；②由于供给量与价格呈同方向变化，供给弹性计算结果为正值。

与需求价格弹性相类似，供给价格弹性也有点弹性和弧弹性之分，计算公式为

点弹性公式： $$E_s = \lim_{\Delta P \to 0} \frac{\Delta Q}{\Delta P} \times \frac{P}{Q} = \frac{dQ}{dP} \times \frac{P}{Q}$$

弧弹性公式： $$E_s = \frac{\Delta Q}{\Delta P} \times \frac{(P_1+P_2)/2}{(Q_1+Q_2)/2} = \frac{Q_2-Q_1}{P_2-P_1} \times \frac{P_2+P_1}{Q_2+Q_1}$$

有关需求价格弹性分析的原理也适用于供给价格弹性分析，这里不再赘述。

（二）供给价格弹性的分类

根据供给价格弹性系数的大小，供给价格弹性可分为五种类型，下面以线性供给曲线为例说明。

1．$E_s=\infty$，供给完全弹性

供给价格不变，供给量无限增加，供给曲线是一条平行于横轴的直线，如图 2-16a 所示。

2．$E_s>1$，供给富有弹性

供给量变动的百分比大于价格变动的百分比，供给曲线较平缓，斜率较小，常见的有轻工业产品等，如图 2-16b 所示。

3. $E_s=1$，供给单位弹性

供给量变动的百分比等于价格变动的百分比，如图 2-16c 所示。

4. $E_s<1$，供给缺乏弹性

供给量变动的百分比小于价格变动的百分比，供给曲线较陡峭，斜率较大，常见的有高科技含量、高资本投入的产品，如图 2-16d 所示。

5. $E_s=0$，供给完全无弹性

无论价格怎样变化，供给量都保持不变。供给曲线是一条垂直于横轴的直线，如古董、古玩和土地等，如图 2-16e 所示。

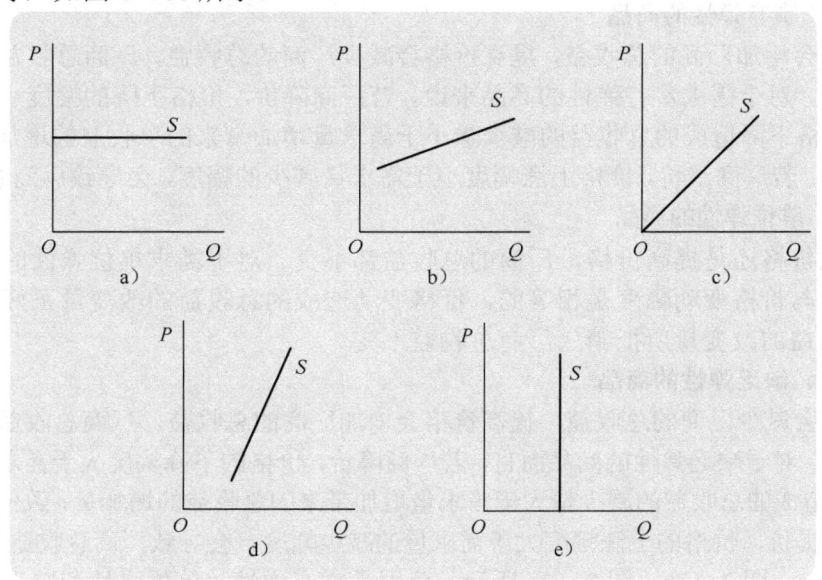

图 2-16 供给价格弹性的类型

a) $E_s=\infty$ b) $E_s>1$ c) $E_s=1$ d) $E_s<1$ e) $E_s=0$

（三）影响供给价格弹性的因素

影响供给价格弹性的因素很多，主要包括如下几个方面：

1. 时期的长短

当商品价格发生变化时，厂商对产量的调整需要一定的时间。由于在短期内，厂商的生产规模无法改变，厂商无论是根据商品的涨价及时增加产量，还是根据产品的降价及时缩减产量，都存在较大的困难，即供给弹性比较小。但在较长的时期内，生产规模的扩大与缩小，甚至转产都可以实现，即供给量可以对价格变动做出充分的反应，供给弹性也就比较大。

2. 生产规模及改变的难易程度

一般来说，生产规模大、资本投入高的重工业，因受设计和专业化设备等因素的制约，生产规模变动较难，产量变动不易，其产品的供给弹性小。反之，对于规模较小的劳动密集型企业而言，其产品供给弹性相对更大一些。

3. 生产的难易程度与生产周期的长短

一般来说，对于容易生产的产品而言，如技术要求低、生产周期短的项目，其产量调整比较快，供给弹性大；反之，对于较难生产的产品而言，如果生产周期较长，则供给弹性小。

4. 生产成本的变化

在其他条件不变的情况下，如果随着产量的增加，生产成本增加较少，则产品的供给弹性就大；相反，如果产品增加促使成本显著增加，则产品的供给弹性就小。

三、需求价格弹性与厂商总收益

厂商的总收益（TR）等于商品销售单价乘以商品销售数量。假设厂商的销售量等于市场需求量，即 $Q_s=Q_d=Q$，则总收益 $TR=P \times Q$。对于厂商而言，价格应该高一点还是低一些？答案与商品的需求价格弹性密切相关。下面就三种常见情况予以说明：

1. $E_d>1$，富有弹性的商品

降低价格会增加厂商的总收益，提高价格会减少厂商的总收益，厂商总收益与商品价格呈反方向变动。对于需求富有弹性的商品来说，若厂商降价，价格下降的幅度小于需求量增加的幅度，价格下降造成的总收益的减少量小于需求量增加带来的总收益的增加量，导致厂商总收益增加；若厂商涨价，价格上涨幅度小于需求量减少的幅度，会导致厂商总收益减少。

2. $E_d=1$，单位弹性的商品

无论降低价格还是提高价格，厂商的总收益都不变。对于需求单位弹性的商品，需求量的变动幅度与价格变动幅度是相等的，价格变动造成的总收益的改变量正好被需求量变动带来的总收益的改变量所抵销，厂商总收益不变。

3. $E_d<1$，缺乏弹性的商品

降低价格会减少厂商的总收益，提高价格会增加厂商的总收益，厂商总收益与商品价格呈同方向变动。对于缺乏弹性的商品而言，若厂商降价，价格的下降幅度大于需求量的增加幅度，价格下降造成的总收益的减少量大于需求量增加带来的总收益的增加量，致使厂商总收益减少；若厂商提价，价格的上涨幅度大于需求量的减少幅度，会导致厂商总收益增加。

如图 2-17a、图 2-17b、图 2-17c 所示，分别是富有弹性、单位弹性和缺乏弹性的三种商品需求曲线图。假定商品原来价格是 P_1，销量是 Q_1，后来厂商降价至 P_2，销量增加到 Q_2。由于 $TR=P \times Q$，P 在纵轴，Q 在横轴，分别是矩形的两个边，所以总收益的多少可以用矩形面积的大小来表示。对于图 2-17a 富有弹性的商品而言，降价前的总收益是矩形 OP_1AQ_1 的面积，降价后的总收益是矩形 OP_2BQ_2 的面积，显然，后者大于前者，说明降价后的总收益是增加的。同理，对于图 2-17b 单位弹性的商品而言，降价后的总收益不变。对于图 2-17c 缺乏弹性的商品而言，降价后总收益是减少的。

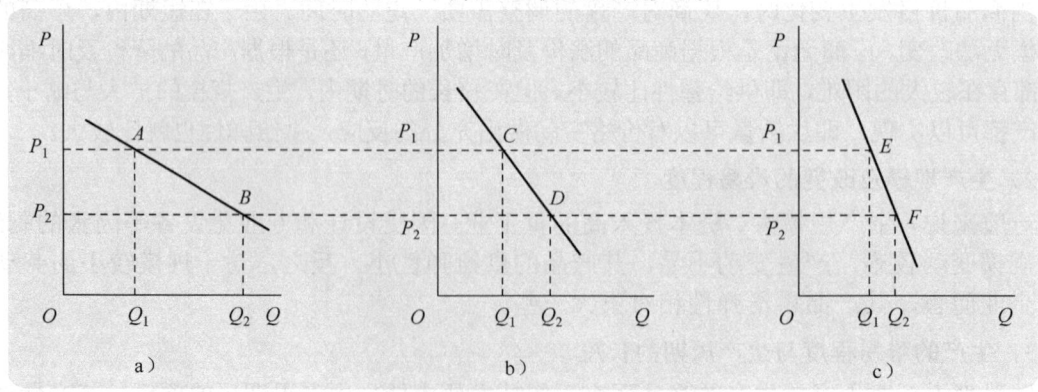

图 2-17 需求价格弹性与总收益
a）富有弹性 b）单位弹性 c）缺乏弹性

商品的需求价格弹性和厂商的总收益之间的关系可总结如下，见表 2-3。

表 2-3　需求价格弹性和总收益

需求价格弹性值	种　　类	对销售收入的影响
$E_d > 1$	富有弹性	价格上升，总收益减少 价格下降，总收益增加
$E_d = 1$	单位弹性	价格上升，总收益不变 价格下降，总收益不变
$E_d < 1$	缺乏弹性	价格上升，总收益增加 价格下降，总收益减少

案例讨论　　　　　　　　　谷贱伤农的经济学解释

"谷贱伤农"在本章开篇已经做了介绍。在学完本章知识之后，可以用弹性理论和均衡理论来解释分析这一现象。

首先，要把握粮食是需求缺乏弹性的商品，粮食的需求曲线比较陡峭；其次，"伤农"的直接原因是粮价大幅下跌，而粮价下跌的原因又是粮食丰收、粮食供给增加了，所以粮食的供给曲线右移。再次，粮食的需求比较稳定，其需求曲线是不变的，最后，可以通过对比矩形面积大小来分析农民种粮收入的变化。

如图 2-18 所示，E_1 是往年一般年景的粮食市场均衡点，粮价偏高，处在 P_1 位置。农民的卖粮总收益是 $P_1 \cdot Q_1$，即矩形 $OP_1E_1Q_1$ 的面积；E_2 是丰收年景的粮食市场均衡点，由于需求不变而供给大幅增加，导致粮食价格大幅下跌到 P_2 位置。农民的卖粮总收益是 $P_2 \cdot Q_2$，即矩形 $OP_2E_2Q_2$ 的面积。比较两个矩形的面积会发现，后者要小一些，说明即使是丰收年景，农民的日子也不好过。

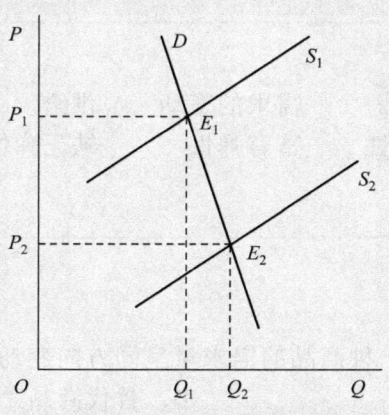

图 2-18　谷贱伤农的解释

讨论：如何避免类似事件发生呢？政府又能做些什么？结合后文的【实践与实训】栏目研讨对策。

● 主要内容网络图

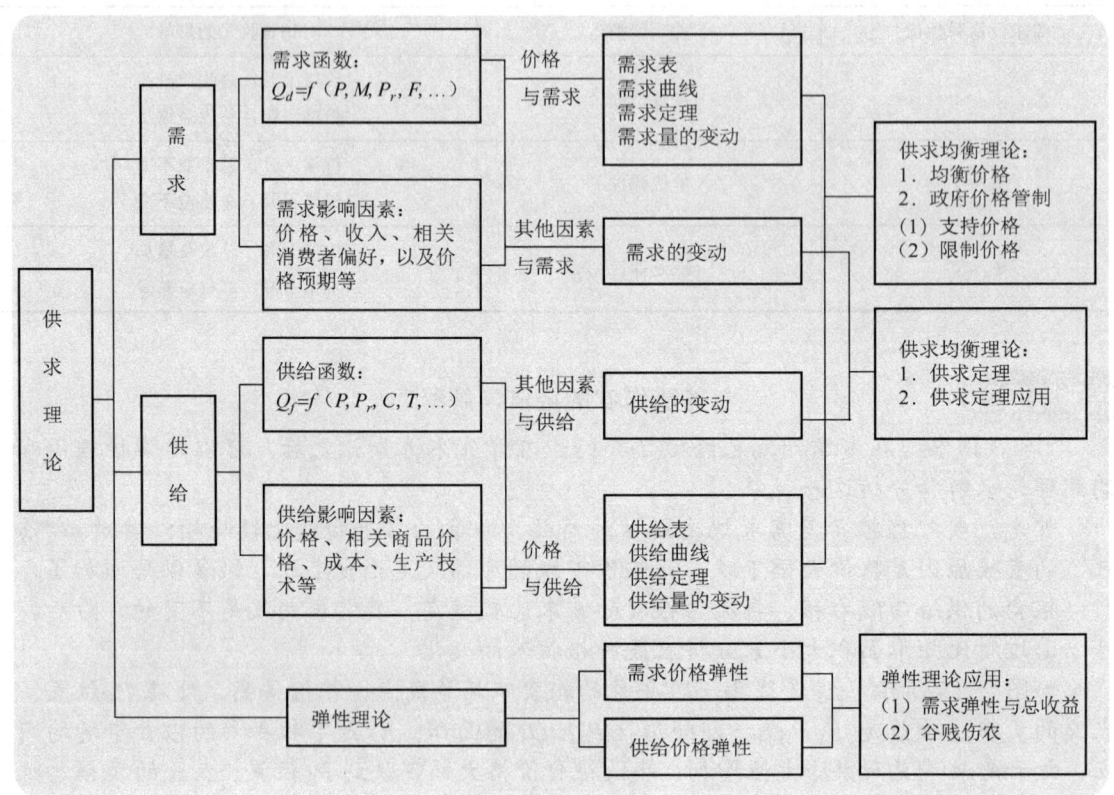

关键名词

需求　　　需求定理　　　需求的变动　　　供给　　　供给定理　　　均衡价格
供求定理　需求价格弹性　富有弹性　　　缺乏弹性　互补商品　　　替代商品

复习与练习

一、单项选择题

1. 一种商品的价格与另一种商品的需求量呈同方向变动，称这两种商品是（　　）。
   A．独立无关的商品　　　　　　B．替代商品
   C．互补商品　　　　　　　　　D．劣等品
2. 使某种商品的个人需求曲线发生移动的因素不包括（　　）。
   A．个人收入　　　　　　　　　B．商品本身价格
   C．相关商品价格　　　　　　　D．个人偏好
3. 下列情况发生时，构成某种蘑菇的需求曲线向左平移的原因是（　　）。

A．管理部门发布蘑菇中毒的消费警示
   B．消费者的收入增加
   C．种植蘑菇的工人工资增加
   D．另一种食用蘑菇的价格上涨
4. 在其他因素不变的情况下，某种商品的价格上升一般会导致（　　）。
   A．需求增加　　　　　　　　B．需求减少
   C．需求量增加　　　　　　　D．需求量减少
5. 如果商品甲和商品乙是互补商品，则甲的价格下降将造成（　　）。
   A．乙的需求曲线向右移动　　B．乙的需求曲线向左移动
   C．乙的需求曲线向上移动　　D．乙的需求曲线向下移动
6. 均衡价格随着（　　）。
   A．需求和供给的增加而上升　　B．需求和供给的减少而上升
   C．需求的减少和供给的增加而上升　D．需求的增加和供给的减少而上升
7. 市场上某产品存在超额需求是由于（　　）。
   A．产品价格超过均衡价格　　B．该产品是劣质产品
   C．该产品供不应求　　　　　D．该产品价格低于均衡价格
8. 薄利多销适用于（　　）。
   A．需求缺乏弹性的商品　　　B．需求单位弹性的商品
   C．需求富有弹性的商品　　　D．需求完全无弹性的商品
9. 某月内，甲商品的替代品的价格上升和互补品的价格上升，分别引起甲商品的需求变动量为50单位和80单位，则在它们共同作用下，该月甲商品的需求数量（　　）。
   A．减少30单位　　　　　　　B．增加30单位
   C．减少130单位　　　　　　D．增加130单位
10. 某种商品富有弹性，假设其他条件不变，卖者如果想获得更多的收益，应该（　　）。
    A．适当提价　　B．适当降价　　C．大幅度提价　　D．大幅度降价
11. 如果一种商品缺乏弹性，商品价格上升5%，将使得该商品的需求量的（　　）。
    A．增加超过5%　B．增加小于5%　C．减少超过5%　D．减少小于5%

二、判断题
1. 需求是指在每一价格下消费者愿意购买的商品数量。（　　）
2. 需求与收入呈反方向变化是判断低档商品的依据之一。（　　）
3. 均衡价格是市场供求相等时的商品成交价格。（　　）
4. 线性供给曲线上的点弹性处处相等。（　　）
5. 不管什么商品，降价能刺激销售，所以厂商为提高收益就应降价。（　　）

三、计算题
1. 已知某市场的需求函数是 $Q_d=500-100P$，求价格在2元和4元之间的需求价格弹性。
2. 假设某种产品市场的需求函数是 $P=300-5Q$，供给函数是 $P=-60+4Q$，求：
（1）均衡价格。
（2）求 $P=120$ 时的需求价格弹性与供给价格弹性。
3. 香烟的需求价格弹性是0.2，如果现在每盒香烟为12元，政府想减少20%的吸烟量，价格应该提高到多少？

四、问答题

1. 影响需求的因素有哪些？它们是如何影响的？
2. 均衡价格是如何形成的？
3. 商品的需求价格弹性与厂商总收益的关系如何？

实践与实训

谷贱伤农的对策探讨

我们了解了谷贱伤农的原因之后，应该采取什么样的应对措施？

1. 组织与安排

（1）分组：先将全班同学进行分组，每组5~6人。

（2）时间：一周。

（3）进度：首先，召开小组会议，商讨研究方案与小组分工；其次，分头进行社会调查和收集资料；再次，小组合议，交流信息，理清思路，拟定提纲，选出一人执笔，撰写论文材料；最后，小组开会商议论文内容，形成终稿上交。

2. 评比与总结

老师要对本次实践活动进行评比与总结。

（1）对于较好的小组，给予表扬。

（2）综合几份较好的论文材料，重新整理成一篇新的完整的论文。

人物介绍

阿尔弗雷德·马歇尔

阿尔弗雷德·马歇尔（Alfred Marshall，1842—1924），英国剑桥学派创建人，19世纪末20世纪初著名的经济学家，新古典经济学的开创者、奠基人。马歇尔1842年出生于伦敦郊区的一个工人家庭，少年时受到良好的教育。青年的马歇尔进入剑桥大学学习数学、哲学和政治经济学，最后选定经济学专业。毕业以后，马歇尔在剑桥大学任教9年，然后到牛津大学工作，1885年他回到剑桥大学任教直到1905年退休。

马歇尔的重要贡献是建立了弹性的概念和计算公式，开创了局部均衡分析。马歇尔的主要著作是1890年出版的《经济学原理》，该书集古典学派、边际效用学派和边际生产力学派之大成，对效用需求和成本供给共同决定价格第一次做出了完善的论证，成为新古典经济学的代表作，也被公认为是继《国富论》之后伟大的经济学著作。马歇尔经济学说的核心是均衡价格论，他认为市场价格决定于供、需双方的力量均衡，犹如剪刀的两翼是同时起作用的。

以马歇尔为核心的新古典学派，在长达40年的时间里在西方经济学中一直占据着支配地位，对现代西方经济学的发展有着深远的影响。

第三章 消费者行为理论

学习目标

知识目标
1. 掌握边际分析方法和无差异曲线分析方法。
2. 掌握消费者效用最大化的均衡条件。
3. 了解价格变动的收入效应和替代效应。

技能目标
理解并能够解释消费者的购买选择行为。

重点难点

1. 边际效用递减规律的理解和应用。
2. 两种效用论中的消费者均衡。

案例导入

罗斯福连任感想

1944年3月25日，罗斯福第三次连任美国总统。《先驱论坛报》的一位记者就连任总统之事问罗斯福有何感想。他笑而不答，请记者吃了一块三明治。记者觉得这是殊荣，很快就吃下去了。罗斯福又请他吃第二块，记者受宠若惊，又吃下去了。这时，罗斯福又请记者吃第三块，虽然肚子已经饱了，但他还是硬着头皮吃了下去。这时罗斯福微笑着说："现在我已经不用回答你的问题了，因为你已经有了切身的感受。"

在这里，罗斯福总统通过让记者亲身感受来告诉记者，一件事物令人印象最深刻、感受最强烈的时刻往往是第一次。如果这种经历重复下去的话，后面给人的印象和感受会越来越淡，从而呈现出一种递减现象。正如连续消费面包时，第一片面包也许很香甜，但是第二片、第三片呢……你会发现后面的面包虽然和第一片是一样的，但给人的感觉却是越来越不好吃了。

生活中我们在进行消费时，连续消费物品过程中的主观心理感受，为什么会不断递减？

第一节 效用概述

一、欲望

欲望是人们产生的想达到某种目的的要求,是对某些事物渴求的一种心理状态。欲望具有无限性,旧的欲望被满足后,总会有新的欲望无休止地产生出来,这些内容我们曾在第一章接触过。

欲望无善恶之分,关键在于如何控制,知足者常乐。有研究资料表明,不与别人比高低所带来的幸福感是高收入所带来的幸福感的5倍。因此,对于我们来说,应该将欲望控制在一定的程度之内,否则幸福就无从谈起。

二、偏好

偏好是指消费者按照自己的意愿对可供选择的商品组合进行的排列,偏好表明了消费者对其所消耗的商品的喜爱程度。偏好是主观的,也是相对的,是潜藏在人们内心的一种情感和倾向;偏好是非直观的,具有明显的个体差异,也呈现出群体特征。

在经济学中,偏好理论是以三个假定条件为基础的,它构成了消费者理论的基础。

(一)偏好的完整性

对于任何两个商品组合 A 和 B,消费者总是可以做出而且也只能做出以下三种判断中的一种:对 A 的偏好大于对 B 的偏好;对 B 的偏好大于对 A 的偏好;对 A 和 B 的偏好相同。即消费者总是可以比较和排列所给出的不同商品的组合。

(二)偏好的传递性

如果消费者对 A 的偏好大于 B,对 B 的偏好大于对 C,那么在 A 与 C 这两个组合中,必有对 A 的偏好大于对 C。

(三)偏好的非饱和性

如果两个商品组合的区别仅在于其中一种商品的数量不相同,那么消费者总是偏好含有这种商品数量较多的那个商品组合。

消费者的偏好是一种产生于欲望的心理现象,在现实中消费者的偏好并不一定完全符合这三个假设,无理性的行为也会发生。但是我们在研究消费者行为时,假设消费者是理性的,他们的偏好具有这三个特征。

三、效用

效用是指消费者从消费某种物品中所获得的满足程度。效用是消费者的主观心理感受,可以从消费的主体与消费的客体两个方面讨论效用。从消费的主体来讲,效用是指某人从自己所从事的行为中得到的满足;从消费的客体来讲,效用是指商品满足人的欲望或需要的能力。这里我们可以看出，不管从主体还是从客体来分析，效用均是一种心理感受，不同于商品的使用价值。

由于消费物品或劳务所获得的满足是一种主观心理感受，因此产品效用的大小因人而异、因时而异、因地而异，并且与产品的实际价值无关。例如，辣椒对于喜欢辣味的人来说，效用很大，但对不喜欢辣味的人来说则效用很小，甚至是一种痛苦，会产生"负效用"。我们还可以说，当一个人酒足饭饱后与饥饿时相比，相同数量的面包对他的效用是不一样的。再如，在水乡的一杯水，与在沙漠里的一杯水，对人的效用差别也是显而易见的。

基数效用论和序数效用论，是经济学研究消费者行为最大化的两种重要理论。

四、基数效用论和序数效用论

我们研究消费者效用最大化问题，那么应该如何去衡量效用呢？经济学家在看待效用问题时，通常有两种观点：基数效用论和序数效用论。

（一）基数效用论

基数效用论认为效用如同长度、重量等概念，可以具体衡量并加总求和，具体的效用量之间的比较是有意义的。效用的大小可以用基数（1、2、3…）来表示，计量效用大小的单位被称作效用单位。例如，对某一个人来说，吃一盘土豆和一份牛排的效用分别为5效用单位和10效用单位，则可以说这两种消费的效用之和为15效用单位，且后者的效用是前者的效用的2倍。根据这种理论，可以用具体的数字来研究消费者效用最大化问题。

（二）序数效用论

序数效用论认为效用的大小是无法具体衡量的，效用之间的比较只能通过顺序或等级来表示。序数效用论是为了弥补基数效用论的缺点而提出来的另一种研究消费者行为的理论。仍就上面的例子来说，消费者要回答的是偏好哪一种消费，即哪一种消费的效用第一，哪一种第二。或者是说，消费者要回答的是宁愿吃一盘土豆，还是吃一份牛排。序数效用论者还认为，就分析消费者行为来说，以序数来度量效用的假定比以基数来度量效用的假定所受到的限制要少，它可以减少一些被认为是值得怀疑的心理假设。

> **案例讨论**　　　　　　　　　　**地主与长工**
>
> 从前，某地闹起了水灾，当洪水渐渐吞没了土地和房屋时，人们纷纷爬上了山顶和大树，想要逃脱这场灾难。在一棵大树上，地主和长工聚集到一起。地主紧紧地抱着一盒金子，警惕地注视着长工的一举一动，害怕长工会趁机把金子抢走。长工则提着一篮玉米面饼，呆呆地看着滔滔大水。除了这篮面饼，长工已一无所有了。几天过去了，四处仍旧是白茫茫一片。长工饿了就吃几口饼，地主饿了却只有看着金子发呆。地主舍不得用金子去换饼，长工也不愿白白地把饼送给地主。
>
> 又几天过去了，洪水退了。长工高兴地爬到树下，准备开始新的生活，而地主却静静地躺着，永远留在了大树上。
>
> 讨论：黄金和面饼哪个效用更大些？

第二节 基数效用论

一、总效用与边际效用

基数效用论是19世纪50年代至20世纪初期西方经济学普遍使用的概念,其基本观点是:效用是可以计量并可以加总求和的。表示效用大小的计量单位被称为效用单位,因此,效用的大小可以用基数(1、2、3…)来表示,正如长度单位可以用米来表示一样。所谓效用可以计量,是指消费者消费某一物品所得到的满足程度可以用效用单位来进行衡量。所谓效用可加总求和,是指消费者消费几种物品所得到的满足程度可以加总而得出总效用。根据这种理论,可以用具体的数字来研究消费者效用最大化问题。基数效用论采用的是边际效用分析法。

例如,消费者共消费5片面包,从第1块到第5块的效用可分别表示为 U_1、U_2、U_3、U_4、U_5 单位的效用,而将这些单位的效用加总起来即可得到消费面包的总效用。总效用(TU)是指消费者在一定时间内从一定数量的商品消费中所得到的效用量的总和。如果以 Q 表示消费某商品的数量,则

$$TU = f(Q)$$

如果消费者消费面包,外加若干咖啡,此时也可将消费咖啡获得的效用与消费面包获得的效用进行比较,说明消费者消费咖啡所获得的效用与消费面包所获效用之间的倍数或比例关系。

边际是经济学中的重要术语,通常是指新增或额外的部分。边际效用(MU)是指在一定时间内消费者多消费一个单位物品时所带来的新增或额外的效用。

例如,一个人享用苹果,从第一个吃到第五个,每一个苹果给他带来的满足程度是不一样的,最后一个苹果所带来的效用即为边际效用。从边际效用与总效用的关系来看,边际效用就是指该物品的消费量每增(减)一个单位所引起的总效用的增(减)量。如果用 ΔQ 表示消费商品数量的变化量,用 ΔTU 表示总效用的变化量,那个边际效用可用公式表示为

$$MU = \frac{\Delta TU}{\Delta Q}$$

假如商品是无限细分的,这一公式还可以进一步表述为

$$MU = \lim_{\Delta Q \to 0} \frac{\Delta TU}{\Delta Q} = \frac{dTU}{dQ}$$

对于边际效用与总效用,我们可以借助表3-1进一步来理解(假设消费的商品为苹果,消费单位为个)。

表3-1 总效用和边际效用

消费品数量(Q)	总效用(TU)	边际效用(MU)
1	10	10
2	18	8
3	24	6
4	28	4
5	30	2
6	30	0
7	28	−2

二、边际效用递减规律

在一定时间内,在其他商品的消费数量保持不变的情况下,随着消费者对某种商品消费数量的连续增加,消费者从该商品中所获得的效用增量即边际效用是递减的,这一特征被称为边际效用递减规律。从表3-1中可以看出,每多吃一个苹果,其总效用在一定范围内会增加(如从第一个苹果到第五个苹果,总效用从10单位增加到30单位),但边际效用则是递减的,从最初的10单位逐步减少为8、6、4、2,如果一直吃下去,边际效用则小于零。这表明:随着苹果消费数量的不断增加,总效用是先以递减的速率增加,然后实现最大值,最后再减少;边际效用先是正值递减,然后为零,最后是负值递减。边际效用递减规律说明,当某种商品的消费量增加时,该物品的边际效用趋于递减。可以用图3-1进一步帮助理解。

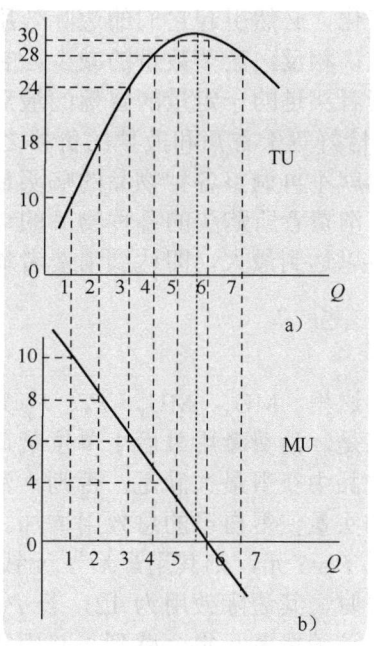

图 3-1　边际效用递减规律
a)总效用变化　b)边际效用变化

边际效用递减的原因有两个:①生理或心理的原因。人的欲望虽然多种多样,永无止境,但由于生理等因素的限制,就每个具体的欲望满足来说则是有限的。最初欲望最大,因而消费第一单位商品时得到的满足也最大,随着商品消费的增加,欲望也随之减少,从而感觉上的满足程度递减,以致当要满足的欲望消失时,如果增加消费的话,反而会引起反感。②商品的多种用途。各种商品的用途不同,人们总会把它先用于最重要的用途,也就是效用最大的地方,然后才是次要的用途,后一单位物品给消费者带来的满足一定小于前一单位。

货币也具有效用。货币的效用等于消费者花钱后得到商品的满足程度,货币的边际效用是指新增一元钱花费给消费者所带来的满足程度。西方经济学家假定,货币的边际效用不变。

三、消费者均衡

由于存在边际效用递减规律,因此消费者即使只消费一种物品,也不能无止境地消费,何况消费者消费的物品有许多种。如果这些物品的价格已定,消费者要怎样才能花费一定数量的收入,使购买的各种商品所获得的总效用达到最大值?或者说,他应该如何分配收入,用于购买不同数量的商品,以获得最大满足?这就是消费者均衡问题。

在消费者的收入和商品的价格既定的条件下,当消费者选择商品组合获取了最大的效用满足,并将保持这种状态不变时,称消费者处于均衡状态,简称为消费者均衡。

消费者均衡需要满足三个假设,即:

第一,消费者的偏好是既定的。也就是说,消费者对于各种物品效用与边际效用的评价是既定的,不会发生变化。

第二,消费者的收入是既定的。

第三,所购买物品的价格是既定的。由于物品价格既定,消费者就要考虑如何把有限的收入分配于各种物品的购买与消费上,以获得最大效用。

假定某消费者用一定量的收入购买香蕉、菠萝两种水果,且两者的价格 P_x、P_y 为既定,于是,增加香蕉的购买量,就必然会减少菠萝的购买量。由于边际效用递减规律,购买量的变化,必然引起它们的边际效用与价格之比的变化。香蕉的数量增加,它的边际效用会递减;相反,菠萝数量的减少,它们的边际效用会递增。这种变化达到一定的程度,会使消费者买进的一定量的香蕉的最后一单位效用与他买进一定量的菠萝的最后一单位效用之比,恰好等于香蕉和菠萝的价格之比,这时他买进的各种物品的总效用之和就达到极大值,他也就不再调整各种物品的购买量了,消费者的行为也就处于一种均衡状态。

消费者所购买的各种物品的边际效用之比,等于它们的价格之比时,消费者的总效用就可以达到最大,即达到消费者均衡。消费者达到均衡的原则可用公式表述为

$$\frac{MU_x}{P_x} = \frac{MU_y}{P_y}$$

这里,MU_x、MU_y、P_x、P_y 分别表示香蕉和菠萝的边际效用和价格。这一原则的基本思路是,消费者用最后 1 单位货币买到的两种商品的边际效用相等时,消费者就从购买的消费品中获得最大满足;否则,消费者就没有获得最大效用,并且可以通过改变两种商品的购买量使得自己的总效用增加。假定某消费者购买第 10 斤香蕉时,其边际效用为 20,如果 $P_x=5$ 元,则其用最后 1 元钱购买香蕉时的边际效用为 4。再假定消费者购买第 14 斤菠萝时,其边际效用为 12,若 $P_y=6$ 元,则其用最后 1 元购买菠萝时的边际效用为 2。这时,该消费者一定会感到与其用货币多买菠萝,不如多买点香蕉,因为用 1 元钱买香蕉时的边际效用大于用 1 元钱买菠萝的边际效用,这时他可以通过少买菠萝多买香蕉的方式使总效用增加,见表 3-2(Q_x 表示香蕉数量,Q_y 表示菠萝数量)。

表 3-2 消费者均衡

Q_x	P_x	$Q_x \cdot P_x$	MU_x	MU_x/P_x	Q_y	P_y	$Q_y \cdot P_y$	MU_y	MU_y/P_y
10	5	50	20	4	14	6	84	12	2
16	5	80	15	3	9	6	54	18	3

当消费者购买 16 斤香蕉、9 斤菠萝时,其购买香蕉时最后 1 元钱的边际效用和购买菠萝时最后 1 元钱的边际效用相等,都是 3,此时他实现了消费者均衡,获得的总效用最大。在消费者均衡条件下,消费者的收入分配实现了最优化。

案例讨论 　　　　　　　　　　　**如何合理分配学习时间**

学习是大学生活中最重要的任务。为了获得一个理想的成绩,同学们会运用各种有效的学习方法来提高学习成绩,其中如何合理地分配学习时间是一个很重要的问题。我们都知道,每个人每天的时间都是有限的,一天 24 小时,除去睡觉、吃饭、锻炼以及必要的事情外,能够用于学习的时间不超过 12 个小时。同时,同学们每学期需要学习的课程并不是一门,而是很多门。每个人的性格、能力以及爱好不同,在学习过程中也许对某门课程很擅长也很感兴趣,愿意投入很多的时间,但对于不喜欢的课程,就不愿意花那么多时间了。

讨论:你将如何合理地分配你的时间?是应该将尽量多的时间用于最差的课程以提高分数呢,还是将时间尽可能多地用于感兴趣的课程呢?

第三节 序数效用论

序数效用论是另一种研究消费者行为的理论。序数效用论者认为,效用是无法用具体数字表示的,只能有等级顺序的区别,即效用大小可表示为序数,无法表示为基数,进而形成序数效用论。在分析商品效用时,无须确定其具体数字或商品效用是多少,只需用第一、第二、第三等序数来说明各种商品效用谁大谁小或相等就足够了,并由此作为消费者选择商品的根据。

序数效用论的基本观点是:效用作为一种心理现象无法计量,也不能加总求和,只能表示出满足程度的高低与顺序,因此效用只能用序数(第一、第二、第三……)来表示。例如,消费者消费了巧克力与唱片,他从中得到的效用无法衡量,也无法加总求和,更不能用基数来表示,但他可以比较消费这两种物品所得到的效用。如果他认为消费一块巧克力所带来的效用大于消费唱片所带来的效用,那么,巧克力的效用第一,唱片的效用第二。

序数效用论采用无差异曲线分析法。

一、无差异曲线

无差异曲线是用来表示两种商品的不同数量的组合给消费者所带来的效用完全相同的一条曲线。或者说,它是表示对于消费者来说能产生同等满足程度的两种商品的各种不同组合点的轨迹。

无差异曲线相对应的效用函数为

$$U = f(X, Y)$$

在现实生活中,消费者在消费两种商品 X 和 Y 时,他可以多消费 X 而少消费 Y,或者少消费 X 而多消费 Y,但得到的效用却不变。例如,在对猪肉和牛肉、咖啡和茶进行消费时,都可能出现这种情况。

现在我们假定消费者消费 X 和 Y 两种商品。若 X 的价格上升而 Y 的价格不变,消费者本来想购买 10 单位的 X 和 1 单位的 Y,现在也许会多买些 Y 而少买些 X,但仍可得到同样的满足程度。X 和 Y 的不同组合见表 3-3。

表 3-3 X 和 Y 商品的不同组合

组合	X	Y
A	10	1
B	6	2
C	4	3
D	2.5	4

用横轴表示 X 的数量,用纵轴表示 Y 的数量。表 3-3 给出了 X 和 Y 两种商品有 A、B、C、D 四种数量不同的组合,但是它们所提供的效用水平是无差异的。把表中 X 和 Y 的组合点标记在坐标图上,再用平滑的曲线描绘起来,就可得到一条无差异曲线 U_2(如图 3-2 所示)。

图 3-2 是由无差异曲线组成的图形，称为无差异曲线图或无差异曲线群。在同一无差异曲线图中，离原点越远的无差异曲线代表的总效用水平越高，因为它所代表的物品数量越多。

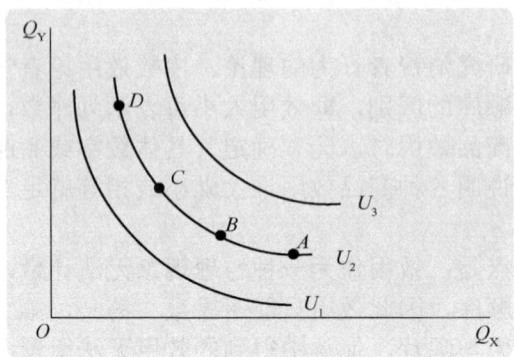

图 3-2　某消费者的无差异曲线

无差异曲线有以下特点：

（1）距离原点越远的无差异曲线代表的效用水平越高，距离原点越近代表的效用越低。

（2）同一无差异曲线图上任意两条无差异曲线不能相交。假设两条无差异曲线相交，那么交点同时在两条无差异曲线上。由于不同的无差异曲线表示不同的满足程度，这就意味着交点所代表的同一个商品组合对于消费者来说有不同的满足程度，这显然是不可能的。

（3）无差异曲线是一条自左上方向右下方倾斜并凸向原点的曲线。无差异曲线上的商品组合必须使消费者的效用维持不变，因此当消费者对一种商品的消费增加时，必须要减少另一种商品的消费，唯有负斜率且递减的无差异曲线才符合这种关系。无差异曲线凸向原点，是由商品的边际替代率递减规律决定的。

无差异曲线表明在维持消费者效用水平不变的条件下可以用一种商品替代另一种商品，由此引出边际替代率的概念。

二、边际替代率

边际替代率（MRS）是指为了保持相同的效用水平，消费者要增加 1 单位 X 物品就必须放弃一定数量的 Y 物品，这二者的比率，即 X 对 Y 的边际替代率等于 Y 的减少量除以 X 的增加量。

如果用 MRS_{XY} 代表 X 对 Y 的边际替代率，这里 ΔQ_Y 前面加一个负号表示 X 增加时 Y 必须减少，二者变动方向相反。那么，增加 1 单位 X 而相应地减少的 Y 的数量是如何确定的呢？由于无差异曲线存在的前提是总效用不变，因此，X 增加所增加的效用必须等于 Y 减少所减少的效用，否则总效用就会改变。如图 3-2 所示，从 C 到 D 的组合变动表示 Y 增加 1 单位，X 减少 1.5 单位，这就说明 1.5 单位 X 的效用恰好等于 1 单位 Y 的效用，一增一减，互相抵消，总效用不变，可用数学公式表示为：$\Delta Q_X \cdot \mathrm{MU}_X = -\Delta Q_Y \cdot \mathrm{MU}_Y$。因此，边际替代率也可以表示成两种物品边际效用的比率，可用公式表示为

$$\mathrm{MRS}_{XY} = -\frac{\Delta Q_Y}{\Delta Q_X} = -\frac{\mathrm{MU}_X}{\mathrm{MU}_Y}$$

式中，ΔQ_X 和 ΔQ_Y 分别代表商品 X 和商品 Y 的消费变化量。为了表示两种商品消费量变化方向相反，边际替代率公式中加了一个负号，这样使边际替代率的计算结果为正。

边际替代率，实际上也是无差异曲线的斜率。令 X 的增加量趋于零，即 $\Delta Q_X \to 0$，则 ΔQ_Y 亦相应趋于一个无限小的值，于是趋近一个极限值，而这个导数值就是无差异曲线任一点上的斜率。求无差异曲线上任一点的边际替代率，只要过该点做切线，这条切线的斜率就是该点的边际替代率。因此，无差异曲线的斜率也是负值。可用公式表示为

$$\text{MRS}_{XY} = -\frac{dQ_Y}{dQ_X}$$

边际替代率递减规律是指在维持效用水平不变的前提下，随着一种商品的消费数量的连续增加，消费者为得到每一单位的这种商品所需要放弃的另一种商品的消费数量是递减的。边际替代率递减的原因在于：消费者对某一商品拥有量较少时，对其偏爱程度会较高，而拥有量较多时，偏爱程度会降低。所以随着一种商品的消费数量的逐步增加，消费者想要获得更多的这种商品的愿望就会减弱，从而他为了多获得一单位的这种商品而愿意放弃另一种商品的数量就会越来越少。

三、消费者预算线

消费者对于两种物品会有多种购买数量的选择。但在现实生活中，对某一消费者来说，在一定时期内的收入水平和他所面对的两种物品的价格都是一定的，他不可能超越这一现实而任意提高自己的消费水平，也就是说，他的购买受到收入和价格的制约。

假定某个消费者每周的收入是 60 美元，他需要购买 X 和 Y 两种商品，商品 X 的价格为 15 美元，商品 Y 的价格为 10 美元。如果消费者用其全部收入购买商品 X，可得 4 单位的 X 商品；如用全部收入购买商品 Y，可得 6 单位的 Y 商品，如图 3-3 中 A、B 两点所示。我们将 A、B 两点连接成线，便可得到预算线 AB。

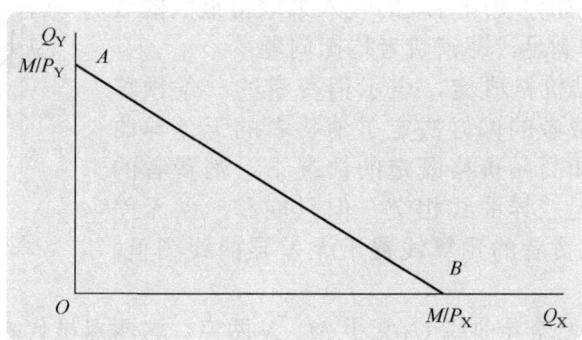

图 3-3 预算线

预算线也称预算约束线，表示在消费者收入和商品价格一定的条件下，消费者所能购买的不同商品组合的轨迹。如以 M 表示消费者的货币收入，如全部用来购买 Y，则 $M=P_Y Q_Y$；如全部用来购买 X，则 $M=P_X Q_X$。显然，$P_X Q_X = P_Y Q_Y$，即单独购买商品 X 或单独购买商品 Y 都花掉了消费者的全部收入。如果买一些 X，又买一些 Y，则所花的钱也不能超过 M，即 $P_X Q_X + P_Y Q_Y = M$，公式又可以表示为

$$Q_Y = -\frac{P_X}{P_Y}Q_X + \frac{M}{P_Y}$$

式中，$-\dfrac{P_X}{P_Y}$ 是预算线的斜率，$\dfrac{M}{P_Y}$ 是图 3-3 中预算线在 Y 轴上的截距。

预算线是在收入和价格一定的条件下的消费可能性曲线，如果收入或价格变了，预算线将发生变动。

假定商品的价格不变，但消费者的收入增加或减少了，则预算线将向外或向内平行移动，如图 3-4a 所示。假如消费者收入和商品 Y 价格不变，商品 X 价格下降将导致预算线斜率变小，而纵轴截距不变，因此，预算线绕着它与纵轴的交点逆时针转动；反之则顺时针转动，如图 3-4b 所示。

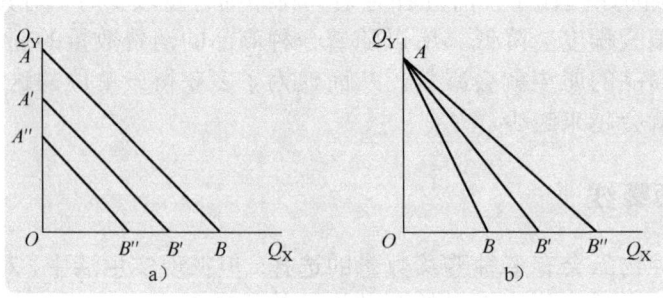

图 3-4　预算线的变动
a）收入变化　b）价格变化

四、消费者均衡

以上我们讨论了无差异曲线和预算线，现在我们将两者结合起来，研究消费者如何使用有限的收入来取得最大的效用或者达到最大限度的满足，即消费者均衡问题。

消费者收入和商品价格既定，表示消费者的一条预算线被确定。同时，消费者的偏好决定了消费者的无差异曲线，在消费者的收入和商品价格既定的情况下，消费者的预算线可以和许多条无差异曲线相交，但只能和一条无差异曲线相切。如果把消费者的预算线置于无差异曲线图里，情况如图 3-5 所示。

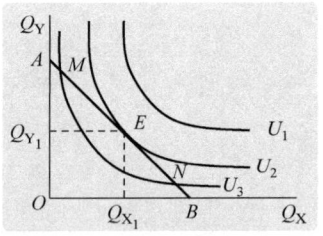

图 3-5　最大效用原则

（1）预算线 AB 与无差异曲线 U_3 交于 M、N 两点。这两点虽代表着消费者一定的满足程度，但它们并没有达到消费者支出允许的范围内所获取的最大效用水平，因 M、N 点移动到 E 点，可以在新的、更高的满足水平上进行消费，也即在 U_2 水平上进行消费。

（2）预算线 AB 与无差异曲线 U_1 既不相交，也不相切，虽然此时有较高的满足水平存在，但对消费者来说，已经超越其财力的许可。

（3）预算线 AB 与无差异曲线 U_2 相切于 E 点。E 点同时在预算线 AB 及无差异曲线 U_2 上，意味着它所代表的商品组合是消费者用现有的收入可以买到的，同时能给消费者带来最大限度的满足。显然，只要 E 点沿着预算线偏离原来的位置，它所代表的满足程度都将

低于 U_2 水平。因此，切点 E 是在收入一定的条件下给消费者带来最大效用的商品组合（Q_{X_1}，Q_{Y_1}），此时无差异曲线的点斜率与预算线的斜率相等。预算线的斜率可以取绝对值，因此在均衡点上，消费者均衡的条件是：无差异曲线的边际替代率与预算线的斜率相等，可用公式表示为

$$\text{MRS}_{XY} = \frac{P_X}{P_Y}$$

而 $\text{MRS}_{XY} = \frac{\text{MU}_X}{\text{MU}_Y}$，所以消费者均衡条件可以变形为

$$\frac{\text{MU}_X}{\text{MU}_Y} = \frac{P_X}{P_Y} \quad \text{或} \quad \frac{\text{MU}_X}{P_X} = \frac{\text{MU}_Y}{P_Y}$$

可见，序数效用的分析结论与基数效用的分析结论是一致的。

案例讨论　　　猪肉涨价的效应

自 2007 年以来，在我国消费品市场上，猪肉价格一路飞涨。伴随着猪肉价格飙升，类似下面的对话就成为菜市场中常见的画面。

"老板，猪肉今天多少钱啊？"

"五花肉 9.5 元 1 斤，纯瘦肉 10 元 1 斤，排骨更贵些，你要买哪种？"

"呃！不买了。今年这猪肉价格涨得也太快了！算了，今天不吃猪肉了。我去那边看看牛肉、羊肉吧，牛肉、羊肉的价格涨得还少些。该换换口味了。"

对于很多家庭来说，猪肉价格上涨，会让人感觉如果在肉类的消费上和以前一样，就要花费更多的钱。所以很多家庭都选择减少猪肉的消费量，而增加了其他肉类的购买量。也就是说，消费者通过调整猪肉和其他肉类产品的消费量，如减少猪肉的购买量，增加牛肉、羊肉、鸡肉和鱼类的购买量，做到既可以节省花费又能合理搭配营养，使家庭的效用水平尽量维持在较高位置。

通常，商品的价格发生变动时会影响到其消费量。当商品价格上升时，我们就少消费些这种商品，多买些其他商品；当价格下降时，我们就多消费点这种商品，少买些其他商品。

讨论：现实生活中还有哪些现象可以用消费者均衡理论来分析解释？

第四节　消费者行为理论的应用

一、收入-消费曲线和价格-消费曲线

在商品的价格保持不变的情况下，消费者收入的增加或减少不会影响预算线的斜率，但是会导致预算线的截距增加或减少，预算线的位置发生平移，相应的消费者的均衡点也会发生移动。

在消费者的偏好和商品价格不变的条件下，与消费者的不同收入水平相联系的消费者效用最大化的均衡量的轨迹就是收入-消费曲线。

如图 3-6 所示，随着收入水平不断增加，预算线由 AB 平移至 A'B'，再平移至 A''B''，它们分别与三条无差异曲线 U_1、U_2、U_3 相切于 E_1、E_2、E_3，这些切点是消费者预算收入变动情况下的均衡点，反映了消费者在不同的收入水平下消费量的变化情况，连接均衡点 E_1、E_2、E_3 的曲线就是收入-消费曲线。

收入-消费曲线表明了消费者的货币收入和商品需求量之间的关系，据此可以推导出消费者的恩格尔曲线。恩格尔曲线表示消费者在每一收入水平对某商品的需求量，与之对应的函数关系为 $X=f(I)$，其中，I 为收入水平，如图 3-7 所示。

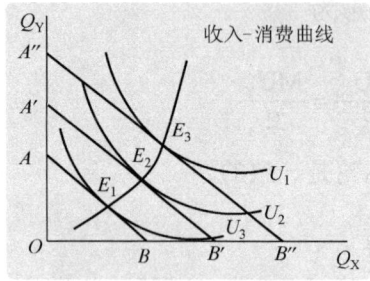

图 3-6 收入-消费曲线

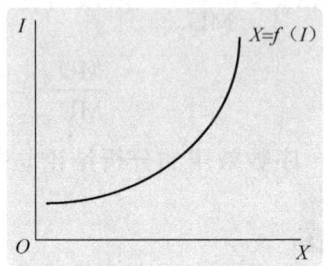

图 3-7 恩格尔曲线

19 世纪德国统计学家恩格尔发现，随着人们家庭收入的增加，用于食品的支出在人们生活支出中所占的比例有所下降，用于住宅和穿着方面的支出比例基本不变，用于其他方面的支出比例会增加。这种分析结果被称为恩格尔定律。由于食品支出同收入的比例会随收入提高而下降，因此这一比例常被用来衡量国家和地区的富裕程度。这一食物支出与收入之间的比例被称为恩格尔系数。一般来说，恩格尔系数越高，富裕程度与生活水平越低；恩格尔系数越低，富裕程度与生活水平就越高。同时，恩格尔定律说明了生活必需品的收入弹性比较小。

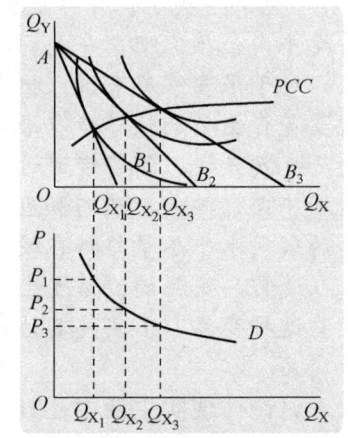

图 3-8 价格-消费曲线和消费者需求曲线

如图 3-8 所示，若商品 X 的价格从 P_1 逐步下降到 P_2 和 P_3，预算线 AB 将绕 A 点向外逆时针方向转动到 AB_2 和 AB_3，并分别和三条无差异曲线相切，把这些切点联结起来形成一条价格-消费曲线，即图中的 PCC 曲线。然后再用一个图形表示价格变化和消费者购买量之间的关系，即形成图 3-8 中的 D 曲线，这条曲线就是消费者需求曲线。把消费者需求曲线水平加总，就得到这种商品的市场需求曲线。

市场的均衡价格是由市场的需求和供给共同决定的。我们知道，市场需求主要是由消费者对商品的消费引起的，所以通过价格-消费曲线推导出个人需求曲线和市场需求曲线，由此可以清晰地将市场需求和消费者选择以及效用问题联系起来了。

二、消费者剩余

消费者剩余是消费者愿意对某商品支付的价格与实际支付的价格之间的差额，或者说，是消费者消费某种一定量商品所获得的总效用与为此花费的货币的总效用的差额。

一方面,消费者在购买商品时对每一单位商品所愿意支付的价格取决于这一单位商品的边际效用。由于商品的边际效用是递减的,所以消费者对某种商品所愿意支付的价格是逐步下降的。另一方面,市场上商品的价格是固定不变的,消费者对于每一单位商品所愿意支付的价格并不等于该商品在市场上的实际价格。事实上,消费者购买商品时是按照实际价格支付的。于是,在消费者愿意支付的价格和实际的市场价格之间就产生了一个差额,这个差额就构成了消费者剩余的基础。

例如:一个鸡腿堡的市场价格为6元,某消费者在购买第一个鸡腿堡时,根据这个鸡腿堡的边际效用,他认为值得付10元去购买这个鸡腿堡,即他愿意支付的价格为10元。于是,当这个消费者以市场价6元购买这个鸡腿堡时,就创造了4元的剩余。在以后的购买过程中,随着鸡腿堡的边际效用递减,他为购买第二个、第三个、第四个鸡腿堡所愿意支付的价格分别递减为8.5元、8元、7.5元。这样,他为购买4个鸡腿堡所愿意支付的总额为10+8.5+8+7.5=34元。但他实际按市场价格支付的总额为6×4=24元。两者的差额为34−24=10元。这个差额就是消费者剩余。

消费者剩余用几何图形表示就是消费者需求曲线以下与市场价格曲线以上的部分。如图3-9所示,图中的阴影部分就是消费者剩余。

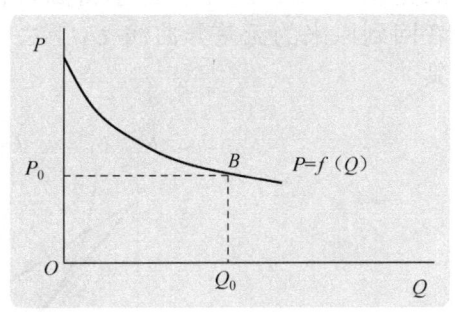

图3-9 消费者剩余

三、收入效应与替代效应

(一)替代效应和收入效应的含义

当一种商品的价格发生变化时,会对消费者产生两种影响:一是使消费者的实际收入发生变化。在这里,实际收入水平的变化被定义为效用水平的变化。二是使商品的相对价格发生变化。这两种变化都会改变消费者对该种商品的需求量。

一种商品价格变动所引起的该商品需求量变动的总效应可以被分解为替代效应和收入效应两部分,即

$$总效应=替代效应+收入效应$$

收入效应是指在货币收入不变条件下,商品价格的变动引起消费者实际收入的变动,进而引起商品需求量的变动。替代效应则是指在实际收入不变条件下,某种商品价格的变动引起其他商品相对价格呈相反方向变动,从而引起比较便宜商品的购买对比较昂贵商品的购买的替代。

例如,在消费者购买两种商品X、Y时,如果商品X的价格下降,会使消费者现有货币收入的实际购买力增加,进而使两种商品的购买量都增加,效用水平达到更高;如果商品X的价格下降,会使得价格不变的商品Y相对较贵,从而使消费者增加商品X的购买,同时减少商品Y的购买。这就是上文所说的收入效应和替代效应。

替代效应强调一种商品价格变动对其他商品相对价格水平的影响。当一种商品价格上升时,其他商品的价格相对便宜了,消费者会多购买其他商品而少购买这种商品;当一种

商品价格下降时，其他商品的价格相对昂贵了，消费者会增加这种商品的购买而减少其他商品的购买。收入效应强调价格变动对实际收入水平的影响。当一种商品价格上升时，消费者实际收入减少，商品购买量随之减少；当一种商品价格下降时，消费者实际收入增加，商品购买量随之增加。两种效应的比较：收入效应改变消费者的效用水平，替代效应不改变消费者的效用水平。

（二）正常物品的替代效应和收入效应

图 3-10 表示的是正常物品的替代效应与收入效应。由于商品 X 的价格下降，消费者的效用水平提高了，消费者新的均衡点 b 不是在原来的无差异曲线 U_1 上，而是在更高的无差异曲线 U_2 上。为了得到替代效应，必须剔除实际收入水平变化的影响，使消费者回到原来的无差异曲线 U_1 上去。要做到这一点，需要利用补偿性预算线这一分析工具。

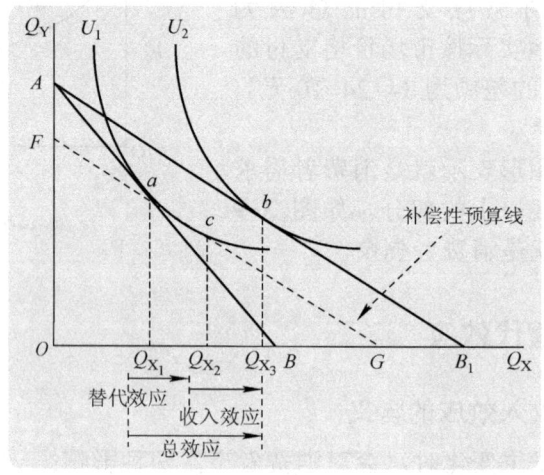

图 3-10　正常物品的替代效应与收入效应

补偿性预算线是用来表示以假设的货币收入的增减来维持消费者实际收入水平不变的一种分析工具。具体地说，在商品价格下降引起实际收入提高时，假设可取走一部分货币收入，以使消费者的实际收入维持原有的效用水平，补偿性预算线在此用来表示使消费者的货币收入下降到只能维持原有的无差异曲线的效用水平这一情况。

相反，在商品价格上升引起消费者实际收入水平下降时，假设可以对消费者的损失给予一定的货币补偿，以便消费者的实际收入维持在原有水平，图中 FG 曲线即为补偿性预算线，即一条平行于预算线 AB_1 且与无差异曲线 U_1 相切的曲线。补偿性预算线 FG 与无差异曲线 U_1 相切于均衡点 c，与原来的均衡点相比，需求量的增加量为 $Q_{X_1}Q_{X_2}$，这个增加量就是在剔除了实际收入水平变化影响后的替代效应。它显然归因于商品相对价格的变化，它不改变消费者的效用水平。在这里，商品 X 的价格下降所引起的需求量的增加 $Q_{X_1}Q_{X_2}$ 是一个正值，即替代效应的符号为正。也就是说，正常物品的替代效应与价格呈反方向变动。

收入效应是总效应的另一个组成部分。设想一下，把补偿性预算线 FG 再移回到 AB_1 的位置上去，于是消费者的效用最大化的均衡点就会由无差异曲线 U_1 的 c 点回到无差异曲

线 U_2 的 b 点，相应的需求量的变化量 $Q_{X_2}Q_{X_3}$ 就是收入效应。这是因为，在上面分析替代效应时，为了剔除实际收入水平的影响，才将预算线 AB_1 移到补偿性预算线 FG 的位置。所以，当预算线由 FG 的位置回到 AB_1 的位置时，相应的需求量的增加量 $Q_{X_2}Q_{X_3}$ 必然就是收入效应。收入效应显然归因于商品 X 价格变化所引起的实际收入水平的变化，它改变了消费者的效用水平。在这里，收入效应 $Q_{X_2}Q_{X_3}$ 是一个正值。这是因为，当 X 的价格下降使得消费者的实际收入水平提高时，消费者必定会增加对正常物品 X 的购买。也就是说，正常物品的收入效应与价格呈反方向变动。

综上所述，对于正常物品来说，替代效应与价格呈反方向变动，收入效应也与价格呈反方向变动。在它们的共同作用下，总效应必定与价格呈反方向变动。正因为如此，正常物品的需求曲线是向右下方倾斜的。

（三）吉芬商品的替代效应和收入效应

对于需求量与价格呈同方向变动的吉芬商品，我们也可以用替代效应和收入效应来解释。吉芬商品是一种特殊的低档商品。作为低档商品，其替代效应的作用使需求量与价格呈反方向变动，收入效应的作用使需求量与价格呈同方向变动，吉芬商品的特殊之处表现在其收入效应的作用大于替代效应的作用，从而总效用的作用是需求量与价格呈同方向变动，即价格下降时，需求量也下降，决定了需求曲线向右上方倾斜，如图 3-11 所示。

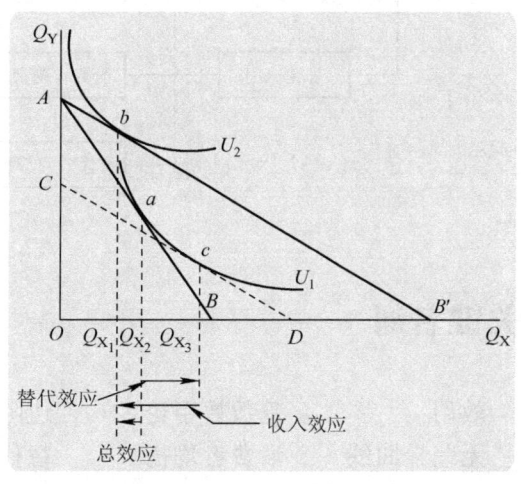

图 3-11　吉芬商品的替代效应和收入效应

假设购买土豆的消费支出在大多数贫困家庭的收入中占较大的比例，于是，土豆价格的上升将导致贫困家庭实际收入水平大幅度下降。在这种情况下，变得更穷的人们不得不大量地增加对劣等商品土豆的购买，这样形成的收入效应是很大的，它超过了替代效应，造成了土豆的需求量随着土豆价格的上升而增加的特殊现象。

> **案例讨论**　　　　　　　　**消费者剩余的故事**
>
> 　　小白想买一款电子产品，逛了几家商店，发现同款产品的价格都是 698 元，而且打折的余地很小。在一家规模很大的超市，他看到了一条很醒目的提示标语："如果您在周边地区购买到了比此处更便宜的同类商品，请持有关证明，本店无条件为您补差价！"看到这条承诺标语，他感觉同款产品的价格，应该是 600 元以上。
>
> 　　11 月 11 日，小白打开手机，在一家购物网站上看到了心仪很久的电子产品，更让他惊喜的是，上面的标价竟然是 398 元！他立马下单，终于如愿以偿。
>
> 　　这天，他得到了 300 元（698－398）的消费者剩余，乐呵呵地度过了自己人生 28 岁的光棍节！
>
> 　　**讨论：** 在购物的过程中，什么样的情况会使你感到快乐？

● 主要内容网络图

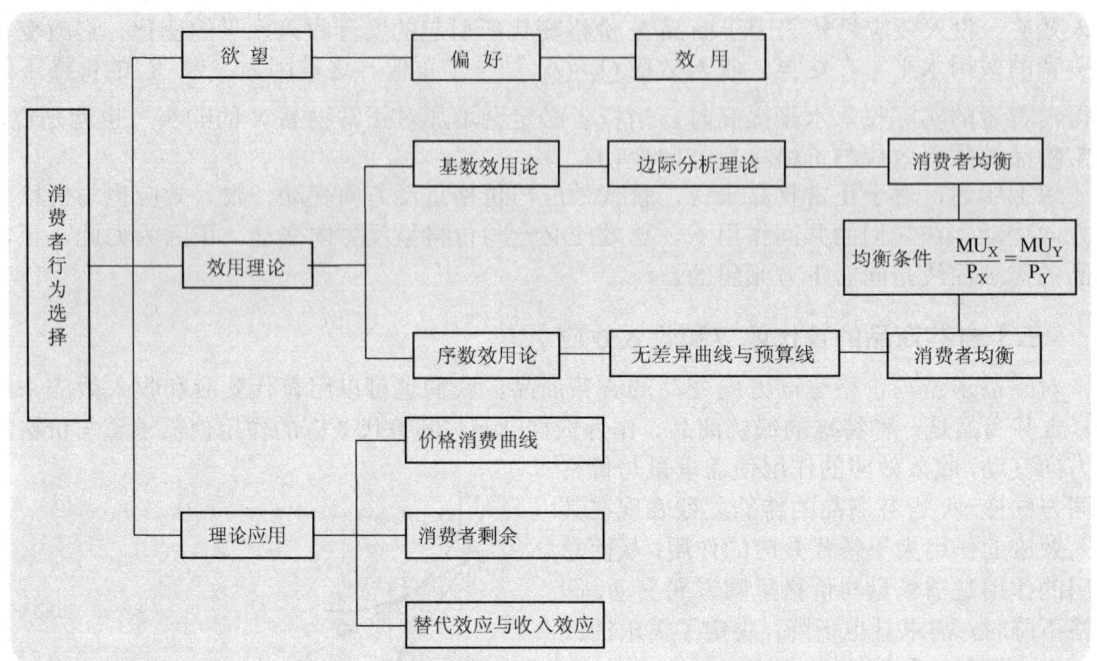

关键名词

效用　　　基数效用论　　　边际效用递减规律　　　序数效用论
无差异曲线　消费者均衡　　　替代效应　　　　　　收入效应

复习与练习

一、单项选择题

1. （　　）项指的是边际效用。
   A．张某吃第二个面包，满足程度从 10 个单位增加到 15 个单位，增加了 5 个单位
   B．张某吃了两个面包，共获得满足 15 个效用单位
   C．张某吃了四个面包后不再想吃了
   D．张某吃了两个面包，平均每个面包带给张某的满足程度为 7.5 个效用单位

2. 若某消费者消费了两个单位某物品之后，其边际效用为零，则此时（　　）。
   A．消费者获得了最大平均效用　　B．消费者获得的总效用最大
   C．消费者获得的总效用最小　　　D．消费者获得的总效用为负

3. 商品 X 和 Y 的价格按相同的比例上升，而收入不变，预算线将（　　）。
   A．向左下方平行移动　　　　　　B．向右上方平行移动
   C．不会移动　　　　　　　　　　D．向左下方或右上方平行移动
4. 同一条无差异曲线上的不同点表示（　　）。
   A．效用水平不同，但所消费的两种商品组合比例相同
   B．效用水平不同，两种商品的组合比例也不相同
   C．效用水平相同，但所消费的两种商品的组合比例不同
   D．效用水平相同，两种商品的组合比例也相同
5. 预算线反映了（　　）。
   A．消费者的收入约束　　　　　　B．消费者的偏好
   C．消费者人数　　　　　　　　　D．货币的购买力
6. 消费者不断消费更多的某种商品时（　　）。
   A．消费者获得的总效用递增　　　B．消费者获得的总效用递减
   C．消费者获得的边际效用递增　　D．消费者获得的边际效用递减
7. 无差异曲线上任一点上商品 X 和 Y 的边际替代率等于它们的（　　）。
   A．价格之比　　　　　　　　　　B．总效用之比
   C．边际效用之比　　　　　　　　D．购买力之比
8. 张某只准备买两种商品 X 和 Y，X 的价格为 10，Y 的价格为 2。若他买了 7 个单位 X 和 3 个单位 Y，所获得的边际效用值分别为 30 个单位和 20 个单位，则（　　）。
   A．张某获得了最大效用
   B．张某应当增加 X 的购买，减少 Y 的购买
   C．张某应当增加 Y 的购买，减少 X 的购买
   D．张某若想获得最大效用，需要借钱
9. 假定 X、Y 商品的价格 P_X、P_Y 已定，当 $MRS_{XY} > \dfrac{P_X}{P_Y}$ 时，消费者为达到最大满足，他将（　　）。
   A．增购 X，减少 Y　　　　　　　B．减少 X，增购 Y
   C．同时增购 X、Y　　　　　　　 D．同时减少 X、Y
10. 消费者剩余是指消费者愿意支付的价格高于商品实际市场价格的差额，即（　　）。
    A．消费者剩余=边际效用+销售价格
    B．消费者剩余=销售价格+心理价格
    C．消费者剩余=边际效用-销售价格
    D．消费者剩余=销售价格-边际效用

二、判断题

1. 同一条无差异曲线上的任意两点所代表的效用水平可能不相同。（　　）
2. 预算约束线表示消费者在收入和商品价格一定的条件下，消费者所能购买的不同商品组合的轨迹。（　　）
3. 当总效用曲线达到极大值时，边际效用曲线与横轴相交。（　　）
4. 当总效用以递减的速率增加时，边际效用为负值，且不断减少。（　　）

5．基数效用论者认为，商品的需求价格取决于它的边际效用。　　　　（　　）
6．无差异曲线凸向原点是由商品边际替代率递减规律决定的。　　　（　　）
7．消费者剩余是消费获得的实际利益。　　　　　　　　　　　　　（　　）

三、计算题

1．消费者每周花 360 元买 X、Y 两种商品，其中 $P_X=3$ 元，$P_Y=2$ 元，他的效用函数为 $U=2Q_X^2Q_Y$，在均衡状态下，他每周买 X、Y 两种商品各多少？

2．某消费者把收入用于购买 X 和 Y 两种物品，$P_X=2$ 元，$P_Y=1$ 元。用于最后一单位 X 物品的收入边际效用为 20，用于最后一单位 Y 物品的收入边际效用为 16。问：
（1）消费者是否实现均衡？
（2）如果没有实现均衡，他该如何调整？

四、问答题

1．基数效用论的消费者均衡条件是什么？
2．什么是边际效用递减规律？请举例说明。
3．序数效用论的消费者均衡条件是什么？
4．钻石与水的悖论说明商品的价格取决于什么？请使用效用理论加以说明。
5．什么叫无差异曲线？无差异曲线的特点是什么？
6．什么叫消费者均衡？消费者均衡的条件是什么？

实践与实训

分组调查在菜价变动时，学生食堂食谱的变化，并用所学的经济学知识加以解释。

人物介绍

威廉姆·斯坦利·杰文斯

威廉姆·斯坦利·杰文斯（William Stanley Jevons，1835—1882）既是边际效用价值论的创立者之一，也是数理经济学派的创始者之一。杰文斯 1835 年生于英国利物浦的一个制铁机械师家庭，15 岁的时候去伦敦大学学习，那时他就有信心成为一个有成就的思想家，这个信心在他以后的岁月里多次对他的前途起到了决定性作用。1866 年，他开始担任曼彻斯特大学欧文学院逻辑、道德哲学及政治经济学教授。1871 年 10 月，他发表了代表作《政治经济学理论》，1875 年他转任伦敦大学政治经济学教授。1880 年被选为伦敦统计学会（英国皇家统计学会前身）副主席。1882 年，杰文斯在一次游泳中不幸溺亡，当时仅仅 47 岁。

由于他性格非常内向，对于其同辈及学生并没有产生很大的影响。他的主要著作《政治经济学理论》概括出了价值的边际效用理论，奠定了他在经济学思想史上和边际效用学派与数理经济学派中的地位。除此之外，杰文斯还写过一些经济论文，还以太阳黑子的活动来解释经济危机的原因和周期性。阿尔费雷德·马歇尔（Alfred Marshall）如此称赞他："对于经济学，除了李嘉图，他比其他任何人都具有建设性的推动作用。"

第四章 生产者行为理论

学习目标

知识目标
1. 理解短期生产函数及其曲线特征。
2. 理解边际收益递减规律和规模经济。
3. 了解长期生产函数及其曲线特征。
4. 掌握收益函数和利润最大化原则。

技能目标
1. 运用生产理论分析厂商生产的合理投入区和最优的生产要素投入组合的方法。
2. 运用利润最大化原则分析厂商的产量确定和最大利润。

重点难点
1. 总产量曲线、平均产量曲线和边际产量曲线的形状以及相互关系。
2. 生产者均衡的概念与条件。
3. 短期成本曲线和长期成本曲线。

案例导入

联想企业

"人类失去联想，世界将会怎样"曾是联想电脑很有名的一句广告。这句广告以一语双关的手法，提醒人们联想的重要性。的确，无论是联想，还是联想品牌的计算机，对于人们的生活来说，都至关重要。就重要性而言，企业亦如是。

企业在我们的生活中无处不在，可以说，现代社会就是建立在企业生产活动之上的。我们所使用的每样产品都是由企业生产的。每天我们从家具企业精心生产的床上醒来，用家电企业生产的家电做出美味的早餐，穿上由各个服装企业生产的衣服，坐着汽车企业生产的轿车去上班。可以说我们的衣食住行，甚至生老病死，都与企业活动息息相关。企业已经渗透到我们生活的方方面面。

现代社会所需的各种产品主要是由形形色色的企业来提供的。这些企业形式多样，从最简单的夫妻店到最复杂的上百万人组成的企业集团，从最原始的手工作坊到最先进的无人工厂，这些经济单位具有不同的形式、不同的结构、不同的性质，但都有一个共同的名称——"企业"。

在历史的长河中，许多企业光芒闪耀，像可口可乐、同仁堂、通用汽车、米高梅、索尼等名字，人们耳熟能详。在这些企业中，不乏百年老店和百年老字号，但是这些企业或者已经破产，或者处境艰难，但也有的欣欣向荣、生机蓬勃。另外，还有一些企业，像微软、谷歌、海尔等企业，从一个不起眼的小公司，逐渐成长为实力庞大的世界性跨国公司。这些企业一起组成了一幅跌宕起伏的企业发展历史画卷。

企业对于我们的生活是如此重要，企业的发展历史又是如此令人着迷，那么作为企业应该如何追求自我利益最大化呢？

第一节　生产函数概述

一、生产要素

企业是把各种生产要素转化为产品的组织。在这个过程中，所需要的各种生产要素泛指生产过程中投入的一切经济资源。在实际生活中，生产要素包括的范围非常广，从最原始的矿产到生产所需的动力燃料，再到投入的各种中间品，同时还包括了技术、知识、信息等。为了分析方便，经济学中，所有生产要素一般被划分为劳动、资本、土地、企业家才能这四种要素。

（一）劳动

劳动是生产过程中的人力消耗，包括体力和智力的消耗。劳动的报酬是工资，企业主将体力劳动或智力劳动投入生产过程，应当被视为购买了劳动，理应向劳动者支付工资。在生产过程中投入的劳动量的数量等于劳动力数量乘以每人每天的劳动小时数，如果需要增加劳动量的话，那么可能是增加了劳动力的数量而不延长每天的劳动时间，也可能是保持劳动力数量不变而延长了每天的劳动时间，当然也有可能是增加了劳动力数量的同时也增加了每天的劳动时间。

（二）资本

资本是生产过程中使用的各种生产设备、厂房等，如生产过程中使用的工具、机器、厂房、仓库等，需要用货币购得。资本的报酬是利息，生产者借得货币购买生产设备，要向贷方支付利息。现代社会生产的自动化、智能化水平日益提高，在一些行业，资本投入的重要性超过了劳动投入。

（三）土地

经济学所讲的土地是一个广义的概念，包括土地、水源、森林、矿产等。土地的报酬是租金，使用土地的生产者应向土地的所有者支付租金。现代社会土地日益稀缺，租金呈升高趋势。有时，为了争夺有限的土地资源，国与国之间、社群与社群之间会发生暴力冲突。

（四）企业家才能

企业家才能是生产过程中所必需的经营整个企业的组织能力、管理能力和创新能力。现代企业制度更加速了企业所有权和经营权的分离，市场中出现了独立的经营管理队伍。企业家才能这一要素的报酬是利润，当企业显著盈利时，企业的经营管理者可以获得比普通员工高出许多倍的收入。

在现代社会，其他要素在经济生活中发挥着越来越重要的作用。信息、科技、网络等要素在生产活动中扮演着越来越重要的角色，甚至成为生产活动中的主导因素，并形成新的经济形态，如信息经济、网络经济、海洋经济等。在这里，为简化研究，我们只研究最基本的几种生产要素。

二、生产函数

生产过程中生产要素的投入和产品的产出量之间的关系，可以用生产函数来表示。生产函数表示在一定时间内，在技术水平不变的情况下，生产中所使用的各种生产要素数量与所能生产的最大产量之间的关系，或者说，一组既定的投入与之所能生产的最大产量之间的依存关系。任何生产函数都以一定时期内的生产技术水平作为前提条件，一旦生产技术水平发生变化，原有的生产函数就会发生变化，从而形成新的生产函数。新的生产函数可能是以相同的生产要素投入量生产出更多或更少的产量，也可能是以变化了的生产要素的投入量进行生产。

假定用 Q 表示所能生产的最大可能产量，用 X_1，X_2，…，X_n 表示某产品生产过程中各种生产要素的投入量，若不考虑可变投入与不变投入的区别，则生产函数可用如下一般表达式表示为

$$Q = f(X_1, X_2, X_3, \cdots, X_n)$$

假如生产函数为 $Q = 3X_1 + 2X_2$，这个生产函数表示，如果 X_1 要素投入 1 个单位，X_2 要素投入 2 个单位，则可以得到该产品 7 个单位。

需要指出的是，生产函数中的产量，是指一定的投入要素组合可能生产的最大的产品数量，或者说，生产函数所反映的投入与产出之间的关系是以企业经营管理得好，一切投入要素的高效使用为前提的。

生产函数中的投入与产出关系，取决于投入的设备、原材料、劳动力等诸要素的技术水平。因此，任何生产方法（包括技术、生产规模）的改进都会导致新的投入产出关系。不同的生产函数代表不同的生产方法和技术水平。

在经济学分析中，由于生产过程涉及的要素非常繁杂，为了简化分析，通常将生产要素简化为资本和劳动两种，这样我们便得到最简单的一种生产函数，也是本书中常用的生产函数形式。如果用 L 表示劳动投入量，用 K 表示资本投入量，则生产函数可表示为

$$Q = f(L, K)$$

各种产品生产中投入的各种要素之间的配合比例，称为技术系数。它可以是固定的，或者说每生产一单位某产品必须投入一定量的资本和劳动，随产量增加或减少，且这两种要素必须按固定比例增加或减少。例如，一辆汽车配备一个司机，而两辆汽车则需要配备两个司机。当然，有些产品生产中的要素配合比例是可变的，这种生产函数就是可变比例的生产函数。在我们学习的过程中，涉及的生产函数主要是可变比例生产函数。在这里，我们着重介绍几种常用的典型生产函数。

1. 柯布-道格拉斯生产函数

柯布-道格拉斯生产函数，又称 C-D 生产函数，是一个非常著名的生产函数，是由美国数学家柯布和经济学家道格拉斯于 1928 年根据历史统计资料提出的。该生产函数以其简

单的形式描述了经济学家所关心的一些要素，它在经济理论的分析和实证中都具有一定的意义。该生产函数的一般形式为

$$Q = AL^{\alpha}K^{\beta}$$

式中，Q 代表产量，L 和 K 分别代表劳动和资本的投入量，A 为规模参数（$A>0$），α 为劳动产出弹性，表示劳动贡献在总产量中所占的份额（$0<\alpha<1$），β 为资本产出弹性，表示资本贡献在总产量中所占的份额（$0<\beta<1$）。根据柯布和道格拉斯对美国 1899～1922 年有关经济资料的分析和估算，α 的值约为 0.75，β 的值约为 0.25。这些数据说明，在这一期间的总产量中，劳动所得的相对份额为 75%，资本所得的相对份额为 25%。

2. 里昂惕夫生产函数

里昂惕夫生产函数是以诺贝尔经济学奖获得者里昂惕夫的名字命名的生产函数，也称为固定投入比例生产函数。固定投入比例生产函数是指在每一个产量水平上任何一对要素投入量之间的比例都是固定的生产函数。假定生产过程中只用到劳动 L 和资本 K，则固定投入比例生产函数的通常形式为

$$Q = \text{Min}\,(L/U,\ K/V)$$

式中，U 为固定的劳动生产系数（单位产量配备的劳动数），V 为固定的资本生产系数（单位产量配备的资本数），Q 代表产量。该生产函数表示，生产过程中产品产量取决于 L/U、K/V 这两个比值中较小的那一个。

三、现代企业的三种常见类型

劳动密集型企业是指生产需要大量的劳动力，产品成本中活劳动量消耗占比较大的企业，又称为劳动集约型企业。在劳动密集型企业里平均每个工人的劳动装备程度不高，如纺织企业、服务企业、食品企业等轻工业以及服务业等。一些劳动力资源丰富，但资金短缺、技术发展水平较低的发展中国家，注重发展劳动密集型企业，有利于充分发挥劳动力的优势，弥补资金和技术力量的不足，积累建设资金，加快经济建设。

资本密集型企业是指单位劳动力占有资金量（或资产量、资本）较多的企业。这种企业资本的价值构成高，资本的有机构成也高，一般都具有技术装备程度高、机械化和自动化水平高、产品成本中物化劳动的比重大等特点。在大多数情况下，它同时又是技术密集型企业。电力、冶金、石化、汽车等企业，都属于资本密集型企业。

技术密集型企业是指技术装备程度比较高，所需劳动力或手工操作的人数比较少，产品成本中技术含量消耗占比很大的企业。技术密集型企业的单位产品所需资金投入较多，也需要熟练的工程技术人员，同时耗费原材料较少。这类企业的技术密集程度与企业的机械化、自动化水平成正比，同企业的手工操作人数成反比。技术密集型企业的特点是：具有较高的专业技术知识，科技人员占地较大，拥有大量高、尖、新技术设备，产品具有较高的知识与技术含量，企业的无形资产占有相当的比重。

四、生产时期

学习生产函数要先区分长期与短期。这里的"长期""短期"，不是指一个具体的时间跨度，而是指能否使厂商来得及调整生产规模所需要的时间长度。"长期"是指厂商来得及通过

调整生产规模来达到调整产量的时间段。"短期"则指厂商来不及通过调整生产规模来达到调整产量的时间段。在短期内，厂商只能在原有厂房、机器、设备的基础上，通过多用或少用人工和原材料等来调整产量。例如，某产品因季节性原因而需要增加产量时，厂商可通过充分利用现有设备，开足马力、加班加点来增加产量以满足需求。相反，如果市场对该产品的需求长期增长，则厂商需要扩大生产规模来满足增长了的市场需求，这就是长期调整生产的问题。

在长期中，一切生产要素都是可以变动的，厂商没有不变的生产要素。不仅劳动投入量、原材料使用量可变，而且厂房设备量也可变动。在短期内，至少有一种生产要素是不变的，一般假定资本要素（如机器设备、厂房等）不变而劳动要素可变。

"短期"和"长期"不是以时间长短来区分的。对于有些生产行业来说，如钢铁、汽车等，所需资本设备数量多，技术要求高，变动生产规模不容易，几年时间也许算是"短期"。反之，有些行业，如普通服务业、食品加工业，所需资本设备数量少，技术要求低，变动生产规模比较容易，也许几个月的时间就可算是"长期"。

在经济分析中，通常假定企业只使用劳动和资本两种要素。在短期内，假设资本数量不变而劳动随产量变化而变动。在长期中，资本和劳动都可变。

第二节 短期生产函数

一、短期生产函数的含义

我们通常以一种可变要素的生产函数考察厂商的短期生产行为，以两种可变要素的生产函数考察厂商的长期生产行为。因此，短期生产函数也叫一种可变要素的生产函数，而长期生产函数也叫两种可变要素的生产函数。

短期生产函数研究在资本要素不变的条件，厂商的最佳劳动雇佣量问题。假定资本投入量是固定的，用 $\overline{K}$ 来表示，劳动投入量是可变的，用 L 来表示，则短期生产函数就可以表示为

$$Q = f(L, \overline{K})$$

或简记为

$$Q = f(L)$$

二、总产量、平均产量与边际产量

（一）总产量、平均产量与边际产量的定义与形态

短期生产函数中，总产量（TP）是指在资本投入既定的条件下，投入一定量的劳动要素所能得到的最大产量，公式为

$$TP = f(L, \overline{K})$$

平均产量（AP）是指平均每个单位劳动所贡献的产量，公式为

$$AP = \frac{TP}{L} = \frac{f(L, \overline{K})}{L}$$

边际产量（MP）是指增加一单位劳动的投入量所引起的总产量的变动量，公式为

$$MP = \frac{\Delta TP}{\Delta L}$$

当 $\Delta L \to 0$ 时，有

$$MP = \lim_{\Delta L \to 0} \frac{\Delta TP}{\Delta L} = \frac{dTP}{dL}$$

假定生产某种产品的要素投入中，资本是固定的，劳动是可变的，则总产量、平均产量与边际产量的变动规律，见表4-1。

表4-1 总产量、平均产量与边际产量的变动规律

资本量（K）	劳动量（L）	总产量（TP）	平均产量（AP）	边际产量（MP）
10	0	0	0	0
10	1	8	8	8
10	2	20	10	12
10	3	36	12	16
10	4	48	12	12
10	5	55	11	7
10	6	60	10	5
10	7	60	8.6	0
10	8	56	7	−4

根据表4-1中总产量、平均产量和边际产量的数值，可以绘制如图4-1所示的三条曲线。

随着劳动量的增加，最初总产量、平均产量和边际产量都是递增的。当劳动量L持续增加时，从图4-1中边际产量曲线MP可以看出，MP会在A点达到最大。当劳动量L继续增加时，平均产量AP在B点达到最大，最后总产量TP在D点达到最大，此时边际产量MP为0。这时，若再增加劳动量，不会带来总产量的增加，而只会使总产量减少。

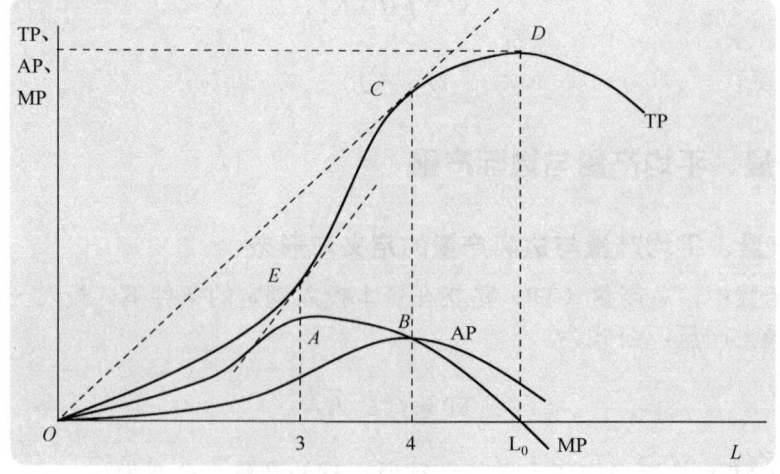

图4-1 产量曲线

（二）总产量、平均产量与边际产量的特征

总产量曲线变动的特点：初期随着可变要素投入量的增加，总产量以递增的增长率上升，然后以递减的增长率上升，当达到某一极大值后，随着可变要素投入量的继续增加反而下降。

平均产量曲线变动的特点：初期随着可变要素投入量的增加，平均产量不断增加，到一定点达到极大值，之后随着可变要素投入量的继续增加转而下降。

边际产量曲线变动的特点：边际产量在开始时，随着可变要素投入量的增加不断增加，到一定点达到极大值，之后开始下降，边际产量可以下降为零，甚至为负。边际产量表示总产量增量的变动情况，它的最大值出现在总产量曲线 TP 的切线斜率最大的点值上。

（三）总产量、平均产量与边际产量之间的关系

1. 总产量和边际产量的关系

根据边际产量的定义公式 $MP = \dfrac{\Delta TP}{\Delta L}$ 可以知道，边际产量就是总产量的变化率，过 TP 曲线任何一点的切线的斜率就是相应的 MP 值。例如，在图 4-1 中，当劳动投入量为 3 时，过 TP 曲线上 E 点的切线的斜率，就是相应的 MP 值。

正是由于每一个劳动投入量上的 MP 值就是相应的 TP 曲线的斜率，所以，在图中 MP 曲线和 TP 曲线之间存在着这样的对应关系：在劳动投入量大于 L_0 的区域，MP 均为负值，则相应 TP 曲线的斜率为负，即 TP 曲线是下降的；当劳动投入量恰好等于 L_0 时，MP 为零，则相应的 TP 曲线的斜率为零，即 TP 曲线达到最高点 D。以上的这种关系可以表述为：只要边际产量是正的，总产量总是增加的；只要边际产量是负的，总产量总是减少的；当边际产量为零时，总产量达到最大值。

进一步分析，由于 MP 曲线先升后降，所以相应的 TP 曲线的点斜率先是递增的，在 E 点达到拐点后，TP 曲线的点斜率开始递减。也就是说，MP 曲线的最大值 A 点和 TP 曲线的拐点 E 是对应的。

2. 平均产量和总产量之间的关系

根据平均产量的定义公式 $AP = \dfrac{TP}{L}$ 可以推知，连接 TP 曲线任意一点和坐标原点的连线的斜率，就是相应劳动量的 AP 值。例如，在图 4-1 中，当劳动投入量为 4 时，连接 TP 曲线上 C 点和坐标点的线段 OC 的斜率就是相应的 AP 值。正是由于这种关系，在图 4-1 中，当 AP 曲线在 B 点达到最大值时，TP 曲线必然有一条从原点出发的最陡的切线，其切点为 C 点。

3. 边际产量和平均产量之间的关系

从图 4-1 中可以看到，MP 曲线和 AP 曲线之间存在如下关系：MP 曲线与 AP 曲线相交于 AP 曲线的最高点。在最高点以前，MP 曲线高于 AP 曲线，MP 曲线将 AP 曲线拉上；在最高点以后，MP 曲线低于 AP 曲线，MP 曲线将 AP 曲线拉下。不管是上升还是下降，MP 曲线的变动都快于 AP 曲线的变化。

三、边际收益递减规律

从图 4-1 中我们可以看出，对于短期生产函数来说，边际产量表现出先上升而最终下降的特征，这一特征被称为边际收益递减规律。

在技术水平不变的条件下，若其他生产要素不变，把一种可变要素连续增加到其他一种或几种不变的要素上去的过程中，当这种可变要素的投入量超过某一特定值时，该要素的边际产量是递减的，这就是边际收益递减规律，亦称边际报酬递减规律。

边际收益递减规律发生作用必须具备三个条件：①生产技术水平保持不变。如果生产技术水平在要素投入变动的同时也发生变动，这一规律便不会存在。生产技术水平不变是生产要素边际收益递减规律产生作用的前提条件。②其他要素不变。只有一种要素发生变动，并且只有在这一可变要素增加到一定程度之后，边际产量才会出现递减。③所增加的可变要素具有同等的效率。如果新增加的可变要素比之前投入的要素更具有效率，那么此生产要素的边际收益不一定递减。

需要注意的是，随着可变要素的增加，边际产量（即边际收益）要经历先递增后递减最后变为零的过程。虽然边际产量最初是增加的，但它并没有违背边际收益递减规律，因为这个规律的要求是：当某种可变要素连续增加时，迟早会出现边际收益递减现象，它强调的是一种趋势，而不是说一种要素的边际产量从一开始就是递减的。

四、生产的三个阶段

在现代西方经济学中，根据总产量曲线、平均产量曲线和边际产量曲线之间的关系，通常可将产量的变化划分为三个阶段，如图 4-2 所示。

第一阶段：收益递增阶段。这是生产者不应停留的阶段。在这一阶段，随着可变要素 L 投入的增加，边际产量始终大于劳动的平均产量，劳动的平均产量和总产量都在上升，且劳动的平均产量达到最大值。这说明可变生产要素相对于不变生产要素的投入量（如资本 K）显得过小，不变生产要素的使用效率不高，生产者增加可变生产要素的投入量就可以增加总产量。因此，生产者增加可变要素 L 的投入量是有利可图的，它不仅会充分利用不变要素，而且会使总产量以递增的速率增加，任何理性的厂商通常都不会把可变要素投入的使用量限制在这一区域内。

第二阶段：收益递减阶段。从平均产量最高点开始，劳动的边际产量小于劳动的平均产量，从而使平均产量递减。但由于边际产量仍大于零，所以总产量仍然连续增加，但以递减的变化率增加，直到达到最大时为止。在这一阶段的起点 L_1，AP 达到最大，在终点 L_2，TP 达到最大。

第三阶段：负收益阶段。这是生产者不能进入的阶段。在这一阶段，从总产量达到最高点开始，随着可变生产要素 L 投入的增加，平均产量继续下降，边际产量变为负值，总产量开始下降。这说明劳动出现冗余，可变要素的投入量相对于不变生产要素来说已经太多，生产者减少可变生产要素的投入量是有利的。因此，理性的生产者将减少可变要素的投入量，退回到第二阶段。

从三个阶段的比较分析可知，理性厂商必然要在第二区域组织生产。这一区域为生产要素的合理使用区域，又称经济区域。其他区域都是非经济区域。但是，在第二区域的生产中,生产者究竟要投入多少可变要素或究竟要生产多少的问题还是无法解决。因为这不仅取决于生产函数,还要取决于成本函数。

假如厂商不考虑单位产品成本,而希望得到最大产量,那么劳动要素的投入量以图4-2中的 C 点为最合适,因为这时总产量最大。假如厂商考虑单位产品成本,不要求得到最大产量,那么可变要素的投入,如劳动的投入量应以图4-2中的 B 点对应值为最合适,因为这时平均产量最大。

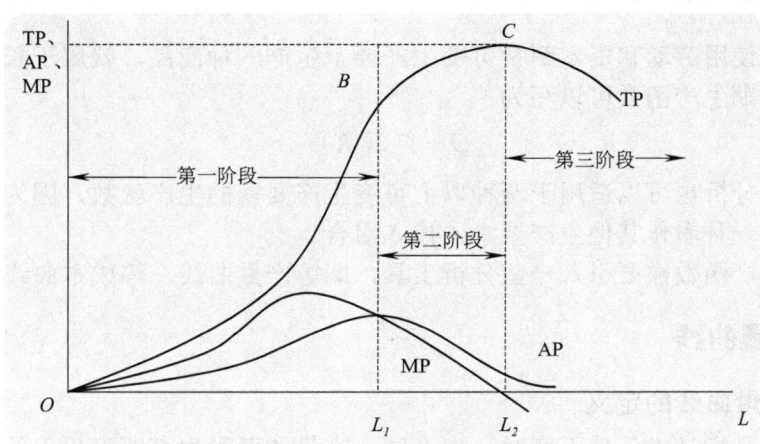

图 4-2　产量变化的三个阶段

案例讨论　　　　　　马尔萨斯的人口论与边际报酬递减规律

经济学家托马斯·罗伯特·马尔萨斯(1766—1834)的"人口论"的一个主要依据便是边际收益递减规律。他认为,随着人口的膨胀,越来越多的劳动力耕种土地,地球上有限的土地将无法提供足够的食物,最终劳动的边际产出与平均产出下降,但又有更多的人需要食物,因而会产生大的饥荒。幸运的是,人类的历史并没有按马尔萨斯的预言发展(尽管他正确地指出了"边际收益递减")。

在 20 世纪,技术发展突飞猛进,改变了许多国家(包括发展中国家,如印度)的食物生产方式,劳动的平均产出因而上升。这些进步包括高产抗病的良种、更高效的化肥,以及更先进的收割机械。在第二次世界大战结束后,世界上总的食物生产增幅总是或多或少地高于同期人口的增长。

粮食产量增长的源泉之一是农用耕地的增加。例如,1961~1975 年,非洲农业用地所占的百分比从 32%上升至 33.3%,拉丁美洲则从 19.6%上升至 22.4%,远东地区该比值从 21.9%上升至 22.6%。但同时,北美的农业用地从 26.1%降至 25.5%,西欧由 46.3%降至 43.7%。显然,粮食产量的增加更大程度上是得益于技术的改进,而不是农业用地的增加。

在一些地区,如非洲的撒哈拉,饥荒仍是严重的问题,劳动生产率低下是原因之一。虽然其他一些国家存在着农业剩余,但由于食物从生产率高的地区向生产率低的地区再分配存在一定困难,并且生产率低的地区收入也低,饥荒仍然威胁着部分人群。

(资料来源:平狄克,鲁宾费尔德. 微观经济学[M]. 8 版. 高远,等译. 北京:中国人民大学出版社,2013.)

讨论:马尔萨斯的预言为什么会失败?边际收益递减规律起作用的条件是什么?

第三节 长期生产函数

一、长期生产函数的含义

假定生产者使用劳动和资本两种可变生产要素生产一种商品,就属于长期生产的研究范畴,则厂商长期生产函数可以写为

$$Q = f(L, K)$$

当然,这种分析也可以适用于两种以上可变生产要素的生产函数,因为可以把两种可变生产要素中的一种看作其他生产要素的投入组合。

分析长期生产函数需要引入一些分析工具,即等产量曲线、等成本曲线等工具。

二、等产量曲线

(一)等产量曲线的定义

等产量曲线是指技术条件不变时,生产同一产量的两种生产要素投入的所有不同组合点的轨迹。例如,假定有劳动 L 和资本 K 两种生产要素投入生产某产品,其生产函数为

$$Q = \frac{1}{8}KL$$

当产量 $Q=100$ 单位时,可采用的生产方法见表 4-2。

表 4-2 生产要素的各种组合

组合方式	劳动(L)	资本(K)	产量(Q)
A	10	80	100
B	20	40	100
C	40	20	100
D	100	8	100

将表 4-2 中的数据描绘在以两种要素投入量为坐标的图上,可以得到一条生产函数为 $Q = \frac{1}{8}KL$,产量 $Q=100$ 的曲线,这条曲线就是等产量曲线。在这条曲线上,每一点都代表着生产 100 单位产品时,两个生产要素的不同组合。

如果产量由 100 增加到 200、300,在坐标图上可以给出多条等产量曲线,如图 4-3 所示。等产量曲线位置越高,代表的产量越大;等产量曲线越是靠近左下方,代表的产量越小。图 4-3 中的三条等产量曲线所代表产量之间的关系是:$Q_1 > Q_2 > Q_3$。

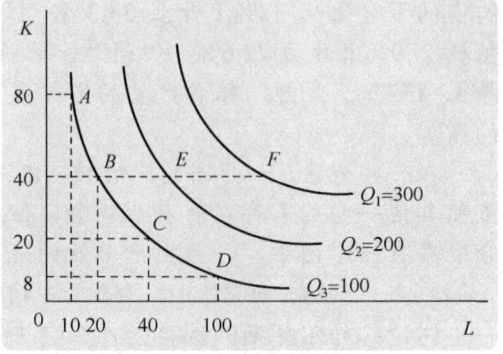

图 4-3 等产量曲线

（二）等产量曲线的特征

等产量曲线一般都具有以下特征：

（1）距原点越远的等产量曲线表示的产量水平越高，反之则越低，如图 4-3 所示。对应于 E、F 两点，F 点所处的等产量曲线相对于 E 点所处的等产量曲线距离原点要远，那么如何说明 F 点的产量大于 E 点呢？从图 4-3 来看，E、F 两点所代表的生产要素组合中都拥有同样数量的 K 生产要素，但是相对于 E 来说，F 点拥有较多的 L 生产要素，所以 F 点所在的曲线产量相对较高。

（2）同一平面坐标上的任意两条等产量曲线不会相交。因为每一条产量曲线代表不同的产量水平。我们可以假定如果有两条等产量曲线 Q_1、Q_2 相交于 a 点，如图 4-4 所示。则由于 a 点组合和 b 点组合都生产 Q_1，a 点和 c 点的组合都生产 Q_2，因而 b 点和 c 点也应当生产同一产量，即 $Q_1=Q_2$，这显然与 Q_1、Q_2 代表两种不同的产出水平相矛盾。

（3）等产量曲线向右下方倾斜并凸向原点，这是由边际技术替代率递减规律决定的。

由于等产量曲线的几何特点与无差异曲线相似，故它又被称为生产无差异曲线，但两者有区别。等产量曲线表示产量，无差异曲线表示效用；等产量曲线是客观的，无差异曲线是主观的。

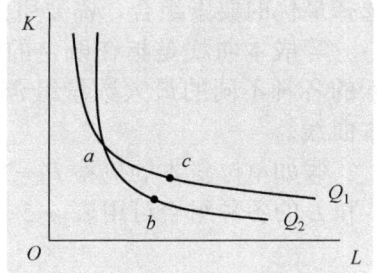

图 4-4　等产量曲线不能相交

（三）边际技术替代率

边际技术替代率（MRTS）是指在维持产量水平不变的条件下，增加一单位某种要素投入量时所减少的另一种要素的投入数量。以 MRTS_{LK} 表示劳动对资本的边际技术替代率，则

$$\mathrm{MRTS}_{LK} = -\frac{\Delta K}{\Delta L}$$

当上式中的劳动和资本的变动量趋于无穷小时，即 $\Delta L \to 0$ 时，则有

$$\mathrm{MRTS}_{LK} = \lim_{\Delta L \to 0}\left(-\frac{\Delta K}{\Delta L}\right) = -\frac{\mathrm{d}K}{\mathrm{d}L}$$

另外，边际技术替代率（绝对值）还等于两种要素的边际产量之比。设生产函数 $Q=f(L,K)$，由于同一条等产量曲线上产量相等，即增加劳动所增加的产量与减少资本所损失的产量相等，才能维持总产量不变，即 $\mathrm{MP}_L \times \Delta L = -\mathrm{MP}_K \times \Delta K$，因此 $-\dfrac{\mathrm{d}K}{\mathrm{d}L} = \dfrac{\mathrm{MP}_L}{\mathrm{MP}_K}$，由边际技术替代率公式可知：

$$\mathrm{MRTS}_{LK} = \frac{\mathrm{MP}_L}{\mathrm{MP}_K}$$

在两种生产要素相互替代的过程中，我们可以发现普遍存在这样一种情况：在维持产量不变的前提下，当一种要素的投入量不断增加时，每一单位的这种要素所能代替的另一种生产要素的数量是递减的，这一现象被称为边际技术替代率递减规律。其主要原因可以解释为：任何一种产品的生产技术都要求各要素投入之间有适当的比例，这意味着要素之间的替代是有界限的。简单地说,以劳动和资本两种投入要素为例,在劳动投入量很少和资本投入量很多的情况下,减少一些资本可以很容易地通过增加劳动量来弥补,以维持原有的产量水平,即劳动对资本的替代是很容易的。但是,在劳动投入增加到相当多的数量和资本投入量减少到相当少的数量的情况下,再用劳动替代资本就相当困难了。

三、等成本曲线

等产量曲线仅表示投入要素与产量之间的技术关系,它表示为了生产一定数量的产品,等产量曲线上每一点要素组合都是有效率的。但是,厂商生产过程中选择哪一种要素组合才最好呢?这取决于生产这些产量的总成本,而成本又涉及要素的价格。为此,讨论如何选择最优的要素组合,需要引入等成本曲线的概念。

等成本曲线是指在既定的成本和既定的要素价格条件下,生产者可以购买的两种要素的各种不同的最大数量组合的轨迹。对于每一个给定的总成本,都可以画出一条等成本曲线。

假如单位资本的价格 P_K=200 元,每单位劳动的价格 P_L=100 元,当总成本为 600 时,K 和 L 的各种组合可用表 4-3 表示。

表 4-3 等成本的要素组合

K（资本）	L（劳动）
0	6
1	4
2	2
3	0

从表 4-3 中可以看出,若总成本、资本价格、劳动价格已知,可以有多种组合满足成本方程 $C_1 = P_L \cdot L + P_K \cdot K$,把这些要素组合点连接起来,就得到一条等成本曲线。

如果资本和劳动价格不变,总成本变为 800、1 000、1 200,则我们就可以得到多条等成本曲线,如图 4-5 所示。

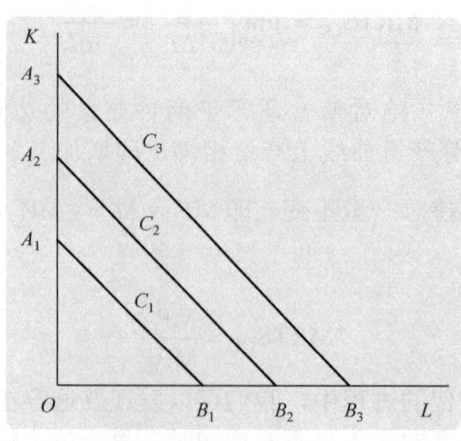

图 4-5 等成本曲线

当生产要素的价格一定时,任何一个总成本都可以得到一条等成本曲线。总成本和生产要素价格的变动都会使等成本曲线发生变动。若总成本增加或减少，等成本曲线会向右或左平行移动；若要素的相对价格发生变动，则等成本曲线将会向右或向左旋转。具体的描述，与上一章对预算线的分析相类似，可以参照分析。

四、生产者均衡

要解决生产要素的最优组合问题，必须将等产量曲线和等成本曲线结合起来。要素的最优组合可以是产量既定时成本最小的要素组合，也可以是成本既定时产量最大的要素组合。这两种情况的要素组合点表现在图形上，都是等成本曲线和等产量曲线相切之点。如图 4-6 所示的 E 点，就是成本一定时产量最大的要素组合点，也叫作生产者均衡点。

在图 4-6 中，Q_1、Q_2、Q_3 代表三条不同的等产量曲线，K_1L_1 代表生产者在一定资金成本约束下的等成本曲线。显然，生产者在此成本约束下不可能达到 Q_3 的产量；生产者可以达到 Q_1 的产量，如在 M、N 两点的生产，但这种生产不能使产量最大，不符合经济原则。沿着 K_1L_1 直线将 M、N 点向 E 点移动，就可以得到这一总成本水平下的最大产量。

图 4-7 表示的是产量一定时，成本最小的要素组合。在图 4-7 中，显然生产者只能选择 K_2L_2 成本线。因为低于 K_2L_2 的成本线如 K_1L_1，不能使生产达到 Q 的产量水平；高于 K_2L_2 的成本线如 K_3L_3，虽然可以生产 Q 产量，如 M、N 两点，但不经济；只有 E 点代表的 K_E 和 L_E 单位的资本与劳动的组合，才是生产 Q 产量最为节约，即成本最低的要素组合。

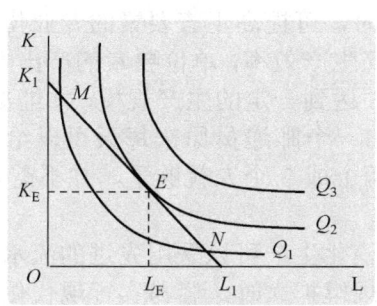

图 4-6　成本既定产量最大

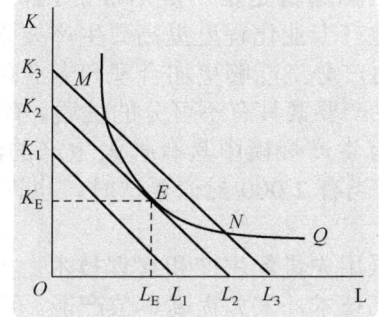

图 4-7　产量既定成本最小

从以上分析可以看出，能满足要素投入最优组合的两个条件是：①要素投入的最优组合处在等成本曲线上。这意味着厂商必须充分利用资金，而不让其剩余下来。②要素投入的最优组合发生在等产量曲线和等成本曲线相切之点上，即要求等产量曲线的边际技术替代率与等成本曲线的斜率相等。

前文提到等产量曲线的边际技术替代率等于两要素的边际产量之比，所以生产者均衡的条件为

$$\mathrm{MRTS}_{LK} = \frac{P_L}{P_K} \quad 或者 \quad \frac{\mathrm{MP}_L}{P_L} = \frac{\mathrm{MP}_K}{P_K}$$

第四节 规模报酬

规模报酬是指在其他条件不变的情况下,企业内部各种生产要素按相同比例变化时所带来的产量变化,分析的是企业的生产规模变化与所引起的产量变化之间的关系。在微观经济学中,将长期内厂商的规模变化定义为所有生产要素的同比例变化。企业只有在长期内才能变动全部生产要素,进而变动生产规模,因此企业的规模报酬分析属于长期生产理论问题。

规模报酬与生产要素报酬是两个不同的概念。规模报酬论及的是一座工厂的规模本身发生变化时,产量如何变化;而要素报酬是指要素投入的边际产量。前者是厂商根据生产规模设计不同的工厂,属长期分析;后者是在既定的生产规模中,增加可变要素时相应产量的变化,属短期分析。

假定,某厂商的生产过程中只需要投入劳动和资本两种生产要素,其投入量分别为 Q_L 和 Q_K,这时,当两种要素的投入量同时增加一倍,即增加到 $2Q_L$ 和 $2Q_K$ 时,称为厂商的生产规模扩大了一倍。规模报酬是要说明,当生产要素同时增加了一倍,那么产量会如何变化。当两种要素的投入量同时增加一倍时,产量的变化不外乎三种情况:一是产量增加超过一倍,二是产量增加一倍,三是产量增加不到一倍,分别属于规模报酬递增、规模报酬不变、规模报酬递减。

一、规模报酬递增

规模报酬递增是指产量增加的比例大于生产要素增加的比例,其主要原因在于:

(1)生产专业化程度提高。生产要素同时增加时,可提高生产要素的专业化程度,企业内部的生产分工能够更加合理和专业化,这会提高生产效率,单位要素的产出大幅增长。

(2)生产要素具有不可分的性质。有些要素必须达到一定的生产规模,才能更有效率。这表明原有生产规模中具有扩大生产的潜力,假如一个邮递员原来每天可以给某地区送200封信,当有2 000封信要送时,也许只要增加两个或3个人就够了,并不需要配备10名邮递员。

(3)采用先进的生产和管理技术。大批量、规模化生产可以采用先进的流水线、自动化、集成化技术,大大提高单位产能。此外,生产规模扩大时,容易实行现代化管理,产生一种新的生产力,合理的、先进的管理可以进一步发挥各要素的组合功能,带来更大的效率和收益。当生产经营单位规模过小时,就不能取得应有的效率,这种情况可称为规模不经济,通过扩大规模,可提高效率,取得规模经济。

二、规模报酬不变

规模报酬不变是指产量增加的比例等于生产要素增加的比例。原因在于规模报酬递增的因素吸收完毕,某种生产组合的调整受到了技术上的限制。假定一个生产面包的工人,操纵两台机器生产面包已达到最大效率,这时要增加产量,除非改进机器,或采用新机器,如果只是同比例增加工人和机器产量,只会使规模报酬与投入同比例变化,成为常数状态。

三、规模报酬递减

规模报酬递减是指产量增加的比例小于生产要素增加的比例。原因主要是规模过大造成管理效率下降。在生产管理中,管理与指挥系统十分庞杂,一些重要问题只能一级一级反映给决策者,而重要的决定又要由决策者一级一级传达给生产者,这样会贻误时机,造成规模报酬的递减。

与规模报酬概念有关的另一个概念叫规模经济。规模经济是指随着生产规模扩大,产品平均成本下降的情况。如果产品平均成本随生产规模扩大而上升,则称规模不经济。规模经济与规模报酬递增相联系。事实上,规模经济的形成,与规模报酬递增的原因,基本是相同的,可以说规模报酬递增来自规模经济。当然,两者不完全是一回事。规模报酬重点考察产品的数量与投入的数量变化之间的关系,重在实物形态;而规模经济重点考察产量变动过程中成本如何变动,重在价值形态。

还有一个与规模报酬和规模经济有关的概念——经济规模。经济规模通常是指生产能力大小或企业规模大小。不少产品生产需要有一定的经济规模,才能取得规模经济,并有规模报酬递增的好处。然而,各个企业的生产究竟要有多大的规模,才能取得规模经济,由产品本身的性质决定。对于一个钢铁厂来说,几百名职工的规模一般不可能取得规模经济,但对一家理发店而言,也许有几十名职工就已经够大了。

第五节 成本收益分析

一、成本概述

通常来说,成本是指厂商为了得到一定数量的产品或劳务所付出的代价。换言之,成本是厂商生产一定数量的产品或提供一定数量的劳务所耗费的生产要素的价值。它等于投入的每种生产要素的数量与每种要素单位价格乘积的总和。

某种产品的生产成本,是该产品供给价格的主要决定因素。前面我们讲到,厂商愿意按照一定的供给价格提供一定数量的产品。厂商如何确定其产品的供给价格,最主要、最基本的决定因素就是产品的生产成本。成本不只是一定量的货币,它总和一定数量的产品相联系,产品数量和相应的成本之间的依存关系称为成本函数,记为

$$C = f(Q)$$

式中,C 为成本,Q 为产量。

成本函数和成本方程不同,成本函数说的是成本和产量之间的依存关系,成本方程说的是成本等于投入要素价格的总和。如果投入的是劳动 L 和资本 K,其价格分别为 P_L 和 P_K,则成本方程是 $C = Q_L \cdot P_L + Q_K \cdot P_K$。成本方程是一个恒等式,而成本函数则是一个内生变量为产量 Q 的函数式。

成本理论之所以要讨论成本函数,是因为企业决定生产多少产量,必须比较收益和成本的关系以求利润最大化,而收益和成本都是会随产量变动的,因此人们必须研究成本和产量的关系。

成本函数取决于两个因素,生产函数和投入要素的价格。生产函数所反映的是投入的

生产要素与产出之间的物质技术关系，它揭示在各种形式下厂商为了得到一定数量产品至少要投入多少单位生产要素。生产函数结合投入要素的价格就决定了成本函数。例如，若某产品生产函数 $Q=Q_K Q_L^2$，K 代表资本（假定 $Q_K=100$，$P_K=10$），L 表示劳动，假定劳动的价格 $P_L=500$，则从生产函数可知，$Q_L^2=\dfrac{Q}{Q_K}$，亦即 $Q_L=\dfrac{\sqrt{Q}}{10}$，因此成本函数为

$$C=Q_L \cdot P_L + Q_K \cdot P_K = \dfrac{\sqrt{Q}}{10}\times 500 + 100\times 10 = 1\,000 + 50\sqrt{Q}。$$

针对不同的对象，或在不同的场合，成本这一概念具有不同的含义，下面我们介绍几种成本概念。

（一）经济成本

经济学意义上的成本，在一般情况下指的就是经济成本。这里的经济成本，又称为企业成本，是指在一定时期内企业运作过程中的全部成本，是企业生产一定数量的产品所投入的全部费用，既包括会计成本，也包括机会成本。

会计成本是企业在一定时期内生产经营过程中的实际支出，是企业经营过程中可以用货币计量、在会计账目上反映出来的成本。经济学分析成本的目的，在于考察资源配置的结果及其效率，因而对成本的分析还涉及到机会成本。

机会成本是经济学中非常重要的一个概念，在第一章中已有介绍。使用一种资源的机会成本，是指把该种资源投入某一特定的用途以后所放弃的在其他用途中所能获得的最大利益。机会成本的存在需要两个前提条件：①生产要素是稀缺的；②生产要素是具有多种用途的。

从机会成本的角度考虑问题，要求我们把每种生产要素用在取得最佳经济效益的用途上，即做到物尽其用，人尽其才，地尽其利，否则所损失的潜在收益将会超过所取得的现实收益。生产要素配置不合理，将造成生产资源的浪费。由于机会成本是经济分析和经济决策中常用的概念，故又称为经济成本。

（二）显性成本和隐性成本

企业经营活动中实际发生的成本往往包含两部分：显性成本和隐性成本。

显性成本是指厂商在生产要素市场上购买或租用所需要的生产要素的实际支出，这些支出是在会计账目上作为成本项目记入账上的各项费用支出，包括雇员工资，购买原材料、燃料及添置或租用设备的费用，利息，保险费，广告费以及税金等。这些成本都会在企业的会计账册上反映出来，因此又称为会计成本。

隐性成本是指厂商自己所拥有的且被用于该企业生产过程的那些生产要素所应支付的费用。这种成本之所以称为隐性成本，是因为看起来企业使用企业主自有生产要素时不用花钱，即不发生货币费用支出，如使用自有设备不用计折旧费，使用自产原材料、燃料不用花钱购买，使用自有资金不用付利息，企业主为自己企业劳动服务时不用付工资，使用自有的房产不用付房租等。然而，不付费用使用自有要素不等于没有成本。因为这些要素如不自用，完全可以给别人使用而得到报酬。例如，厂房、设备租给别的企业使用可得到租金，资金借给别人使用可得到利息，企业主到别的企业打工就业可得到工资。现在这些要素都为自己企业所用了，失去了为别的企业所用可得到的报酬，这种报酬就是企业使用自有要素的机会成本。这种成本就是隐性成本。实际上，不仅隐性成本要核算机会成本，显性成本也应考虑机会成本，以求资源优化配置。

需要特别强调的是，经济学意义上的成本，是厂商使用所有资源的总成本，既包括各种显性成本，也包括各种隐性成本，即经济成本=显性成本+隐性成本。

（三）沉没成本

沉没成本是过去发生而现在无法收回的费用。由于它是无法收回的，因而不会影响企业的当前决策。例如，一项企业按特定要求设计的专用设备，这项专用设备只能用于起初设计的用途，而不能转做他用，这项支出就属于沉没成本。因为该设备别无他用，其机会成本为零，从而这就不包括在企业成本之中。因为不管购置该设备的决策是否正确，这项支出已付，不应该影响企业当期的决策。

除了以上几种成本概念外，还有许多不同的成本概念。例如，生产领域中发生的成本称为生产成本，销售领域发生的成本称为销售成本，在短期中，支付给固定要素的费用叫固定成本，支付给变动要素的费用叫变动成本，支付给全部要素的费用叫总成本，每单位产品生产中耗费的成本叫平均成本，每增加 1 单位产品所增加的成本叫边际成本等，这些在下面会进一步介绍。

二、短期成本分析

（一）固定成本、可变成本和总成本

在短期中，投入的要素分为不变要素和可变要素。

购买不变要素的费用支出就是固定成本（FC），它是指那些短期内无法改变的固定投入所带来的成本，这部分成本不随产量的变化而变化，因而是个常数，即使企业停产，也要照样支付，包括借入资金的利息，租用厂房或设备的租金、固定资产折旧费、停工期间无法解雇的雇员（如总经理、总工程师、总会计师等）的薪金及保险费等。

购买可变要素的费用支出就是可变成本（VC），它是指短期内可以改变的可变投入的成本，它随产量的变化而变化，是产量的函数，包括可随时解雇的工人的工资、原材料和燃料的费用，以及由于停产停业而发生的水电和维修费等。

总成本（TC），它是指短期内生产一定产量所付出的全部成本，是厂商总固定成本与总变动成本之和。可用公式表示为

$$TC = VC + FC \text{ 或 } TC = \phi(Q) + b$$

式中，$\phi(Q)$ 为可变成本 VC，是产量的函数，b 等于固定成本 FC，是一个常数。

总成本可以用 4-4 表示。

表 4-4 总成本

产量 Q (1)	固定成本 FC (2)	可变成本 VC (3)	总成本 TC (4) = (2) + (3)
0	120	0	120
1	120	34	154
2	120	63	183
3	120	90	210
4	120	116	236
5	120	145	265
6	120	180	300

（续）

产量 Q (1)	固定成本 FC (2)	可变成本 VC (3)	总成本 TC (4) = (2) + (3)
7	120	230	350
8	120	304	424
9	120	420	540

图 4-8a 中三条曲线分别为固定成本曲线（FC）、可变成本曲线（VC）和总成本曲线（TC）。

在图 4-8 中，固定成本曲线是一条水平线，表明固定成本是一个既定的数量，它不随产量的增减而改变。可变成本 VC 是产量的函数，它从原点出发，表明产量为零时，可变成本为零，随着产量的增加，可变成本也相应增加。可变成本曲线的形状主要取决于投入要素的边际生产率。从原点到产量为 4 的区间，投入可变要素的边际生产率递增，因此可变成本 VC 虽增加但渐趋缓慢，产量超过 4 以后，可变投入要素的边际生产率递减，因此可变成本增加且渐趋加快。

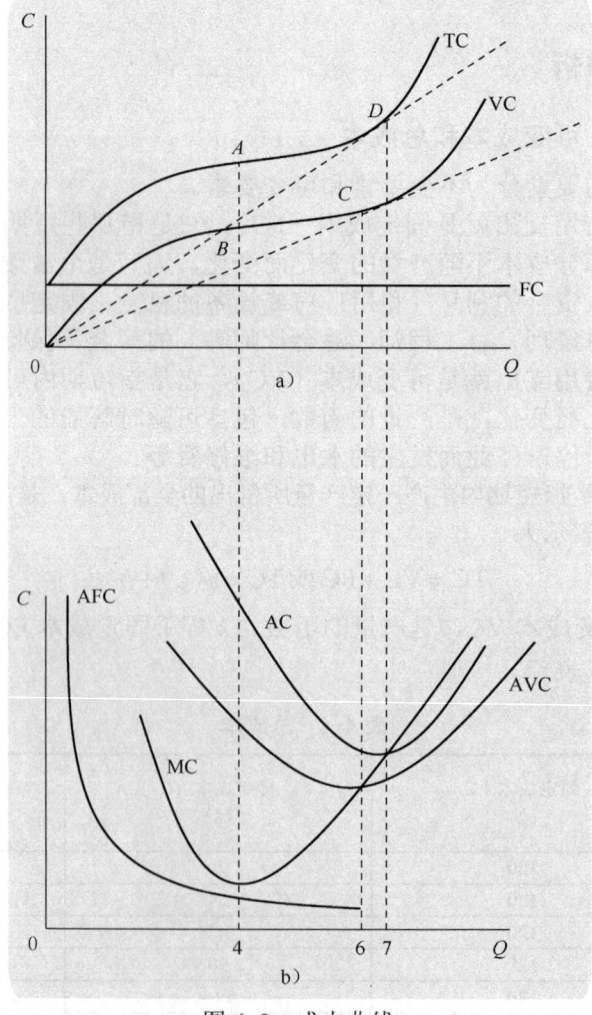

图 4-8 成本曲线

a) 固定成本曲线、可变成本曲线与总成本曲线　b) 平均固定成本曲线、平均可变成本曲线、平均成本曲线与边际成本曲线总成本 TC 是固定成本与可变成本之和，其形状与可变成本曲线一样，只不过是可变成本曲线向上平行移动一段相当于 FC 大小的距离，即总成本曲线与可变成本曲线在任一产量上的垂直距离等于固定成本 FC。

（二）平均固定成本、平均可变成本、平均成本和边际成本

将固定成本、可变成本、总成本分别除以产量就得到平均固定成本（AFC）、平均可变成本（AVC）和平均成本（AC），还可以从总成本或可变成本中推导出边际成本（MC）。这些成本下面分别予以说明。

1. 平均固定成本

平均固定成本（AFC）是指厂商短期内平均生产每一单位产品所消耗的固定成本。公式为

$$AFC = \frac{FC}{Q}$$

AFC 曲线是一条等轴双曲线，每一端无限趋近于纵轴或横轴。随着产量的增加，AFC 逐渐变小，即产量越大，分摊到单位产品上的固定成本越少。

2. 平均可变成本

平均可变成本（AVC）是指厂商短期内平均生产每一单位产品所消耗的可变成本。公式为

$$AVC = \frac{VC}{Q}$$

AVC 曲线是从 VC 曲线推导出来的。VC 曲线上任一点与原点的连线的斜率即该产量水平上的平均可变成本。AVC 曲线形状为 U 形，表明平均可变成本随产量增加先递减后递增，其成 U 形的原因也是可变投入要素的边际生产率先递增后递减。从图 4-8a 中可以看出，点 C 与原点的连线是整条 VC 曲线上斜率最小的一条连线。

3. 平均成本

平均成本（AC）是指每单位产品的成本，它等于总成本 TC 除以产量所得的商，也等于平均固定成本与平均可变成本之和，公式为

$$AC = \frac{TC}{Q} = \frac{\phi(Q)+b}{Q} = AVC + AFC$$

AC 曲线也是一条二次曲线，是从图 4-8a 中的 TC 曲线推导出的。TC 曲线上任一点与原点的连线的斜率即为该产量水平的平均成本。AC 曲线形状的决定因素与 AVC 曲线相同。AC 曲线的位置在 AVC 曲线之上，两条曲线之间的垂直距离即为平均固定成本 AFC。由于 AFC 随产量增大而递减，因此 AC 曲线与 AVC 曲线的垂直距离也随产量增大而渐趋缩小。AC 曲线的最低点与 AVC 曲线最低点不在同一条垂直线上，前者对应的产量在 6 和 7 之间的某一水平，后者对应的产量为 6，这是因为 AC=AVC+AFC，AFC 是单调递减的，AVC 从最低点转而上升，当其增量少于 AFC 的减少量时，AC 仍是呈下降之势，只有当产量等于 6 和 7 之间的某一水平时，AVC 的增量正好等于 AFC 的减少量，这时 AC 才达到最低点。

(三) 边际成本

边际成本(MC)是指厂商在短期内增加一单位产量所引起的总成本的增加,是总成本对产量的导数或总成本曲线的斜率。公式为

$$MC = \frac{\Delta TC}{\Delta Q} = \frac{\Delta VC}{\Delta Q} = \frac{dTC}{dQ} = \frac{dVC}{dQ}$$

从上式可见,虽然总成本为可变成本与固定成本之和,但边际成本只与可变成本有关。这是因为在产量增加时,固定成本不变,只有可变成本随产量变化。边际成本曲线如图 4-8b 所示,它是从图 4-8a 中的 TC 曲线推导出的。每一产量的 MC 都是同一产量水平上 TC 曲线的点斜率。与 MC 曲线最低点相对应的产量为 4,这一最低点也是 TC 曲线上的拐点 A。拐点是 TC 曲线斜率递减和递增的分界点,在拐点的左侧,TC 曲线斜率递减,与之对应的 MC 曲线下降;在拐点的右侧,情况正好相反,于是拐点正好对应 MC 曲线的最小值点。

(四) 平均可变成本曲线、平均成本曲线和边际成本曲线的关系

AVC 曲线、AC 曲线和 MC 曲线都是 U 形的,造成这种形状的原因是可变要素的边际收益递减规律,但三种成本的经济含义和几何含义不同。MC 曲线反映的是 TC 曲线上每一点的斜率;而 AVC 曲线和 AC 曲线则是 VC 曲线和 TC 曲线上任意一点与原点连线的斜率;所以,MC 曲线比 AVC 曲线和 AC 曲线更早到达最低点,MC 曲线与 AVC 曲线和 AC 曲线的交点分别在后两者的最低点上。

我们可以打一个比方来说明 MC 曲线和 AC 曲线的关系。平均成本好比是某班级的平均成绩,边际成本就好比是该班新学期的成绩,若新学期的成绩低于原平均成绩,即 MC 曲线在 AC 曲线之下,会使平均成绩下降;若新学期的成绩高于原平均成绩,即 MC 曲线位于 AC 曲线之上,则会使平均成绩上升;若新学期的成绩正好等于原平均成绩,则班级的平均成绩不变。

由此可知,在 AC 曲线的最低点上,MC=AC。

既然 MC 曲线与 AC 曲线的交点在 AC 曲线的最低点上,那么十分明显,MC 曲线与 AVC 曲线的交点也必定位于 AVC 曲线的最低点上。

成本分析与生产函数分析的不同之处是,成本分析中用的是价值量概念,而生产函数分析中用的是实物量概念。因此,成本概念与产量概念相互紧密联系,具体表现为如下的边际产量与边际成本之间的转化关系式:

$$MC = P_L \cdot \frac{1}{MP}$$

而平均产量与平均可变成本之间的转化关系式为

$$AVC = P_L \cdot \frac{1}{AP}$$

各种成本之间的关系,可用表 4-5 表示。

表 4-5 成本关系

产量 Q (1)	固定成本 FC (2)	可变成本 VC (3)	总成 STC (4) = (2)+(3)	边际成本 SMC (5)	平均固定成本 AFC (6) = (2)÷(1)	平均可变成本 AVC (7) = (3)÷(1)	平均成本 SAC (8) = (6)+(7)
0	120	0	120	—	∞	0	∞
1	120	34	154	34	120	34	154
2	120	63	183	29	60	31.5	91.5
3	120	90	210	27	40	30	70
4	120	116	236	26	30	29	59
5	120	145	265	29	24	29	53
6	120	180	300	35	20	30	50
7	120	230	350	50	17.14	32.86	50
8	120	304	424	74	15	38	53
9	120	420	540	116	10.33	46.67	60

三、长期成本分析

在了解了短期成本后，还要进一步考察长期成本，并讨论短期成本曲线与长期成本曲线的关系。

短期和长期的不同含义已说过多次，现在要说明的是在短期和在长期，厂商所做出的决策是完全不同的。在短期，厂商必须在既定的生产规模下，即资本要素的数量和质量不变的前提下做出决策，这种决策是确定可变要素的投入数量或要素的组合比例，以获得每单位产品的最低的平均成本，我们称之为寻求最优产出的问题；而在长期，在所有生产要素的数量和质量都可变的条件下，厂商所要做出的决策是寻找一个最佳的生产规模来生产事先计划的产量，在短期中确定的东西在这里是不确定的，但一旦厂商选择了一个特定的生产规模，其产量决策马上又转化成短期的决策。

（一）长期总成本

在长期，由于厂商的生产规模可以任意选择，因而不存在固定要素与可变要素的概念。长期成本包括长期总成本（LTC）、长期平均成本（LAC）及长期边际成本（LMC）。

长期总成本（LTC）是相对于短期总成本（STC）而言的，它是厂商在长期生产特定产量所花费的成本总量。LTC 由产量水平和工厂规模决定。长期总成本是厂商在长期中在各种产量水平上通过改变生产要素的投入量所能达到的最低总成本。它反映的是理智的生产者在追求利润最大化的驱动下通过改变生产要素的投入在不同产量点上成本的最低发生额。

长期总成本曲线是短期总成本曲线的包络线，如图 4-9 所示，所谓包络线是指厂商的长期总成本曲线把无数条短期总成本曲线（每条短期总成本曲线对应一个可供选择的生产规模）包围起来，每条短期总成本曲线与长期总成本曲线不相交但相切。

LTC 曲线的形状与 STC 曲线的形状一样，但它们有两点区别。①LTC 曲线从原点出发而 STC 曲线不从原点出发。这是因为，在长期，不存在固定成本，所以产量为零时，长期总成本也为零。②STC 曲线和 LTC 曲线的形状的决定因素是不同的。STC 曲线的形状是由于可变投入要素的边际收益率先递增后递减决定的，而在长期，由于所有的投入要素都是可变的,因此,这里对应的不是要素边际收益率问题,而是要素的规模报酬问题,LTC 曲线的形状是由规模报酬先递增后递减决定的。

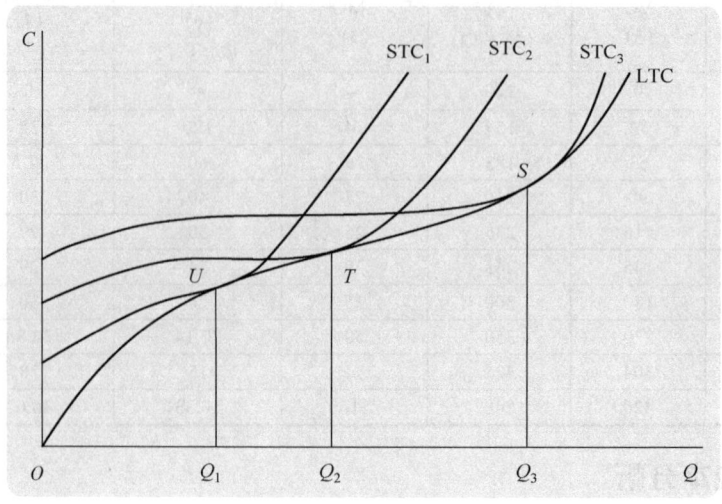

图 4-9 长期总成本曲线

(二)长期平均成本

长期平均成本(LAC)是每单位产品的长期成本,它等于长期总成本(LTC)与产量(Q)之商,即

$$\text{LAC} = \frac{\text{LTC}}{Q}$$

长期平均成本曲线如图 4-10b 所示。和长期总成本曲线与短期总成本曲线关系一样,长期平均成本曲线也是短期平均成本曲线的包络线。在图 4-10b 中,我们在被长期平均成本曲线所包络的无数条短期平均成本曲线中任选三条分别记为 SAC_1、SAC_2 和 SAC_3,这三条 SAC 线是和图 4-10a 中的三条 STC 曲线相对应的。从图 4-10 中可以看到,STC 与 LTC 的切点和 SAC 与 LAC 的切点在同一垂直线上,表示是在同一产量水平上的,其原因是 $AC = \frac{TC}{Q}$。

三条短期成本曲线分别表示不同生产规模上平均成本的变化情况,越往右,代表生产规模越大,每条 SAC 曲线与 LAC 曲线不相交但相切,并且只有一个切点。

由于长期平均成本曲线和短期平均成本曲线的曲率不同,因此,这两条曲线相切,但在绝大多数的场合下,不可能在两者最低点相切。在图 4-10b 中,SAC_3 和 LAC 这两条曲线在 E 点相切,E 点既是 SAC_3 的最低点,也是 LAC 的最低点。我们把短期平均成本曲线的最低点称为最优产出率,它意味着厂商通过确定可变投入要素的最佳数量来使单位产品成本降到最低,这是在生产规模既定条件下厂商所能选择的最佳点。我们把长期平均成本曲线的最低点称为最佳工厂规模,它意味着厂商通过选择最适宜的生产规模来使单位产品成本降到最低。在 E 点,长期和短期的两种最佳状态重合在一起,使厂商既做到 SAC 最低,又做到 LAC 最低,这是一种理想的状态。

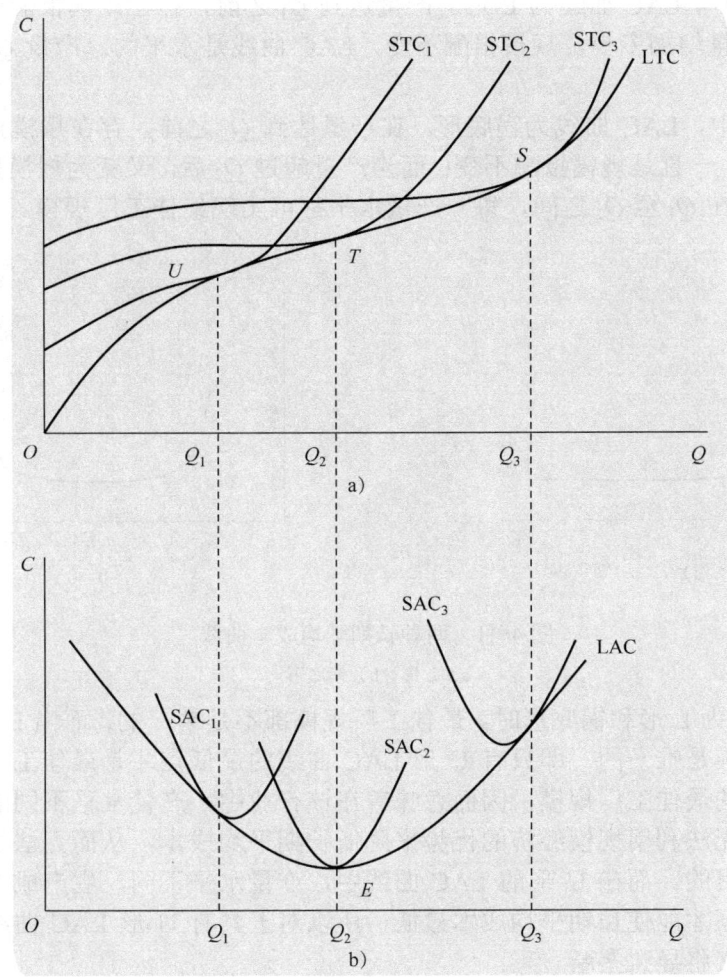

图 4-10 长期平均成本曲线

1．影响长期平均成本曲线变化的因素

长期平均成本曲线与短期平均成本曲线虽然都是 U 形的，但决定因素截然不同。短期平均成本曲线的形状是由可变要素的边际收益先递增后递减决定的，而长期平均成本曲线的形状是由规模报酬决定的。在 LAC 曲线的下降阶段存在规模报酬递增（或者称为规模经济），在 LAC 曲线的上升阶段存在规模报酬递减（或者称为规模不经济）。

这里还要指出，厂商长期平均成本会下降，除了规模报酬递增这一原因外，还有另一原因，即厂商管理者和工人在长期生产工作中不断积累了经验，提高了效率。例如，工人的操作会越来越熟练；管理人员会不断改进管理；设计人员会掌握更经济和更有效率的设计方案；通过长期业务往来，原材料供应商愿以更低的价格供应原材料。这些情况都使得产品平均成本会随企业累计产出增加而下降。

2．长期平均成本曲线的特殊类型

由于在不同的行业中，当产量水平提高时，规模报酬递减、规模报酬不变和规模报酬递增三种情况出现的区域并不一致，所以 LAC 曲线还可能有其他两种形状。

在图 4-11a 中，LAC 曲线为 L 形。产量达到 Q_1 之前，存在规模报酬递增，产量达到 Q_1 之后，不论产量增加多少，规模报酬不变，LAC 曲线是水平的。产量 Q_1 之后，都是最佳工厂规模。

在图 4-11b 中，LAC 曲线为锅底形。在产量达到 Q_1 之前，存在规模报酬递增；在产量 Q_1 至 Q_2 之间，一直是规模报酬不变；而当产量超过 Q_2 后，又变为规模报酬递减，所以 LAC 曲线反翘。在 Q_1 至 Q_2 之间，每一产量水平都可实现最佳工厂规模。

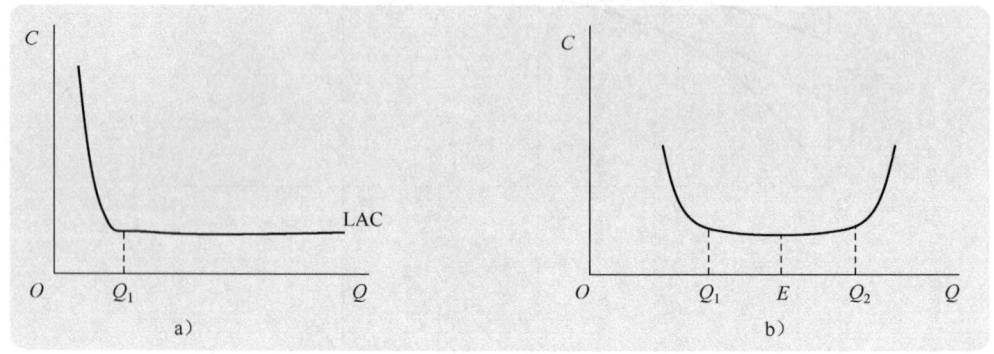

图 4-11　两种长期平均成本曲线
a) L 形　b) 锅底形

当 LAC 曲线为 L 形和锅底形时，最佳工厂规模都不是单一的，而当 LAC 曲线为 U 形时，最佳工厂规模是唯一的，即只有 U 形 LAC 曲线的最低点才是最佳工厂规模。由于前两者具有一系列的最佳工厂规模，因而意味着在该行业中，产量水平不同的大中小企业可以并存，大企业无法利用规模经济的优势来降低长期平均成本，从而无法达到把中小企业排挤出该行业的目的。而在 U 形的 LAC 曲线中，产量水平不同，生产成本也不同，只有选择最佳生产规模才能使长期平均成本最低，所以对于具有 U 形 LAC 曲线的行业来说，竞争的最终结果必将导致垄断。

（三）长期边际成本

长期边际成本（LMC）是指每增加一单位产量所产生的长期总成本的增量，用公式表示为 $\text{LMC} = \dfrac{\Delta \text{LTC}}{\Delta Q}$。当产量趋近于零时，长期边际成本是长期总成本对产量的导数，即

$$\text{LMC} = \lim_{\Delta Q \to 0} \frac{\Delta \text{LTC}}{\Delta Q} = \frac{d\text{LTC}}{dQ}$$

LMC 曲线可参看图 4-12，它是从 LTC 曲线中推出的：因为长期边际成本（LMC）是 LTC 曲线上同一产量时的斜率。LMC 曲线也是呈现先减后增的 U 形。

LMC 曲线与 LAC 曲线的关系和 SMC 曲线与 SAC 曲线的关系一样，两者相交于 LAC 曲线的最低点，即 E 点。在 E 点的左侧，是规模报酬递增的区域，在此区域中，每增加一单位产量所导致的长期总成本的增量（即 LMC）小于每单位产品的长期成本（即 LAC），因此 LMC 曲线位于 LAC 曲线的下方；而在 E 点右侧，是规模报酬递减的区域，在此区域中，每增加一单位产量所导致的长期总成本的增量大于每单位产品的长期成本，因此 LMC 曲线位于 LAC 曲线的上方。

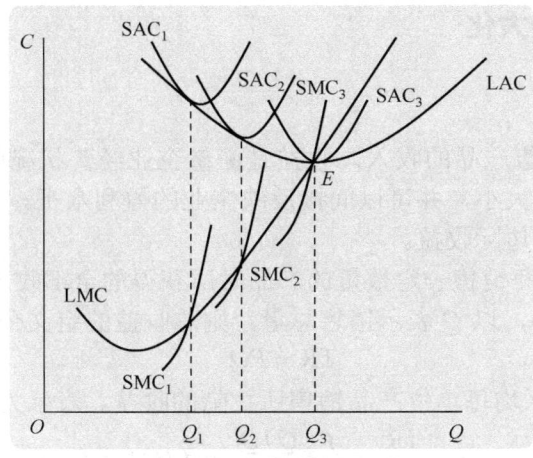

图 4-12　长期边际成本线

如图 4-12 所示，在 E 点，LAC、LMC、SAC_3 和 SMC_3 四条曲线交汇于一处。

> **案例讨论**　　　　　　　丰田汽车"抠"出一片新天地
>
> 　　面对全球车坛越来越激烈的强竞争态势，世界各大汽车制造厂商无不使出浑身解数，力求在生死存亡的搏击中占得先机，将死缠烂打的竞争对手远远甩在身后。日本丰田汽车制造公司（简称丰田汽车）却反其道而行之，"四两拨千斤"地甩出了"CCC21"（21 世纪成本竞争力建设计划）的竞争撒手锏，通过"大规模压缩成本运动"，取得了提升国际竞争力的超值效应。
>
> 　　打字纸反面贴信封——丰田汽车的内部信件往来，统统用白纸条贴住原来写过的信封再接着用。这就够小气的了，可是总务部秘书科的一位科员更抠门，他认为用崭新的白纸条贴用过的信封还是有点奢侈了，于是琢磨着：何不用废纸来替代崭新的白纸条贴用过的信封呢？这个"抠门"科员的合理化建议当即被采用，一年竟为公司节约开支 10 万日元之多。
>
> 　　跑道上白线自己画——丰田汽车每年都要在公司的运动场上举办盛大的运动会，需用白线在运动场上画出 8 条跑道。如果雇外面的人来画白线，虽省事却要破费 170 万日元。为了减少不必要的开销，公司车辆油漆部的员工主动承担起一年一度运动会跑道的画线任务，仅需支付原料费 6 万日元即可。
>
> 　　大小会皆算总成本——丰田汽车并非一味反对开会，而是以"算好再开"为是否开会的判定标准。在筹备一次会议时，会议召开者都会仔细估算与会者每一秒钟价值几何，然后核计出会议的"总成本"，力争大会小开、长会短开。
>
> 　　马桶水箱压三块砖——丰田汽车专管卫生的部门，仔细观察了公司所有卫生间的抽水马桶后，得出这样一个鲜为人知的结论——抽水马桶用水过于浪费。为了杜绝这一细微的浪费，他们采用最原始的办法，在每一个抽水马桶的贮水箱里放进三块砖头，从而出奇制胜地减少了出水量，节省了用水开支。
>
> 　　计划的实施使丰田汽车公司在世界汽车市场竞争中脱颖而出，硬是"抠"出一片新天地。
>
> 　　　　　　　　　　　　　　　（资料来源：《中国汽车市场》，2003 年 11 月 10 日，有删减）
>
> **讨论**：在世界汽车市场竞争过程中，成本控制对于丰田汽车公司发挥了什么作用？

四、收益和利润最大化

（一）收益函数概述

收益（R）是厂商出售产品的收入。收益是衡量企业经营状况的一个重要的指标，可以反映行业内企业规模的大小，并可以间接反映企业的盈利水平。与收益相关的基本概念有：总收益、平均收益和边际收益。

总收益（TR）是指厂商销售一定数量的产品时所获得的全部收入。在完全竞争市场上，以 P 表示既定的市场价格，以 Q 表示销售总量，则总收益的定义公式为

$$TR = PQ$$

平均收益（AR）是平均每单位产品销售所贡献的收益。表示为

$$AR = \frac{TR}{Q} = \frac{f(Q)Q}{Q} = f(Q) = P$$

从上式可以看出，平均收益等于价格。

边际收益（MR）是指新增加一单位产品的销售所引起的总收益的增加量。可以表示为

$$MR = \frac{\Delta TR}{\Delta Q} \quad 或 \quad MR = \frac{dTR}{dQ}$$

（二）收益曲线

根据收益函数可以描绘出收益曲线。收益曲线的形状由需求曲线的形状决定。我们分别就价格为常数的需求函数与价格为变数的需求函数两种情况进行讨论。

1. 价格为常数的收益曲线

在价格为常数的情况下，总收益为 $TR = P_0 Q$。由于 P 为常数，所以总收益曲线是从原点出发的一条射线。价格为常数情况下的平均收益曲线为 $AR = \frac{TR}{Q} = P_0$，价格为常数情况下的边际收益为 $MR = \frac{dTR}{dQ} = P_0$。

如图 4-13 所示，横坐标表示产量或销售量（Q），纵坐标表示商品价格（P）或收益（R）。总收益曲线的斜率等于价格，平均收益曲线、边际收益曲线与需求曲线完全重合。可见，在价格为常数的情况下，平均收益曲线、边际收益曲线和需求曲线完全重合在一起。

价格为常数的总收益分析，可用表 4-6 表示。

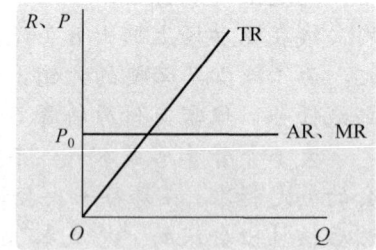

图 4-13 价格为常数的收益曲线

表 4-6 总收益分析（价格为常数）

数量 Q	价格 $P=AR$	总收益 $TR=PQ$	平均收益 $AR=PQ/Q$	边际收益 $MR=\Delta TR/\Delta Q$
1	10	10	10	10
2	10	20	10	10
3	10	30	10	10
4	10	40	10	10

(续)

数量 Q	价格 P=AR	总收益 TR=PQ	平均收益 AR=PQ/Q	边际收益 MR=ΔTR/ΔQ
5	10	50	10	10
6	10	60	10	10
7	10	70	10	10
8	10	80	10	10

2. 价格变动的收益曲线

在价格不是常数的情况下，我们假定需求函数是线性函数，其表达式为

$$P = \alpha - \beta Q$$

该线性需求函数把价格表示为数量的函数，与讨论均衡价格理论时把数量表示为价格的函数表达方式不同，但两者的本质是相同的，即两者互为反函数。此时，

总收益函数为 $\mathrm{TR} = PQ$

平均收益函数为 $\mathrm{AR} = \dfrac{\mathrm{TR}}{Q}$

边际收益函数为 $\mathrm{MR} = \dfrac{\mathrm{dTR}}{\mathrm{d}Q}$

价格变化的总收益分析，可用表 4-7 表示。

表 4-7　总收益分析（价格变化）

数量 Q	价格 P=AR	总收益 TR=PQ	平均收益 AR=PQ/Q	边际收益 MR=ΔTR/ΔQ
1	10	10	10	
2	9	18	9	8
3	8	24	8	6
4	7	28	7	4
5	6	30	6	2
6	5	30	5	0
7	4	28	4	−2
8	3	24	3	−4

图 4-14 是上述总收益、平均收益和边际收益的几何图形。由于需求函数向右下方倾斜，表明商品的价格下降而销售量增加，平均收益和边际收益都随着销售量的增加而下降。由于边际收益递减，因此总收益以递减的速率增加。总收益与边际收益的关系是，当边际收益等于 0 时，总收益达到最大。从图形上看，在边际收益交于横坐标时，总收益曲线达到最高点。边际收益曲线与平均收益曲线的关系是，两者在纵坐标上的截距相等，但从曲线斜率的绝对值上看，边际收益曲线的斜率是平均收益曲线斜率的 2 倍。

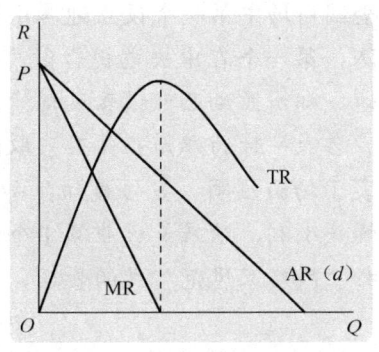

图 4-14　价格变动的收益曲线

（三）利润最大化

经济学中的利润概念是指经济利润，等于总收入减去总成本的差额。利润与成本之间的关系可用下列公式表示：

$$经济利润=总收益-总成本=总收益-（显性成本+隐性成本）$$
$$会计利润=总收益-显性成本$$

前文分析过，企业的目标是实现利润最大化，而利润等于总收益减去总成本，用数学公式表示为

$$\pi = TR - TC$$

其中 π 为利润，TR 为总收益，TC 为总成本（包括显性成本和隐性成本）。由于收益与成本都是产量的函数，即 $TR = f(Q)$，$TC = f(Q)$，所以利润也是产量的函数（假设企业销量等于产量），即 $\pi = f(Q)$。因此，利润最大化的均衡条件是利润函数的一阶导数等于零，数学推导如下：

$$\frac{d\pi}{dQ} = \frac{dTR}{dQ} - \frac{dTC}{dQ} = MR - MC = 0，即 MR = MC$$

所以，厂商实现利润最大化的条件为 MR = MC。此时，厂商把生产推进到边际收益等于边际成本的产量点上，就能实现企业自身的最优化。

案例讨论　　　　　　　　　　　**利润对于企业的意义**

在商场上，一切经营活动都以利益为中心，脱离利益的组织注定是难以长期生存的。

郑州亚细亚商场是由河南省建行租赁公司和中原不动产公司共同出资 200 万元设立的股份制企业，1989 年 5 月正式开业，由王某出任商场总经理。之后仅用 7 个月时间，亚细亚商场就实现销售额 9 000 万元，1990 年达 1.86 亿元，一跃而名列全国大型商场第 35 位，是上升最快的一匹黑马。此后三年，亚细亚的营业额每年均以 30% 以上的速度递增。20 世纪 80 年代末的中国零售业普遍还是一派短缺经济年代沿袭下来的暮气沉沉的景象，商场环境陈旧昏暗，营业员白眼朝天，货物混乱无度。而亚细亚却像一缕清风，在全国商场中第一个设立迎宾小姐、电梯小姐，第一个设立琴台，第一个组建自己的仪仗队，第一个在中央电视台做广告。一时间，"亚细亚冲击波"像阳光一样辐射到全国各地，郑州亚细亚可谓春风得意，战绩辉煌。

名噪一时的郑州亚细亚采取的是一种所谓"战略家风范"的方式。企业经营顺利时，热衷于场面热闹、宣传轰动，却对能赚多少钱看得很淡，认为这是"战略家风范"，不争蝇头小利，结果是营业额 1 个亿、1 个亿地往上长，而利润却从没有超过 1 000 万元。这种"战略家风范"式的管理，在后来企业出现困境时成了最致命的缺陷。

（资料来源：节选自 http://zhidao.baidu.com/question/25143676.html）

讨论：就郑州亚细亚商场最终失败的案例，分析利润对于企业发展的意义。

● 主要内容网络图

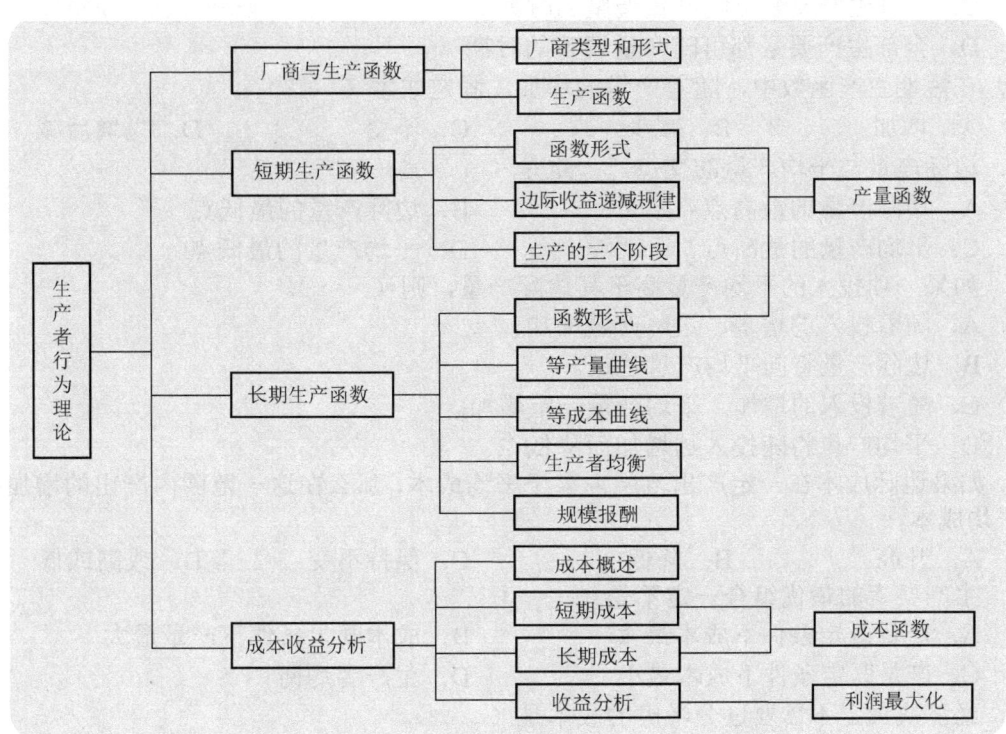

关键名词

边际产量　　　边际收益递减规律　　　边际技术替代率　　　等成本曲线
等产量曲线　　生产者均衡　　　　　　短期成本　　　　　　包络线
边际收益　　　利润最大化

复习与练习

一、单项选择题

1. 当边际产量大于平均产量时（　　）。
   A. 平均产量增加　　　　　　　　B. 平均产量减少
   C. 平均产量不变　　　　　　　　D. 平均产量达到最低点
2. 如果连续地增加某种生产要素，在总产量达到最大时，边际产量曲线（　　）。
   A. 与纵轴相交　　　　　　　　　B. 与横轴相交
   C. 经过原点　　　　　　　　　　D. 与平均产量曲线相交

3. 经济学分析中所说的短期是指（　　）。
   A. 一年之内
   B. 一年以上
   C. 一种生产要素可随产量调整的时期
   D. 全部生产要素都可随产量调整的时期
4. 在短期生产函数中，随着产量的增加，固定成本（　　）。
   A. 增加　　　　B. 减少　　　　C. 不变　　　　D. 先增后减
5. 边际产量与平均产量的交点，一定是（　　）。
   A. 边际产量的最高点　　　　B. 边际产量的最低点
   C. 平均产量的最高点　　　　D. 平均产量的最低点
6. 如果一项投入的平均产量高于其边际产量，则（　　）。
   A. 随着投入的增多，边际产量增加。
   B. 边际产量将向平均产量趋近。
   C. 随着投入的增加，平均产量一定增加。
   D. 平均产量将随投入的增加而降低。
7. 如果边际成本在一定产出范围内大于平均成本，那么在这一范围内产出的增加都将促使平均成本（　　）。
   A. 升高　　　　B. 降低　　　　C. 保持不变　　　　D. 或高或低
8. 生产要素的最优组合一定不是（　　）。
   A. 产量既定条件下成本最大　　　　B. 成本既定条件下产量最大
   C. 产量既定条件下成本最小　　　　D. 生产者均衡
9. 经济决策上不需要过分考虑的成本是（　　）。
   A. 机会成本　　　　B. 显性成本
   C. 隐性成本　　　　D. 沉没成本
10. 边际成本与平均成本的交点是（　　）。
    A. 平均成本的最高点　　　　B. 平均成本的最低点
    C. 边际成本的最高点　　　　D. 边际成本的最低点
11. 关于厂商利润最大化的条件，以下说法正确的是（　　）。
    A. 厂商一定盈利　　　　B. 厂商一定亏损
    C. 边际收益等于边际产量　　　　D. 以上说法都不对

二、判断题

1. 假定生产某产品要用两种要素，如果这两种要素价格相等，则该生产者最好投入同等数量的这两种要素。（　　）
2. 在同一平面的无数条等产量曲线，距离原点越远代表产量越小。（　　）
3. 假定生产某产品使用 L、K 两种生产要素，则 L 的价格下降必将导致 K 的使用量增加。（　　）
4. 只要边际产量减少，总产量一定也减少。（　　）
5. 扩大企业规模，可取得规模经济效益，因此企业规模越大越好。（　　）
6. 短期边际成本的变动取决于可变成本的变动。（　　）
7. 利润最大化的原则是边际成本小于边际收益。（　　）

三、计算题

1. 已知生产函数 $Q = f(L, K) = Q_K Q_L - 0.5 Q_L^2 - 0.32 Q_K^2$，$Q$ 为产量，K 为资本，L 为劳动。假设式中的 $Q_K=10$，分别计算当总产量、平均产量和边际产量达到最大值时厂商雇佣的劳动数量。

2. 把表 4-8 空白部分补全，并做图说明 AC、AVC、MC 的关系。

表 4-8　各成本函数表　　　　　　　　　　　　　　（单位：元）

Q	TC	FC	VC	AFC	AVC	AC	MC
0	50			—	—	—	
1	70						
2	100						
3	120						
4	135						
5	150						

3. 根据表 4-9 中某企业劳动投入量与产品产量之间的关系，解答下列问题。

表 4-9　某企业劳动投入量与产品产量之间的关系

投入的劳动量（L）	1	2	3	4	5	6	7	8	9	10
总产量（TP）	5	12	18	22	25	27	28	28	27	25
平均产量（AP）										
边际产量（MP）										

（1）计算并把表 4-9 中的空白部分补全。
（2）做图画出总产量曲线、平均产量曲线和边际产量曲线及其关系。
（3）该生产函数是否符合边际收益递减规律？

四、问答题

1. 什么是边际收益递减规律？其存在的原因是什么？
2. 在只有一种生产要素可变的情况下，厂商应该如何选择合理投入区？
3. 生产投入的三个阶段是如何划分的？请做图说明。
4. 生产者均衡的条件是什么？
5. 利润最大化的原则是什么？

实践与实训

有些人认为，教堂也是企业，它类似学校生产和出售无形产品，学校提供的是科学和艺术教育，教堂提供的是某种道德和心理教育，如"出售"慈悲、忍耐等。教堂存在运营成本，也需要用收入弥补成本，只是以自愿捐款的方式收费，对于那些以捐款"购买"希望的人们来说，为了表示心诚，自愿出高价并不少见。按照经济学中企业的定义，教堂不是企业，因为它不以盈利为目标。

请调查我国寺庙特别是旅游景区的寺庙是否存在盈利的情况？寺庙为什么要这么做？

人物介绍

马尔萨斯

托马斯·罗伯特·马尔萨斯（Thomas Robert Malthus，1766—1834），是英国人口学家和政治经济学家，他的学术思想悲观但影响深远。在 1798 年发表的《人口学原理》中，马尔萨斯做出一个著名的预言：人口增长超越食物供应，会导致人均占有食物的减少。马尔萨斯的《人口学原理》的一个主要依据便是边际收益递减规律。他认为，随着人口的膨胀，需要越来越多的劳动耕种土地，地球上有限的土地将无法提供足够的食物，最终劳动的边际产出与平均产出下降，但又有更多的人需要食物，因而会产生大的饥荒。幸运的是，人类的历史并没有按马尔萨斯的预言发展。

马尔萨斯的人口理论在经济学历史上具有重要的影响力。受其影响，约翰·李克曼在 1801 年主导了第一次现代人口普查。马尔萨斯的著作强烈地影响了辉格党人，后者在 19 世纪 30 年代鼎盛一时。马尔萨斯对于人口问题的思考也是现代进化理论的基础。在《物种起源》一书中，达尔文说自己的理论是马尔萨斯理论在没有人类智力干预的一个领域里的应用，并称马尔萨斯为"伟大的哲学家"。

马尔萨斯被视为现代人口学的奠基人。马尔萨斯宣称他的人口学原理不仅适用于人类，而且对所有物种都适用。

第五章 市场结构理论

学习目标

知识目标
1. 理解四种市场结构的含义及特征。
2. 掌握各市场结构中厂商的需求曲线和收益曲线。
3. 掌握完全垄断厂商的定价策略。

技能目标
1. 能够分析和判断现实市场上一些市场结构类型。
2. 能够分析企业在现实运行中的行为方式和所采取的策略。
3. 能够分析不同市场类型的经济效率。

重点难点

1. 几种市场结构中的短期均衡。
2. 完全垄断市场厂商的定价策略。
3. 寡头垄断市场中厂商之间的博弈。

案例导入

企业的进入与退出

我们的生活在变得越来越美好，各种美味也在不断地冲击着我们的视觉和味蕾。我生活的大学城有着数以百计的餐馆。在我们大学城的南边，是一条长长的小吃街。每天晚上，小吃街上聚集着来自天南海北各式各样的小吃：重庆鸡公煲、福建鲜香馄饨、山西刀削面、西安肉夹馍、广东肠粉、东北饺子、武汉热干面、开封灌汤包子、麻辣凉皮、胡辣汤、郑州烩面等。只有你想不到，没有你看不到！阵阵飘香的味道，加上熙熙攘攘的人群，成为大学城中的一个亮点。

在大学城外的西边，是一片相对高档、有固定营业场地的酒店和饭店，吸引了一批又一批的"吃货"。有趣的是，能够持续经营三年以上的餐馆或饭店寥寥几家。大学生经常看到的情景是，一家餐馆开业了，而另一家餐馆关门了……

有同行没同利，是公认的一种经济现象。那么为什么大学城中企业的倒闭率相对较低？

在消费者行为理论中，我们关注如何在既定的价格和收入水平下实现效用最大化，消费者追求效用最大化的行为决定了市场的需求曲线；在生产者行为理论中，我们关注在既定的技术约束和市场价格下如何实现利润最大化，厂商追求利润最大化的行为决定了市场的供给曲线，市场的均衡价格和均衡数量取决于供求双方共同的作用。市场理论关注不同的市场类型对产品价格的影响，研究的核心是——在不同的市场类型下，如何决定产品的均衡价格和均衡产量。

第一节　市场结构的划分

厂商以追求利润最大化为目标向市场提供各种产品和劳务。厂商获取利润水平的高低，取决于收益和成本的差，其中成本主要受制于厂商开展生产经营时的技术条件和经营管理水平的高低；收益受产品销售价格和销售数量的制约，不同市场中厂商面临的需求状况是不同的，所拥有的市场势力和对价格的掌控能力也有所不同，所以市场类型对厂商的利润产生直接的影响。

一、市场类型划分的标准

（一）市场的含义

狭义上的市场指的是买卖双方进行产品交换的场所，是一种时间和空间结构。广义上的市场是产品和服务价格建立的过程，是产品和劳务买卖双方相互作用并得以决定其交易价格和交易数量的一种组织形式和组织安排。

任何一种产品交易都有一个市场，所以有多少种产品，就有多少种市场，如服装市场、水果市场、股票市场等。我们可以按照不同的标准划分出不同的市场。经济生活中的物品分为两类——生产要素和产品，与之相对应的市场可以分为生产要素市场和产品市场两类，本章主要研究产品市场。

行业是与市场相对应的概念。行业是指为同一产品市场生产和提供产品的所有厂商的总体。例如，完全竞争市场对应完全竞争行业，完全垄断市场对应完全垄断行业，垄断竞争市场对应垄断竞争行业，寡头垄断市场对应寡头垄断行业。

（二）划分市场类型的标准

划分市场类型的标准主要有：

1. 市场上厂商数量的多寡

一个市场中厂商数目越多，单个企业所占有市场份额的平均数就越小，竞争程度就越高；厂商数目越少，规模越大，所占的市场份额就越大，其垄断程度就可能越高。

2. 厂商所提供的产品的差异程度

差异产品是指产品相互竞争且具有较强的可替代性但又不完全相同的产品，这些差异性体现在产品的功能、外观、型号、质量、品牌、规格、商标等各个方面。厂商可以凭借产品的差异产生市场垄断。产品的差异化越显著，可替代性就越差，垄断力量就越大。在农产品市场上，部分农产品市场因为产品差异化程度不高，垄断程度就较低。

3. 单个厂商对价格的控制程度

单个厂商的市场力量越强大，其垄断市场的程度就越大，对价格的控制能力就越强。极端情况下，当一家厂商独霸一个市场时，其对价格的掌控能力达到最大。

4. 厂商进入或退出一个行业的难易程度

厂商进入或退出一个行业的难易程度是指资源在各厂商、各行业间自由流动的难易程度。厂商进入或退出一个行业的阻力越小，该市场的竞争程度就越高，垄断程度就越低；反之，进入或退出一个行业的障碍越大，其垄断程度就越高，竞争程度就越低。

二、市场类型的结构

厂商在追求利润最大化的决策中，不同的市场结构对厂商的影响程度是不同的，所以区分不同的市场类型至关重要。

根据市场的竞争和垄断性不同，可以将市场划分为四种类型：完全竞争市场、完全垄断市场、垄断竞争市场和寡头垄断市场。完全竞争市场也称为纯粹竞争市场，完全垄断市场、垄断竞争市场和寡头垄断市场又称为不完全竞争市场。各市场类型的主要特征见表5-1。

表 5-1 各市场类型的主要特征

市场类型	厂商数目	产品的差异程度	对价格的控制程度	进出一个行业的难易程度	代表市场	销售方式
完全竞争市场	很多	完全无差异	没有	很容易	农产品、期货	市场交易或拍卖
垄断竞争市场	较多	有差异	有一些	比较容易	一些轻工业产品、零售业	广告投放、质量竞争
寡头垄断市场	几个	有差异或没有差异	程度相当大	比较困难	钢铁、汽车、石油	广告投放、产品竞争或相互勾结
完全垄断市场	唯一	没有相近替代品，产品唯一	程度很大，但经常受管制	很困难，几乎不可能	水、电等公用事业	产量与价格控制

表 5-1 是对四种类型市场的简单描述，在后面的章节中会分别详细介绍每一种类型的市场特征。

第二节 完全竞争市场

一、完全竞争市场的定义及其特征

完全竞争市场又称纯粹竞争市场，是指充分竞争而不受任何阻碍、干扰和控制的市场结构。完全竞争市场是经济学中理想的市场竞争状态，一个市场或行业要成为完全竞争的市场，必须同时具备下述四个特征：

（1）市场上有无数个生产者与消费者。每个生产者和消费者的规模都很小，即任何一个市场主体所占的市场份额都极小，都无法通过自己的行为影响市场价格和市场的供求关系，因而每个主体都是既定市场价格的接受者，而不是决定者。

（2）市场上每一个厂商提供的产品都是完全同质的。这里的产品同质是指厂商之间提供的产品是完全无差别的，它不仅指产品的质量、规格、商标等完全相同，还包括购物环境、售后服务等方面也完全相同。因此，厂商不能凭借产品差别对市场形成垄断。对买方而言，所有厂商的产品之间有完全替代性，消费者对任何厂商出售的产品无任何偏好，由此决定某厂商如果抬高物价，消费者就会购买其他厂商的同质产品，从而使该厂商的产品失去市场。

(3) 所有的资源具有自由流动性。这意味着厂商进入或退出一个行业是完全自由和毫无困难的，所有资源可以在各厂商之间和各行业之间完全自由地流动，不存在任何障碍。这样，任何一种资源都可以及时地投向能获得最大利润的生产，并及时地从亏损的生产中退出。缺乏效率的企业将被市场淘汰，取而代之的是具有效率的企业。

(4) 信息的完全性。市场上的每一个买方和卖方都掌握与自己的经济决策有关的一切信息，这样每一个消费者和每一个厂商可以根据自己所掌握的完全信息，做出自己最优的经济决策，从而获得最大的经济利益。而且，由于每一个买方和卖方都知道既定的市场价格，都按照这一既定的市场价格进行交易，这也就排除了由于信息不通畅而可能导致的一个市场同时按照不同的价格进行交易的情况。

很显然，在现实中很少存在这样的市场结构，比较符合条件的有农产品市场和没有大户操纵的证券市场。从完全竞争市场中，可以得到关于市场机制及其配置资源的一些基本原理，对理解不完全竞争市场有着重要的意义。

二、完全竞争厂商的需求曲线和收益曲线

（一）需求曲线

在任何一个产品市场中，市场需求是针对市场上所有厂商组成的行业而言的，消费者对整个行业所生产的产品的需求称为行业所面临的需求，相应的需求曲线称为行业所面临的需求曲线，也就是市场需求曲线，它一般是一条从左上方向右下方倾斜的曲线，而行业供给曲线是一条向右上方倾斜的曲线，分别见于图 5-1a 中的 D 和 S 曲线。整个行业产品的均衡价格 P_E 就由整个行业的需求与供给决定。

消费者对行业中单个厂商所生产的产品的需求量，称为厂商所面临的需求量，相应的需求曲线称为厂商所面临的需求曲线，简称为厂商的需求曲线。市场均衡价格确定之后，单个厂商既不需要涨价也不需要降价，一旦涨价，它所面临的需求会下降为零；单个厂商也不会降价，因为在既定的市场价格下，它可以销售掉任意数量的产品。因此，在完全竞争条件下，单个厂商所面临的需求曲线是一条由既定的市场均衡价格出发的水平线。图 5-1b 中的 d 曲线就是一条完全竞争单个厂商的需求曲线，是一条与横轴平行的水平线。

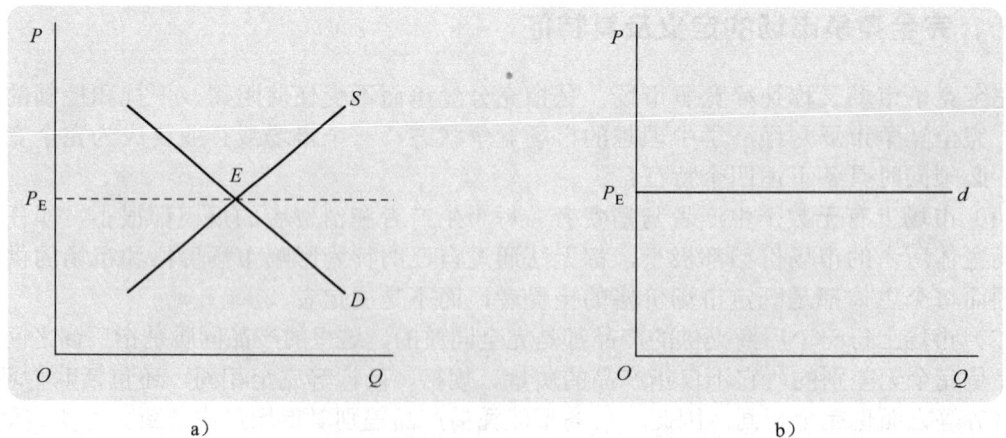

图 5-1　完全竞争市场和完全竞争厂商的需求曲线

a）完全竞争市场的需求曲线　b）完全竞争厂商的需求曲线

如果行业市场均衡价格因整个市场供求关系的变动而发生波动，出现上升或者下降，那么肯定会对单个厂商的需求产生影响，此时个别厂商的需求曲线 d 还是一条平行于横轴的水平线，只是随着市场价格上升而平行上移，或者随着市场价格下降而平行下移。

（二）收益曲线

我们在第四章已经介绍过收益曲线，这里简单回顾一下。刚才分析了完全竞争厂商只能按市场均衡价格 P_E 出售产品，厂商的收益曲线分析如下：

总收益是销售单价与销售量的乘积：$TR = f(Q) = P_E Q$

平均收益是平均每一单位产品销售所获得的收入：$AR = \dfrac{TR}{Q} = \dfrac{P_E Q}{Q} = P_E$

边际收益是总收益对销量求导数：$MR = \dfrac{dTR}{dQ} = P_E$

可见，完全竞争市场的厂商平均收益与边际收益相等，且都等于市场均衡价格，即 $AR = MR = P_E$，相应的平均收益曲线与边际收益曲线如图 5-2 所示。

图 5-2 中，横轴表示厂商的销售量或所面临的需求量，纵轴表示产品价格。由图形可见，完全竞争厂商的平均收益 AR 曲线、边际收益 MR 曲线与需求曲线 d 三条线重叠，它们都是由既定价格决定的一条水平直线。在完全竞争市场上，厂商只能接受市场价格而不能改变市场价格，产品销售价格是既定的，厂商在任何销售量上都有 $AR = MR = P_E$，完全竞争厂商所面临的需求曲线就是一条由既定的市场价格出发的水平线。

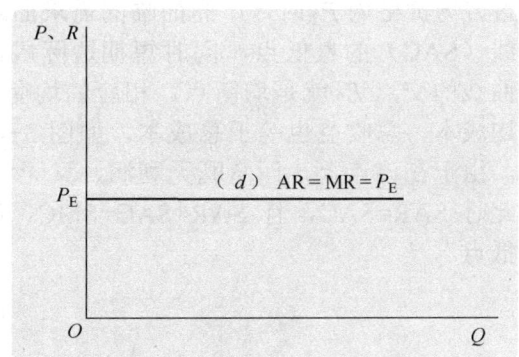

图 5-2　完全竞争厂商平均收益曲线与边际收益曲线

三、完全竞争厂商的短期均衡

在完全竞争厂商的短期生产中，市场的价格是给定的，而且生产中的不变要素的投入量是无法改变的，即生产规模也是给定的。因此，在短期，厂商是在给定的生产规模下，通过对产量的调整来实现 MR=SMC 的利润最大化的均衡条件。

当厂商实现 MR=SMC 时，有可能获得利润，也有可能亏损，把各种可能的情况都考虑在内，完全竞争厂商的短期均衡具体表现为以下五种情况。

（一）厂商短期盈利

当市场价格较高，达到 P_1 时，如图 5-3 所示，厂商面临的需求曲线为 d_1，为获取最大利润，厂商根据 MR=SMC 的利润最大化原则，把产量确定在 Q_1 上，SMC 曲线与 MR_1 曲线的交点 E_1 即为厂商的短期均衡点。这时平均收益为 OP_1，平均成本为 $Q_1 F$，单位产品获得的利润为 $E_1 F$，总收益为 $OQ_1 \times OP_1$，总成本为 $OQ_1 \times Q_1 F$，利润总量为 $OQ_1 \times E_1 F$，即为图中矩形 $HP_1 E_1 F$ 的面积。此时，厂商获取的利润达到最大。

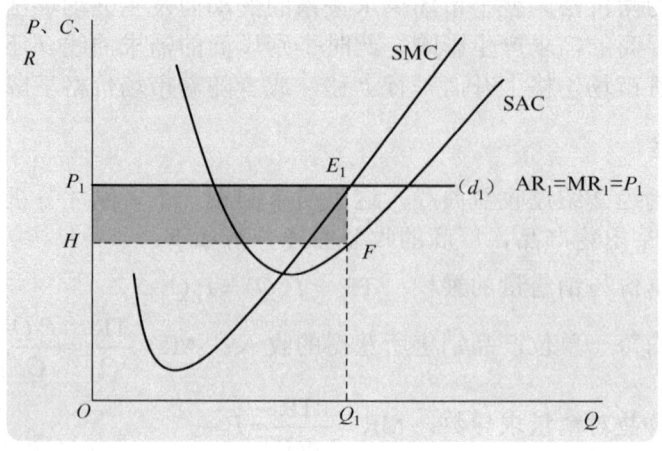

图 5-3　厂商短期盈利

(二) 厂商短期利润为零

当市场价格为 P_2 时，厂商面临的需求曲线为 d_2，这条需求曲线刚好切于短期平均成本曲线 (SAC) 的最低点，同时短期边际成本曲线 (SMC) 也通过此点，SMC 曲线与 MR_2 曲线的交点 E_2 就是均衡点，相应的均衡产量确定在 Q_2。在 Q_2 产量上，平均收益等于平均成本，总收益也等于总成本，如图 5-4 中矩形 $OP_2E_2Q_2$ 的面积，此时厂商的利润为零。由于在该点上，厂商既无利润，又无亏损，所以在 SMC 曲线与 SAC 曲线的交点上，此时 SAR=SAC，且 SAR=SAC=SMC，所以此点 (E_2) 称为"盈亏平衡点"或"收支相抵点"。

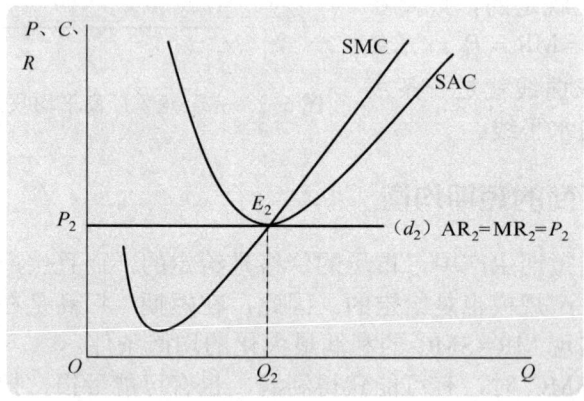

图 5-4　厂商短期利润为零

(三) 厂商短期亏损，但仍继续生产

当市场价格为 P_3 时，厂商的平均成本已经高于产品的市场价格，整个平均成本曲线 (SAC) 处于价格 P_3 线之上，出现了亏损。为使亏损达到最小，产量由 SMC 曲线和 MR_3 曲线相交的均衡点 E_3 决定，在 Q_3 的均衡产量上，平均收益为 OP_3，平均成本为 OG，总成本与总收益的差额构成厂商的总亏损量，如图 5-5 中矩形 P_3GIE_3 的面积。由于厂商的平均收益 (AR) 大于短期平均可变成本 (SAVC)，所以厂商虽然亏损，但仍

然继续生产。这是因为，只有这样，厂商才能在用全部收益弥补全部可变成本以后还有剩余，以弥补在短期内总是存在的不变成本的一部分。所以，在这种亏损情况下，生产要比不生产强。

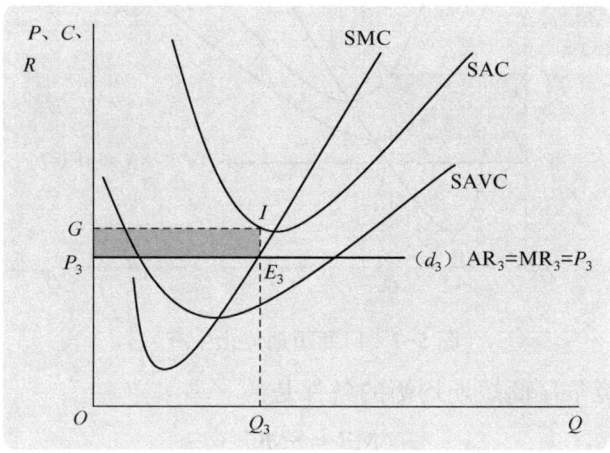

图 5-5　厂商短期亏损

（四）厂商短期处于生产与停产的临界点

当价格为 P_4 时，厂商面临的需求曲线为 d_4，此线恰好切于短期平均可变成本（SAVC）曲线的最低点，SMC 曲线也交于该点。根据 $MR_4=SMC$ 的利润最大化原则，这个点就是厂商短期均衡点 E_4，决定的均衡产量为 Q_4，如图 5-6 所示。在 Q_4 产量上，平均收益小于平均成本，必然是亏损的。同时平均收益仅等于平均可变成本，这意味着厂商进行生产所获得的收益，只能弥补可变成本，而不能收回任何的不变成本，生产与不生产对厂商来说，结果是一样的。如果生产，则全部收益只能弥补全部的可变成本；如果不生产，则全部不变成本依然存在，所以 SAVC=SAR，且 SAVC=SAR=SMC，此点（E_4）是厂商生产与不生产的临界点，也称为"停止营业点"或"关闭点"。

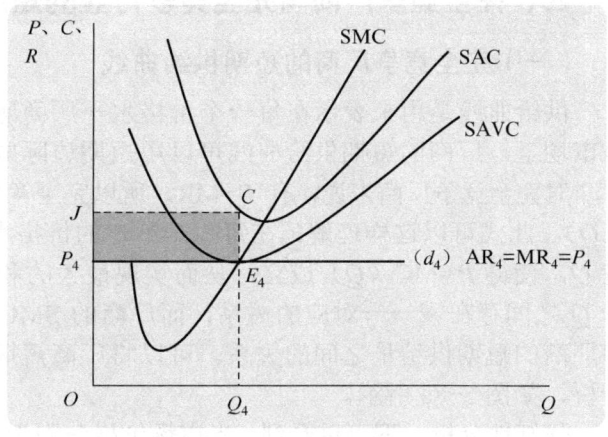

图 5-6　厂商处于临界点

（五）厂商短期停止生产

当价格进一步下降至 P_5 时，厂商面临的需求曲线为 d_5，MR_5 曲线与 SMC 曲线相交之点为短期均衡点 E_5，相对应的产量为 Q_5，如图 5-7 所示。在这一产量上，平均收益已小于平均可变成本，意味着厂商若继续生产，所获得的收益连可变成本都收不回来，更谈不上收回不变成本了，所以厂商停止生产。

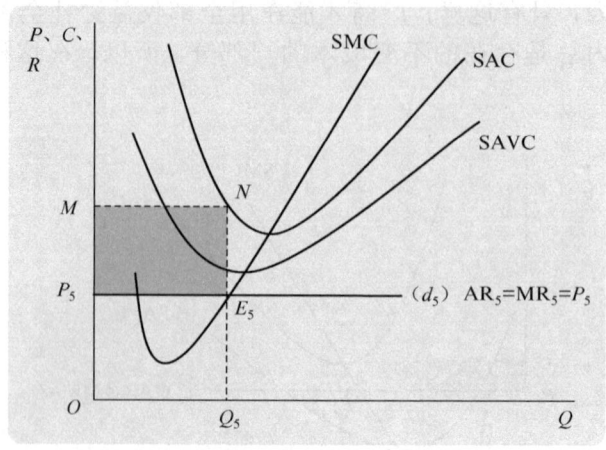

图 5-7 厂商短期停止生产

综上所述，完全竞争厂商短期均衡的条件是：

$$MR = SMC$$

其中，MR=AR=P。在短期内，完全竞争的厂商可以获得最大经济利润，也可以经济利润为零，还可以蒙受最小亏损。

四、完全竞争厂商与完全竞争行业的短期供给曲线

（一）完全竞争厂商的短期供给曲线

供给曲线是用来表示在每一个价格水平厂商愿意而且能够提供的产品数量。在完全竞争市场上，厂商的短期供给曲线可以用短期边际成本（SMC）曲线来表示。

对完全竞争厂商来说，有 P=MR，所以完全竞争厂商的短期均衡条件又可以写成 P=MC（Q）。此式可以这样理解：在每一个给定的价格水平 P，完全竞争厂商应该选择最优的产量 Q，使得 P=MC（Q）成立，从而实现最大的利润。这意味着在价格 P 和厂商的最优产量 Q 之间存在着一一对应的关系，而厂商的 SMC 曲线恰好准确地表明了这种产品的价格和厂商的短期供给量之间的关系。可以将厂商短期均衡的五种可能情况置于一张图中进行分析，如图 5-8a 所示。

仔细地分析一下可以看到，当市场价格分别为 P_1、P_2、P_3 和 P_4 时，厂商根据 MR=SMC（即 P=SMC）的原则，选择的最优产量顺次为 Q_1、Q_2、Q_3 和 Q_4。SMC 曲线上的 E_1、E_2、E_3 和 E_4 点明确地表示了这些不同的价格水平与相应的不同的最优产量之间的对应关系。但必须注意到，厂商只有在 P≥SAVC 时，才会进行生产，而在 P<SAVC 时，厂商会停止生产。所以，厂商的短期供给曲线应该用 SMC 曲线上大于和等于 SAVC 曲线最低点的部分来表示，即用 SMC 曲线大于和等于停止营业点的部分来表示。如图 5-8b 所示，图中 SMC 曲线上的实线部分就是完全竞争厂商的短期供给曲线 S=S（P），该线上的 a、b、c 和 d 点分别与图 5-8a 中 SMC 曲线上的 E_1、E_2、E_3 和 E_4 点相对应。

从以上的分析过程中可以看出，完全竞争厂商的短期供给曲线是向右上方倾斜的，它表示产品的价格和供给量之间同方向变化的关系。更重要的是，完全竞争厂商的短期供给曲线表示厂商在每一个价格水平的供给量都是能够给它带来最大利润或最小亏损的最优产量。

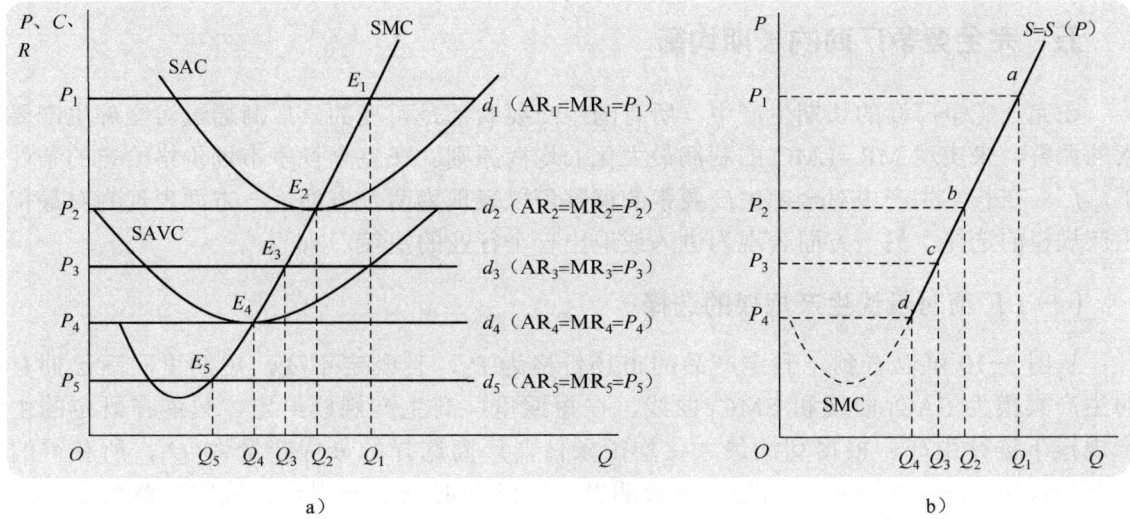

图 5-8 完全竞争厂商的短期边际成本曲线与短期供给曲线
a）短期边际成本曲线 b）短期供给曲线

（二）完全竞争行业的短期供给曲线

在任何价格水平上，一个行业的供给量等于行业内所有厂商的供给量的总和。据此，假定生产要素的价格不变，则一个行业的短期供给曲线由该行业内所有厂商的短期供给曲线的水平加总而得到。下面用图 5-9 具体加以说明。

在图 5-9 中，假定某完全竞争行业中有 100 个相同的厂商，每个厂商都具有相同的短期成本曲线和相应的短期供给曲线，用图 5-9a 中的实线 S 表示。将这 100 个相同的厂商的短期成本曲线水平相加，便得到图 5-9b 中的行业的短期 S。行业的短期供给曲线也是向右上方倾斜的，它表示市场的产品价格和市场的短期供给量呈同方向变动。行业的短期供给曲线上与每一价格水平相对应的供给量都是可以使全体厂商在该价格水平获得最大利润或最小亏损的最优产量。

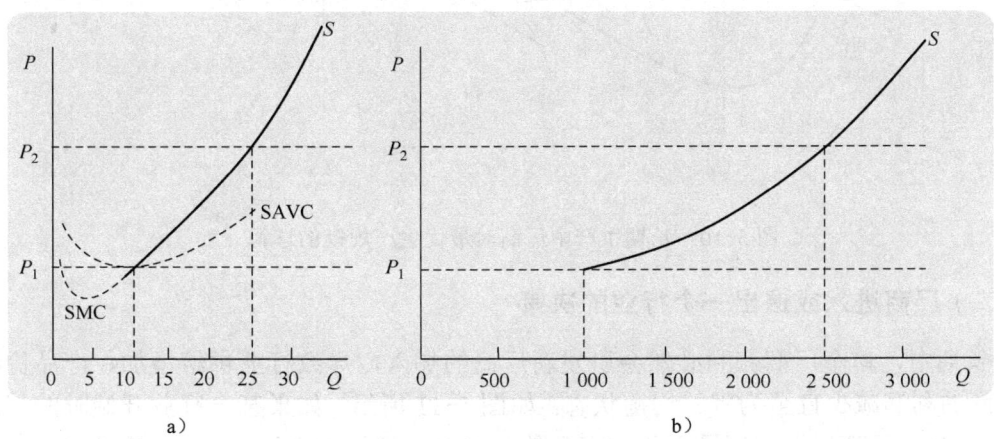

图 5-9 完全竞争行业的短期供给曲线
a）厂商的短期供给曲线 b）行业的短期供给曲线

五、完全竞争厂商的长期均衡

在完全竞争厂商的长期生产中,所有的生产要素都是可变的,厂商通过对全部生产要素的调整,来实现 MR=LMC 的利润最大化的均衡原则。在完全竞争市场价格给定的条件下,厂商在长期生产中对全部生产要素的调整可以表现为两个方面,一方面表现为对最优生产规模的选择,另一方面表现为进入或退出一个行业的决策。

(一)厂商对最优生产规模的选择

从图 5-10 可以看到,假定产品的市场价格为 P_0,且既定不变,短期里厂商已拥有的生产规模为 SAC_1 曲线和 SMC_1 曲线,在短期里厂商生产规模给定,只能在既定的生产规模下进行生产,根据利润最大化均衡条件,厂商选择的最优产量为 Q_1,所获得的利润为图中 P_0E_1GF 面积。但是,在长期里,厂商会调整生产规模,假定厂商将生产规模调整为 SAC_2 曲线和 SMC_2 曲线所代表的最优生产规模进行生产,按照 MR=LMC 的利润最大化原则,相应的最优产量达到 Q_2,此时厂商获得的利润增大为图中 P_0E_2IH 所示的面积。很显然,在长期内,厂商通过对生产规模的调整,能够获得比在短期生产更大的利润。

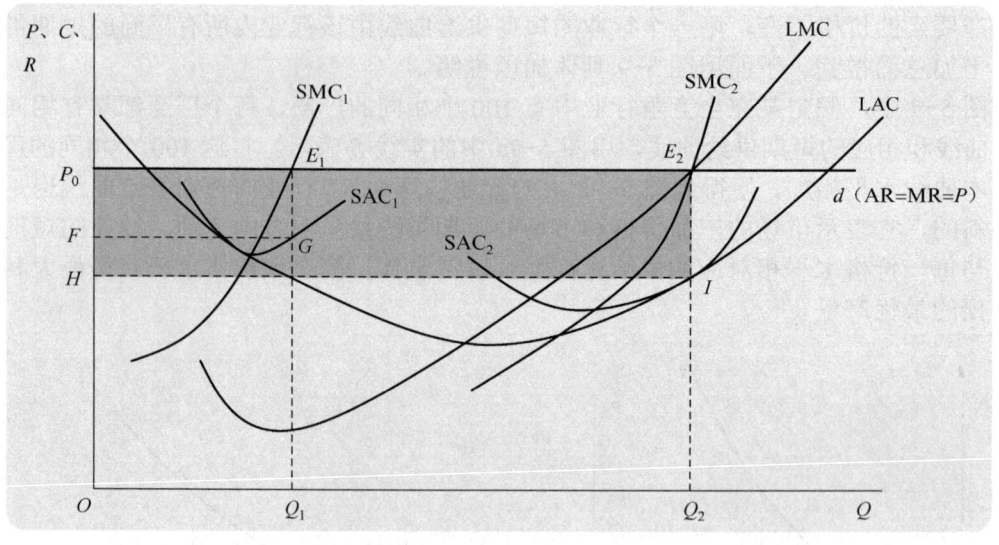

图 5-10　长期生产中厂商对最优生产规模的选择

(二)厂商进入或退出一个行业的决策

在长期中,单个厂商获利必然会引发新厂商的加入,导致行业供给增加、产品价格下降、厂商的利润减少直至为零的均衡状态。如图 5-11 所示,如果某一行业开始时的产品价格较高为 P_1,厂商根据利润最大化均衡条件,将选择最优生产规模 Q_1 产量进行生产。此时厂商获得了利润,这会吸引一部分厂商进入该行业。随着行业内厂商数量的增加,市场上的产品供给就会增加，在市场需求相对稳定的情况下，市场价格就会不断下降，单个厂商的利润随之逐渐减少，厂商也将随着价格的变化进一步调整生产规模。只有当市场价格水平下降到使单个厂商的利润为零时，新厂商的进入才会停止，至此厂商的生产规模调整至 Q_2 产量上。相反，如果市场价格较低为 P_3，厂商根据 MR=LMC 的条件，相应的最优生产规模选择在 Q_3 产量上。此时，厂商是亏损的，这会使得行业内原有厂商中的一部分退出该行业的生产，随着行业内厂商数量的逐渐减少，市场上产品的供给就会减少，若市场需求相对稳定，产品的市场价格就会上升，单个厂商的利润又会随之逐渐增加。只有当市场价格水平上升到使单个厂商的亏损消失即利润为零时，厂商的退出才会停止。总之，不论是新厂商的加入，还是原有厂商的退出，最终都会使市场价格达到等于长期平均成本最低点的水平，如图 5-11 中的价格水平 P_2。在这一水平，行业中的每个厂商既无利润，也无亏损，实现了长期均衡。

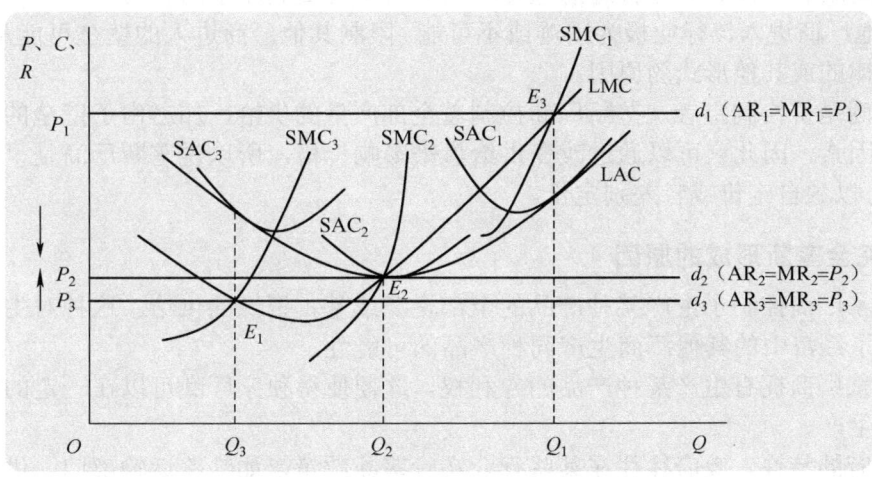

图 5-11　厂商进入或退出行业的决策

图 5-11 中 E_2 点是完全竞争厂商的长期均衡点。在厂商的长期均衡点 E_2，LAC 曲线达到最低点，相应的 LMC 曲线经过该点。厂商的需求曲线 d_2 与 LAC 曲线相切于该点，代表最优生产规模的 SAC_2 曲线相切于该点，相应的 SMC_2 曲线经过该点。所以在完全竞争市场中厂商的长期均衡实现的条件为

$$MR = LMC = SMC = LAC = SAC$$

其中，MR=AR=P，单个厂商长期均衡时利润为零。

案例讨论　　　　　政府举办的大型养鸡场为什么赔钱？

20 世纪 80 年代，一些城市为了保证居民的菜篮子供应，由政府出资兴办了大型养鸡场，但成功者较少，许多养鸡场最后以破产告终。这其中的原因是多方面的，重要的一点在于鸡蛋市场是一个完全竞争市场。

（资料来源：梁小民. 微观经济学纵横谈[M]. 北京：生活·读书·新知三联书店，2000.）

讨论：为什么政府兴办的大型养鸡场会失败？

第三节 完全垄断市场

一、完全垄断市场的特征与垄断原因

(一)完全垄断市场的含义与特征

完全垄断市场又称垄断或独占市场,是指整个行业中只有唯一厂商的市场结构。完全垄断市场具有以下特征:

(1)市场上只有一个厂商生产和销售产品。或者说,这家企业是某种产品或服务的唯一供应商,该企业等于该行业。

(2)没有任何相近的替代品。垄断企业的产品是独一无二的,没有其他的近似替代品;从购买者的角度看,没有其他合适的选择。因此它不会受到竞争的威胁。

(3)其他厂商进入该行业极为困难或不可能。限制其他厂商进入的壁垒可能是经济的、技术的、法律的或其他形式的原因。

(4)厂商是价格制定者。垄断厂商控制着全部产量的供给,加之由于壁垒的存在排除了所有竞争因素,因此它可以通过改变供给量来影响价格,所以说垄断厂商是"价格制定者",厂商可以独自定价或者差别定价。

(二)完全垄断形成的原因

(1)独家厂商控制了生产某种产品的全部资源或基本资源的供给。这种对生产资源的独占,排除了经济中的其他厂商生产同种产品的可能性。

(2)独家厂商拥有生产某种产品的专利权。这便使得独家厂商可以在一定的时期内垄断该产品的生产。

(3)政府的特许。政府往往在某些行业实行垄断政策,如铁路运输部门、供电供水部门等,于是,独家企业就成了这些行业的垄断者。

(4)自然垄断。有些行业的生产具有这样的特点:企业生产的规模经济需要在一个很大的产量范围和相应巨大的资本设备的生产运行水平上,才有可能得到充分的体现,以至于整个行业的产量只有由一个企业来生产时,才有可能达到这样的生产规模。而且,只要发挥这一企业在这一生产规模上的生产能力,就可以满足整个市场对该种产品的需求。在这类产品的生产中,行业内总会有某个厂商凭借雄厚的经济实力和其他优势,最先达到这一生产规模,从而垄断了整个行业的生产和销售,这就是自然垄断。

如同完全竞争市场一样,垄断市场的假设条件也很严格。在现实的经济生活里,垄断市场也几乎是不存在的。

二、完全垄断厂商的需求曲线和收益曲线

(一)完全垄断厂商的需求曲线

由于完全垄断市场上只有一个厂商,所以完全垄断厂商面临的需求曲线就是市场需求曲线 D,如图 5-12 所示。完全垄断厂商面临的需求曲线是向右下方倾斜的,向右下方倾斜的需求曲线表示垄断厂商可以通过改变产品销售量来控制市场价格。市场需求曲线限制了

垄断者由其市场势力得到利润的能力。当产品价格较高时，社会需求量较小；当产品价格比较低时，社会需求量较大。

假定厂商的销售量等于市场的需求量，则向右下方倾斜的需求曲线表示垄断厂商可以通过改变产品销售量来控制市场价格。

（二）完全垄断厂商的收益曲线

完全垄断厂商的收益曲线，我们用表 5-2 来说明。从表 5-2 中可以看出，在价格为 7 元时，该垄断者卖不出产品，当价格降低时，销售量增加。例如：价格为 6 元时，需求量为 1 单位；价格为 4 元时，需求量为 3 单位等。总收益是价格与销售量的乘积。例如，在价格为 5 元时，销售量为 2 单位，总收益为 10 元。边际收益是销售量增加一单位所增加的总收益。例如，价格由 6 元降为 5 元，销售量从 1 单位增至 2 单位，总收益从 6 元增至 10 元，所以边际收益为 4 元。

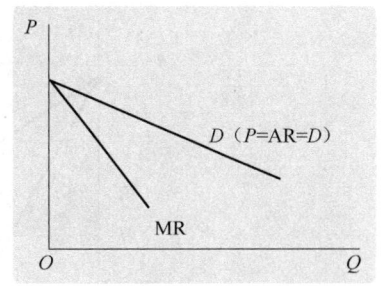

图 5-12　完全垄断厂商的需求曲线、边际收益曲线与平均收益曲线

表 5-2　垄断市场上价格与收益的关系

销 售 量	价 格	总 收 益	平 均 收 益	边 际 收 益
0	7	0	—	—
1	6	6	6	6
2	5	10	5	4
3	4	12	4	2
4	3	12	3	2
5	2	10	2	-2
6	1	6	1	-4

由于厂商每出售一单位产品所获得的收益等于产品的价格，即平均收益等于产品的价格，因此我们就可以知道，厂商的平均收益曲线与需求曲线重叠，表示厂商的平均收益随着产品销售量的增加而减少，同时厂商的边际收益也是随着销售量的增加、价格的下降而不断减少。当厂商的平均收益处于下降阶段时，边际收益小于平均收益，并且是由下降的边际收益拉下所导致的，因此，边际收益曲线总是处于平均收益曲线的下方。

完全垄断厂商的平均收益曲线与边际收益曲线如图 5-12 所示。

三、完全垄断厂商的均衡

（一）完全垄断厂商的短期均衡

完全垄断厂商可以通过调整产量和价格来实现利润最大化。与完全竞争市场类似，完全垄断厂商利润最大化时的产量也是由需求状况和成本状况共同决定的，其利润最大化条件为 MR=MC，这也是完全垄断厂商短期均衡的条件。在短期里，完全垄断厂商由于各种原因，如既定规模成本过高，或面对的市场需求较小等，可能导致短期里盈亏平衡甚至亏损，不一定总是获得垄断利润。所以完全垄断厂商的短期均衡有三种情况：获得利润、利润为零和蒙受损失。

1．获得利润的短期均衡

图 5-13 反映了完全垄断厂商获得利润时的短期均衡状态。

运用边际收益-边际成本分析法，完全垄断厂商按照 MR=SMC 的原则确定产量水平 Q_1，与 Q_1 产量水平对应的价格可由需求曲线得到为 OP_1，对应的成本由 SAC 曲线得到为 OH，显然 $OP_1>OH$，厂商存在利润，利润为矩形 P_1FGH 的面积。

从图 5-13 来看，在 Q_1 产量水平上，MR=SMC，所以 Q_1 是完全垄断厂商利润最大化时的均衡产量。

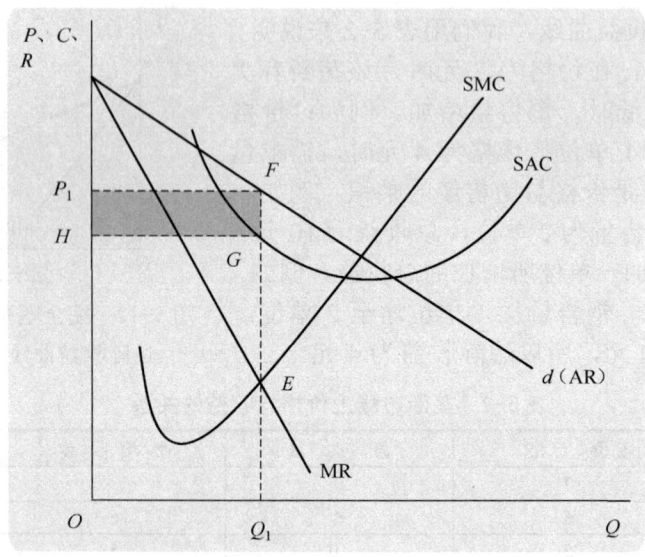

图 5-13　完全垄断厂商获得利润

2．利润为零的短期均衡

如图 5-14 所示，此时按照 MR=SMC 确定的产量水平在 Q_1，这一产量水平与需求曲线的交点正好是 SAC 曲线与需求曲线 d 的切点，因此在这一产量水平上 P 与 SAC 相等，即平均收益等于平均成本，完全垄断厂商的 TR 等于 TC，厂商的利润为零。

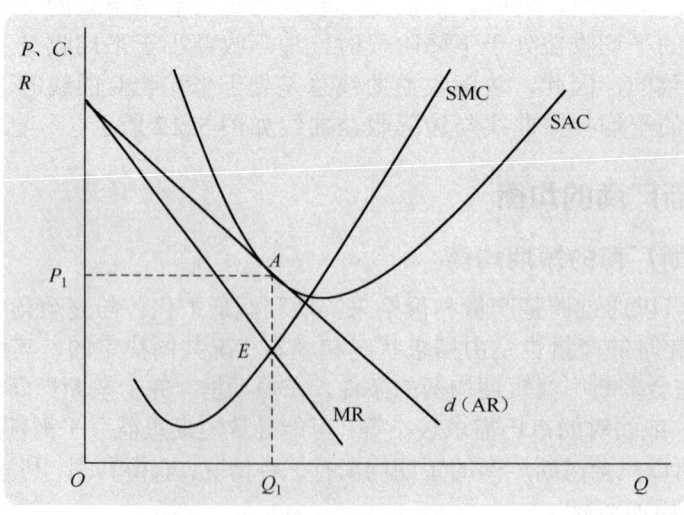

图 5-14　完全垄断厂商利润为零

3. 蒙受损失的短期均衡

完全垄断厂商虽然可以通过控制产量和价格获得利润，但并不意味着总能获得利润，完全垄断厂商也可能发生亏损。这种情况可能是由于既定生产规模的生产成本过高，也可能是由于面临的市场需求过小。

图 5-15 反映完全垄断厂商亏损时的短期均衡。

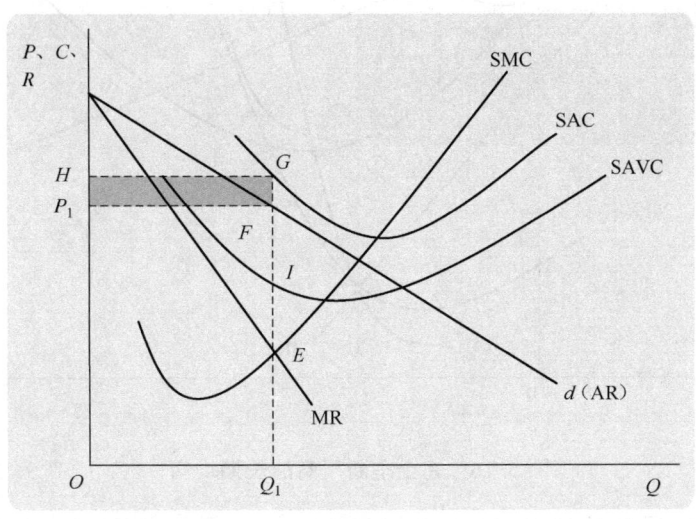

图 5-15 完全垄断厂商短期亏损

按照 MR=SMC 的原则确定的产量水平在 Q_1 的水平上，从需求曲线得到与这一产量水平相对应的价格为 OP_1，从 SAC 曲线上得到相应的平均成本为 OH，从图中可看出 $OP_1<OH$，即平均收益小于平均成本，厂商蒙受损失，但这时的损失额是最小的，等于矩形 P_1HGF 的面积。此时 $P_1>SAVC$，因此完全垄断厂商继续进行生产，所获得的总收益在补偿了全部可变成本的基础上，最大限度地补偿了部分不变成本。如果 $P_1<SAVC$，厂商将会停止生产。

从以上三种情况可以看出，完全垄断厂商短期均衡的条件是

$$MR = SMC$$

（二）完全垄断厂商的长期均衡

完全垄断厂商在长期内可以调整全部生产要素的投入量即生产规模，从而实现最大的利润。垄断行业排除了其他厂商进入的可能性，因此与完全竞争厂商不同，如果垄断厂商在短期内存在亏损，则在长期内是可以保持利润的。

完全垄断厂商在长期内对生产的调整一般可以有三种可能的结果：①完全垄断厂商在短期内是亏损的，但在长期，又不存在一个可以使它获得利润（或至少使亏损为零）的最优生产规模，于是该厂商退出生产。②完全垄断厂商在短期内是亏损的，在长期内，它通过对最优生产规模的选择，摆脱了亏损的状况，甚至获得利润。③完全垄断厂商在短期内利用既定的生产规模获得了利润，在长期中，它通过对生产规模的调整，使自己获得更大的利润。至于第一种情况，不需要再分析。对第二种情况和第三种情况的分析是相似的，下面利用图 5-16 分析第三种情况。

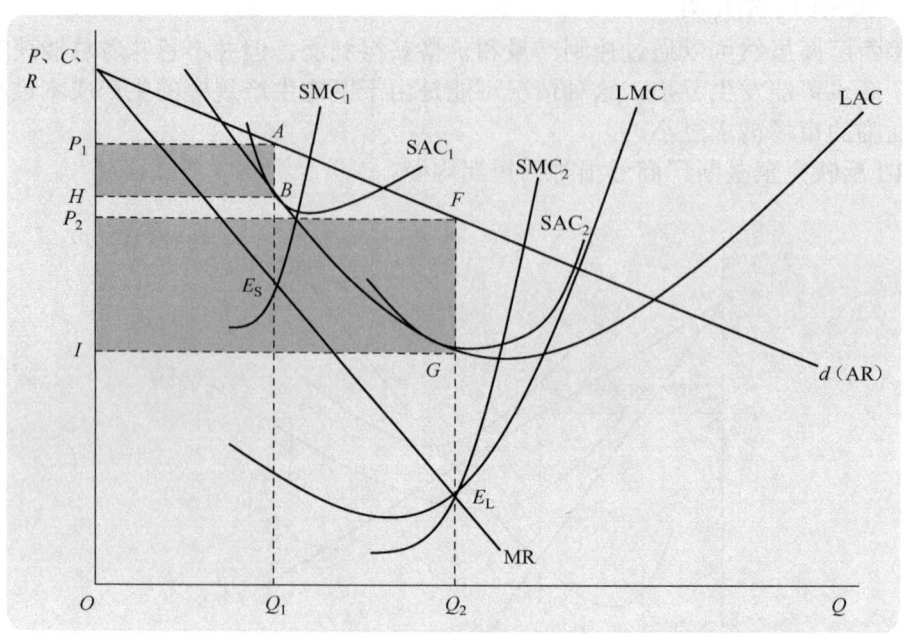

图 5-16 完全垄断厂商的长期均衡

假定开始时垄断厂商是在由 SAC_1 曲线和 SMC_1 曲线所代表的生产规模上进行生产。在短期内,垄断厂商只能按照 MR=SMC 的原则,在现有的生产规模上将均衡产量和均衡价格分别调整到 Q_1 和 P_1。在短期均衡点 E_S 上,垄断厂商获得的利润为图中较小的阴影部分面积 HP_1AB。

在长期中,垄断厂商通过对生产规模的调整,能进一步增大利润。按照 MR=LMC 的长期均衡原则,垄断厂商的长期均衡点为 E_L,长期均衡产量和均衡价格分别为 Q_2 和 P_2,垄断厂商所选择的相应的最优生产规模由 SAC_2 曲线和 SMC_2 曲线所代表。此时,垄断厂商获得了比短期更大的利润,其利润相当于图中较大的阴影部分面积 IP_2FG。

由此可见,垄断厂商之所以能在长期内获得更大的利润,其原因在于长期内企业的生产规模可以调整和市场对新加入厂商是完全关闭的。

如图 5-16 所示,在垄断厂商的 MR=LMC 长期均衡产量上,代表最优生产规模的 SAC 曲线和 LAC 曲线相切于 G,相应的 SMC 曲线、LMC 曲线和 MR 曲线相交于 E_L 点。所以,垄断厂商的长期均衡条件为

$$MR=LMC$$

垄断厂商在长期均衡点上一般可获得利润。

四、完全垄断厂商的定价策略

在以上的分析中,完全垄断厂商对卖给不同消费者的同样产品确定了相同的价格,即卖出的每一单位产品价格都是相同的,这种定价策略称为单一定价。

在完全垄断市场上,完全垄断厂商实现利润最大化的关键是确定一个合理的价格。由

于垄断企业控制了一个市场的全部供给，所以可以通过改变产量来决定价格，既可以减少产量定高价，也可以增加产量定低价。但垄断者在定价时必须考虑市场需求，因为需求也是决定价格的重要因素之一。垄断者可以定高价，但消费者可以拒绝购买，这样也就无法实现利润最大化。在市场上，消费者用自己的货币选票影响价格的决定。在实行单一定价时，垄断企业可以采用高价少销，也可以采用低价多销。采用哪一种定价取决于利润最大化目标，并受需求与供给的双方制约。

（1）高价少销。一般来说，当某种产品需求缺乏弹性时，垄断企业采用高价少销是有利的。这时尽管销售量少，但价格高，可以通过实现高利润率实现利润最大化。因为需求缺乏弹性，价格上升的幅度大而需求量减少的幅度小，高价不会减少多少需求量从而总收益增加，利润增加。

（2）低价多销。当某种产品需求富有弹性时，垄断企业采用低价多销是有利的。这时可以实现薄利多销。例如，某些保健品在有专利权时是垄断的，消费者的潜在需求大，但这类产品有其他替代品，需求富有弹性。如果降价则可以大大增加销售量，实现薄利多销。

（3）歧视定价。歧视定价是指厂商针对同样的产品向不同的消费者收取不同的价格，一般来说对需求富有弹性的消费者收取低价，而对需求缺乏弹性的消费者收取高价。例如：如果电力部门（自然垄断者）向所有用户收取相同的价格就是单一定价；如果电力部门向工业用户收取高价，向居民收取低价，同样的一度电就有两种不同的价格，这就是歧视定价。

歧视定价可以实现更多的利润，需求富有弹性的消费者在低价时会增加需求量，总收益增加，需求缺乏弹性的消费者在高价时不会减少需求量，总收益也增加。例如，工业用户对电的需求缺乏弹性，价格高也无法减少用电量，但是居民用户对电的需求弹性相对较高，价格低可以增加用电量，如此来实现利润最大化。

一般根据价格差别的程度可以把歧视定价分为三种类型：

1）一级歧视定价，也称完全歧视定价，是指垄断厂商在卖出产品时，对每一个产品都以不同的价格卖出，而且每一份产品均以消费者愿意接受的最高价出售。如一些律师、会计师可能根据当事人的经济状况来收取劳务费。

2）二级歧视定价，是指垄断厂商将产品按照消费者的购买量分成两个或两个以上的组别，然后再按组分别收取不同的价格。这种现象在现实经济活动中普遍存在。例如，一些专卖店经常是根据消费者消费金额的多少来给予消费者相应不同的折扣。

3）三级歧视定价，是指垄断厂商对同一种产品在不同的市场上（或者对不同的消费群）收取高低不同的价格。例如，相同的产品，国内市场与国外市场的售价是不同的，城市与乡村的售价也不相同。

> **案例讨论**　　　　　　　　肯德基连锁店的折扣券
>
> 　　肯德基连锁店一直采取向消费者发放折扣券的促销策略。他们对来肯德基就餐的顾客发放肯德基产品的宣传品，并在宣传品上印制折扣券以满足不同消费者的需求。
> 　　**讨论**：为什么肯德基不直接将产品的价格降低？

第四节 垄断竞争市场

一、垄断竞争市场的定义及其特征

垄断竞争市场是指一个市场中有许多个厂商生产和销售同种产品，但是这些产品是有差别的。这个市场既存在垄断又存在竞争。

垄断竞争市场具有如下特征：

（1）同一行业存在着较多数目的厂商，彼此之间存在着较为激烈的竞争。由于每个厂商都认为自己的产量在整个市场中只占有一个很小的比例，因而厂商改变产量和价格，不会招致其竞争对手们的报复或制裁，也就是说，每个厂商可以彼此独立行动，互不依存。

（2）厂商所生产的产品是有差别的，或称"异质产品"。产品差别是指同一产品在价格、外观、性能、质量、构造、颜色、包装、形象、品牌、服务及商标广告等方面的差别以及以消费者想象为基础的虚幻的差别。由于存在着这些差别，产品成了带有自身特点的"唯一"产品了，消费者有了选择的必然，也使得厂商对自己独特产品的生产销售量和价格具有控制力，即具有了一定的垄断能力，而垄断能力的大小则取决于它的产品区别于其他厂商的程度，产品差别程度越大，垄断程度越高。

（3）厂商进入或退出该行业都比较容易，资源流动性较强。一般来说，垄断竞争厂商的规模不是太大，资本投入不是太多，加上没有特殊的行业限定，所以进入或退出行业一般比较容易。

完全竞争厂商和完全垄断厂商只是两种极端情况，普遍存在的是垄断竞争厂商，它是最广泛存在的一种结构，如肥皂、洗发水、毛巾、服装、布匹等日用品市场；餐馆、旅馆、商店等服务业务市场；牛奶、火腿等食品类市场；书籍、药品等市场大都属于此类。

二、垄断竞争厂商的需求曲线和收益曲线

（一）需求曲线

由于垄断竞争厂商生产的是有差别的产品，因而对该产品都具有一定的垄断能力，和完全竞争厂商只是被动地接受市场的价格不同，垄断竞争厂商对价格有一定的影响力。例如，厂商如果将它的产品的价格提高一定的数额，习惯于消费该物品的消费者可能不会放弃该物品的消费，该物品的需求不会大幅度下降。但若厂商大幅度提价的话，由于存在着大量的替代品，消费者就可能转而购买该产品的替代品。因此，垄断竞争厂商所面临的需求曲线相对于完全竞争厂商而言要更陡峭一些（即更缺乏弹性），而相对垄断厂商来讲需求曲线要更平缓，即更富有弹性。

由于在垄断竞争行业中厂商生产的产品都是有差别的替代品，因而市场对某一厂商产品的需求不仅取决于该厂商的价格-产量决策，而且取决于其他厂商对该厂商的价格-产量决策是否采取对应的措施。例如，一个厂商采取降价措施，如果其他厂商不降价，则该厂商的需求量可能上升很多，但如果其他厂商也采取相应的降价措施，则该厂商的需求量不会增加很多。这样在分析垄断竞争厂商的需求曲线时，就要分两种情况进行讨论。

1. **需求曲线 d**

需求曲线 d 表示，在垄断竞争市场中的单个厂商改变产品价格但其他厂商的产品价格保持不变时，该厂商的产品价格与销售量之间的关系。因为在市场中有大量的企业存在，单个厂商会认为自己的行动不会引起其他厂商的反应，于是它便认为自己可以像垄断厂商那样独自决定价格。这样，单个厂商在主观上就有一条斜率较小的需求曲线，称为主观需求曲线。

2. **需求曲线 D**

需求曲线 D 表示，在垄断竞争市场中的单个厂商改变产品价格而其他所有厂商也使产品价格发生相同变化时，该厂商的产品价格和销售量之间的关系。现实中，一个垄断竞争厂商降低价格时，其他厂商为了保持自己的市场，势必也跟着降价，该厂商因而会失去一部分顾客，需求量的上升不会如厂商想象的那么多，因而还存在着另一条需求曲线，称为客观需求曲线或比例需求曲线。

在图 5-17 中，垄断竞争厂商的主观需求曲线为 d_1，厂商最初的产量为 Q_1，最初的价格为 P_1，因而均衡需求位于主观需求曲线上的 A 点。当该厂商将产品的价格由 P_1 下调至 P_2 后，按照其主观需求曲线 d_1，厂商预期其销售量将提高至 Q_2。但是，由于该厂商降价时，其他厂商也将采取同样的措施，以维持自己的市场占有率，因此该厂商的销售量实际只有 Q_3，即介于 Q_1 和 Q_2 之间，此时价格与销售量的交点为 H 点。当厂商意识到这点之后，厂商的主观需求曲线就会做出相应的调整，改为通过 H 点的 d_2。相反，如果厂商将它的价格由 P_1 提高至 P_3，厂商按照主观需求曲线 d_1 会预期自己的需求量将降低至 Q_4，但由于其他厂商也同样采取提价措施，该厂商需求量的下降并不像预期的那么多，实际的需求量为 Q_5，此时价格与销售量的交点为 C 点，厂商的主观需求曲线也将随之调整至通过 C 点的 d_3。根据客观需求曲线的定义，连接 C、A、H 三点的曲线 D 就是客观需求曲线。

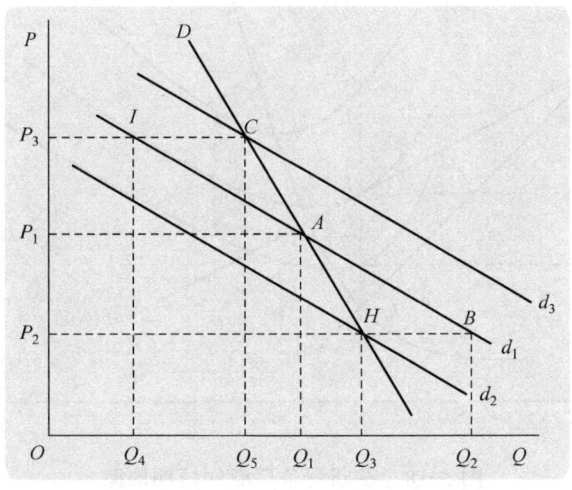

图 5-17 垄断竞争厂商的需求曲线

3. **需求曲线 d 与需求曲线 D 的关系**

当所有厂商同样调整价格时，整个市场价格的变化会使单个垄断竞争厂商需求曲线 d

沿着需求曲线 D 上下移动。需求曲线 d 表示单个厂商改变价格时预期的产量，而需求曲线 D 表示单个厂商在每一价格水平实际面临的市场需求量或销售量，所以需求曲线 d 与需求曲线 D 相交，意味着垄断竞争市场的供求平衡状态。

客观需求曲线 D 更缺乏弹性，所以更陡峭一些，主观需求曲线 d 弹性较大，较平坦一些。

（二）收益曲线

由于厂商的平均收益（AR）总是等于该销售量的价格（P），因此平均收益曲线就是厂商的需求曲线。需求曲线向右下方倾斜，则平均收益曲线也是向右下方倾斜的，且两线重合。平均收益递减，则边际收益必定也是递减的，并且小于平均收益。所以与垄断厂商类似，垄断竞争厂商的边际收益（MR）曲线也是位于平均收益（AR）曲线之下且较 AR 曲线更为陡峭。

三、垄断竞争厂商的均衡

（一）垄断竞争厂商的短期均衡

在短期内，垄断竞争厂商是在现有的生产规模下按 MR=SMC 的原则，通过对产量和价格的同时调整来实现利润最大化的。和完全竞争厂商、完全垄断厂商一样，在短期中，只要平均收益能弥补平均可变成本，厂商就不会停止生产。因此，垄断竞争厂商的短期均衡也有三种可能，即具有超额利润、仅获得正常利润、存在亏损。这些情况的出现，与垄断竞争厂商面临的市场行情、价格状况及其自身的平均成本是密切相关的，如图 5-18 所示。

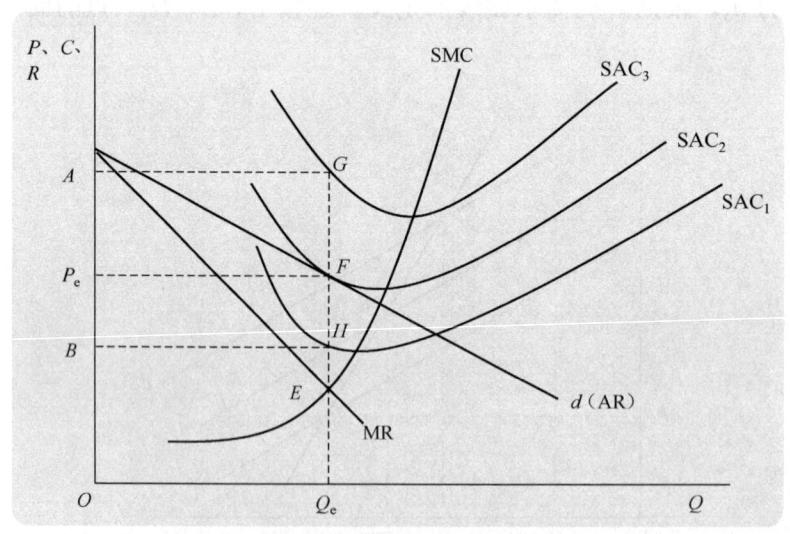

图 5-18 垄断竞争厂商的短期均衡

从图 5-18 中可以看出，垄断竞争厂商短期均衡和完全垄断厂商短期均衡相同，均衡的条件是 MR=MC。均衡点为 E，决定的产量为 Q_e、价格为 P_e。这时垄断竞争厂商利润状况取决于其平均收益和平均成本。第一种情况，如果厂商的平均成本曲线是

SAC_1，那么每单位产品的平均收益 Q_eF 大于其平均成本 Q_eH，厂商具有超额利润，其总利润为矩形 P_eFHB。第二种情况，如果厂商的平均成本曲线是 SAC_2，那么厂商在均衡状态下，平均收益等于平均成本，既没有超额利润，也没有亏损，厂商获得了正常利润或者说是平均利润。第三种情况，如果厂商的成本很高，其平均成本曲线是 SAC_3，每单位产品的平均成本 Q_eG 大于平均收益 Q_eF，厂商存在亏损，矩形 $AGFP_e$ 就是垄断竞争厂商的亏损部分。

综上所述，垄断竞争厂商的短期均衡条件为

$$MR = SMC$$

（二）垄断竞争厂商的长期均衡

当垄断竞争厂商在短期内获得超额利润时，除了原来的厂商会扩大生产规模以外，新厂商也会进入该行业。竞争的结果是价格下降。价格从短期内大于平均成本下降到在长期内等于平均成本。同样地，在长期内，如果垄断竞争厂商存在亏损，该厂商就会调整产量降低产出，甚至会停业，那么行业的厂商数目会不断减少，使得行业的厂商平均价格不断上升，直到价格达到平均成本的水平。这样，长期内既不存在超额利润，也不存在亏损，只存在正常利润。就此而论，垄断竞争的长期均衡和完全竞争的长期均衡相似。不同的是，垄断竞争的平均收益曲线和边际收益曲线向右下方倾斜，而且边际收益曲线位于平均收益曲线的下方，如图 5-19 所示。

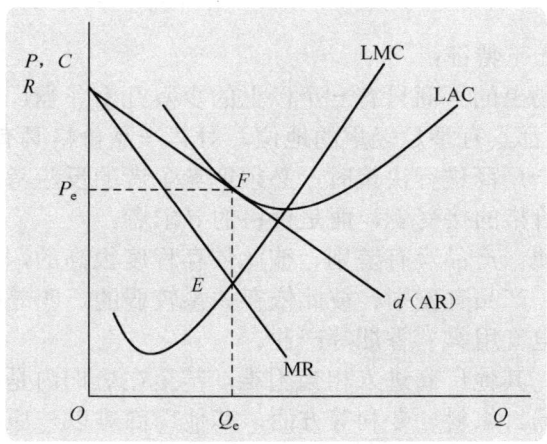

图 5-19　垄断竞争厂商的长期均衡

图 5-19 中 MR 和 LMC 的交点决定的产量为 Q_e。这一产量在需求曲线上的对应点是需求曲线 d 确定的价格 P_e，这和垄断竞争的短期均衡相同。区别在于，在垄断竞争的长期均衡中，需求曲线 d 必须同长期平均成本曲线 LAC 相切。

因此，垄断竞争的长期均衡条件为

$$MR = LMC$$
$$AR = LAC$$

其中，$MR=AR=P$。在长期中，垄断竞争厂商的利润为零。

案例讨论 　　　　　　　**经济学教科书的特色化经营**

　　在国外的教科书市场上,经济学教科书可谓品种繁多。然而,在美国哈佛大学教授曼昆于1998年推出《经济学原理》之后,该书在美国初次印刷发行即达20万册,1999年该书中文版问世后不到半年也销售了8万册。

　　（资料来源：刘华,李克国. 经济学案例教程[M]. 大连：大连理工大学出版社,2007.）

　　讨论：在激烈竞争的经济学教科书市场上,曼昆的《经济学原理》为什么能一枝独秀？

第五节　寡头垄断市场

一、寡头垄断市场的定义及其特征

　　寡头垄断市场是介于垄断竞争与完全垄断之间的一种混合市场,是指少数几个企业控制整个市场生产和销售的市场结构,这几个企业被称为寡头企业。西方国家中不少行业都表现出寡头垄断的特点,如美国的汽车业、电气设备业等,都被几家企业所控制。

　　一般来说,寡头垄断市场形成的原因中,最主要的是规模经济的存在,这一行业产品的生产经营是建立在规模经济基础上的,产品生产的技术不容易被一般中小型厂商所掌握和模仿。其次是寡头厂商所采取的种种排他性措施,如知识产权、专利权、专营权、商业秘密等。

　　寡头垄断市场具有如下特征：

　　（1）厂商极少。市场上的厂商只有一个以上的少数几个（当厂商为两个时,叫双头垄断）,每个厂商在市场中都具有举足轻重的地位,对其产品价格具有相当的影响力。

　　（2）相互依存。任一厂商进行决策时,必须把竞争者的反应考虑在内,因而它既不是价格的制定者,更不是价格的接受者,而是价格的寻求者。

　　（3）产品同质或异质。产品没有差别、彼此依存程度很高的,叫纯粹寡头,存在于钢铁、尼龙、水泥等产业；产品有差别、彼此依存关系较弱的,叫差别寡头,存在于汽车、重型机械、石油产品、电气用具、香烟等产业。

　　（4）进出行业不易。其他厂商进入相当困难,甚至在短期内是不可能的。因为不仅在规模、资金、信誉、市场、原料、专利等方面,其他厂商难以与原有厂商匹敌,而且由于原有厂商相互依存,休戚相关,其他厂商不仅难以进入,也难以退出。

　　寡头垄断是现代社会大规模生产的客观需要,寡头垄断组织具有综合优势。在资金筹集方面,由于有强大的经济实力,破产风险相对较小,因而它能得到利息较低、数额较大的贷款,节约资金成本,使资金有保证。在生产方面,由于生产规模巨大,在大多数情况下都能获得规模效益,使单位产品成本大大降低。在收集市场信息、进行广告宣传和运用销售渠道等方面,比其他企业有更多的优势。在企业内部管理方面,可通过实行统一指挥、分工负责的内部管理体制,节约管理成本,提高管理效率,还可以节约交易费用。在技术进步和创新方面,由于有强大的财力支持,可以投入大量研究和开发费用,因而更有可能不断推出新产品。

　　当然,高效率只是寡头垄断企业自身天然优势带来的一种可能性,寡头厂商之间的相互依存性对寡头市场的均衡有至关重要的影响,要建立一个理想的模型解释寡头的行为是不可能的,而且仅用传统的均衡分析和边际分析方法,也很难对产量与价格问题得出像前三种市场结构那么确切而肯定的答案。

二、寡头垄断厂商的均衡

(一)寡头垄断市场上产量的决定

在寡头垄断市场上,寡头厂商产量的决定有两种可能:一种是相互之间存在勾结,另一种是不存在勾结。

在各寡头相互勾结时,产量由各寡头之间协商确定,而协商确定的结果对谁有利,则取决于各寡头实力的大小。这种勾结产生的协商可能是对产量的限制,或者是规定各寡头的市场范围,即对销售市场进行瓜分。寡头厂商的产量决策首先要考虑竞争对手的反应,这就使厂商的决策存在困难,很难从寡头垄断理论分析中做出一个确定的解释。为了推测其他寡头的产量和价格,就要有假设条件。经济学家曾做出了许多不同的假设,建立了很多寡头模型来分析产量问题,并得到了不同的答案,如古诺解、斯威齐解、张伯伦解等。

法国经济学家奥古斯丹·古诺在 1838 年出版的《财富理论的数学原理研究》一书中,最早提出对"双头垄断"市场上产量决定的古诺解,又称古诺模型。

古诺模型假设寡头市场只有两个卖矿泉水的厂商,产品同质;每个厂商的产量都是独立变量,其产量的总和影响市场价格;每个厂商都认为,自己变动产量时对手不会用变动产量的方式做出反应;两家厂商的成本均为零,并且面临着共同的线性市场需求曲线;两个寡头都不是通过调整价格而是通过调整产量来使利润最大化;两个厂商都独立行动,它们之间不存在任何形式的勾结。如图 5-20 所示,DB 为两家寡头所面临的需求曲线。当不考虑生产成本时,总产量为 B,价格为零。

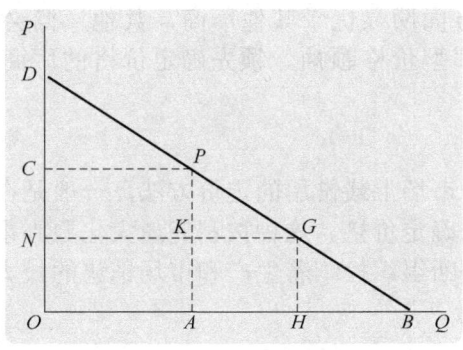

图 5-20 古诺模型

当市场中只有 A 寡头,那么 A 寡头为获得利润最大化,以市场供给量一半的产量进行销售,即把产量定为 A,那么价格为 C,此时获得的利润最大,即 $CPAO$ 的面积最大($CPAO$ 为直角三角形 DBO 的最大内接四边形)。

当 B 寡头进入市场,假设 A 寡头的产量不变,那么 B 寡头面临的剩余市场需求量只有原来的一半,B 寡头也追求利润最大化,肯定也以剩余市场容量的一半即 AH 来提供产量。由于市场总供给量增加到 H,那么市场价格从原来的 C 下降到 N,这时 A 寡头收益明显减少到 NKAO。

A 寡头收益减少后，肯定要调整产量来提高效益，A 寡头假定 B 寡头的销售量为 AH，那么它面临的是剩下的市场容量 OA+HB，即总市场容量的 3/4，A 寡头在第二轮生产中以剩余市场容量的一半供给销售量，即 3/8 市场容量，来实现利润最大化。

B 寡头也采取行动，他认为 A 寡头的销售量不会变动，自己拥有的市场容量增大，占市场全部容量的 5/8，并按这一容量的半数提供产量。5/8 的半数是 5/16，比原来产量增加 1/16。B 寡头的产量有所增加，价格有所下降。

这样，在随后的行动中，A 寡头的产量逐渐减少，B 寡头的产量逐渐增大，直到最后两家厂商的产量各占市场容量的 1/3 为止。这时，他们的总销售量降为市场总容量 OB 的 2/3，每个厂商各占市场总容量 OB 的 1/3。

由此可以推出，当市场有 n 个寡头时

$$每个寡头垄断厂商的均衡产量 = \frac{1}{n+1} \times 市场总容量$$

$$行业的均衡产量 = \frac{n}{n+1} \times 市场总容量$$

（二）寡头垄断市场上的价格决定

寡头垄断市场上的价格决定也要区分是否存在勾结的情况。在不存在勾结的情况下，价格决定的方法有价格领先制和成本加成法；在存在勾结的情况下，则是卡特尔模型。

1．价格领先制

价格领先制是指一个行业的价格通常由某一寡头率先制定，其余寡头追随其后确定各自价格。自然形成的价格领袖一般有三种情况：①支配型价格领袖。领先确定价格的厂商是本行业中最大的、具有支配地位的厂商。②晴雨表型价格领袖。这种厂商在掌握市场行情变化或其他信息方面明显优于其他厂商，其他厂商会参照这家厂商的价格变动而变动自己的价格。③效率型价格领袖。领先确定价格的厂商是本行业中成本最低，从而效率最高的厂商。

2．成本加成法

成本加成法是寡头垄断市场上最常用的定价方法，一般是在核定成本的基础上，加上一个百分比或预期利润额来确定价格。这种按利润最大化原则事先确定利润目标的定价方法能为市场接受，是因为垄断组织控制着生产和市场销售的最大份额。

3．卡特尔模型

卡特尔是生产同类产品的厂商在划分销售市场、规定产品产量、确定产品价格等方面签订协定而成立的同盟。通过建立卡特尔，几家寡头企业协调行动，共同确定价格，使整个行业的利润达到最大。但由于卡特尔各成员之间的矛盾，有时达成协议也很难兑现，或引起卡特尔解体。在不存在公开勾结的卡特尔的情况下，各寡头还能通过暗中串通来确定价格。

三、寡头厂商之间的博弈

在寡头市场上，厂商之间的行为是相互影响的，每一个厂商都需要首先推测或了解其他厂商对自己所要采取的某一个行动的反应，然后在考虑到其他厂商相应反应的前提

下，再采取最有利于自己的行动。厂商之间行为的互相影响和相互作用的关系，称为厂商博弈。

博弈论也称对策论，是描述和研究行为者之间策略相互依存和相互作用的一种决策理论。在此，我们以两头"智猪"分别代表两个寡头厂商，借助"智猪博弈"模型来分析一些寡头之间的博弈行为。

"智猪博弈"是一个著名的纳什均衡的例子。假设猪圈里有一头大猪、一头小猪。猪圈的一边有猪食槽，另一边安装着控制猪食供应的按钮，按一下按钮会有 10 个单位的猪食进槽，但是谁按按钮就会首先付出 2 个单位的成本，若大猪先到槽边，大小猪吃到食物的收益比是 9:1；同时到槽边，收益比是 7:3；小猪先到槽边，收益比是 6:4。那么，在两头猪都有智慧的前提下，最终结果是小猪选择等待。

小猪选择等待的原因很简单：在大猪选择行动返回食槽之前，小猪可得到 4 个单位的纯收益，大猪到达之后只能得到剩下的 6 个单位，实得 4 个单位；而大猪和小猪同时行动的话，则它们同时到达食槽，分别得到 5 个单位和 1 个单位的纯收益；在大猪选择等待的前提下，小猪如果行动的话，小猪在返回到达食槽之前，大猪已吃了 9 个单位，小猪只能吃到剩下的 1 个单位，则小猪的收入将不抵成本，纯收益为-1 单位，如果大猪也选择等待的话，那么小猪的收益为零，成本也为零，总之，等待还是要优于行动。

用博弈论中的报酬矩阵可以更清晰地刻画出小猪的选择，见表 5-3。

表 5-3　智猪博弈的报酬矩阵

大猪 \ 小猪	行　动	等　待
行动	5, 1	4, 4
等待	9, -1	0, 0

从矩阵中可以看出，无论大猪是选择行动还是等待，小猪的选择都将是等待，即等待是小猪的占优策略。

案例讨论　　　　　　　　　　　石油输出国组织

OPEC（Organization of the Petroleum Exporting Countries，石油输出国组织，简称"欧佩克"）是亚、非、拉石油生产国为协调成员国石油政策、反对西方石油垄断资本的剥削和控制而建立的国际组织，于 1960 年 9 月成立。其宗旨是协调和统一成员国的石油政策，维护各自和共同的利益。2018 年 12 月 3 日，卡塔尔宣布将于 2019 年 1 月退出石油输出国组织欧佩克，剩下 14 个成员国，分别是：沙特阿拉伯、伊拉克、伊朗、科威特、阿拉伯联合酋长国、利比亚、赤道几内亚、尼日利亚、阿尔及利亚、安哥拉、厄瓜多尔、委内瑞拉、加蓬、刚果。

讨论：世界各石油生产国要想追求各自利益最大化，在价格的制定上应该相互勾结吗？

四、不同市场类型经济效率的比较

经济效率是指利用经济资源的有效性，高的经济效率表示对资源的充分利用或能以最有效的生产方式进行生产，低的经济效率表示对资源的利用不充分或没有以最有效的方式进行生产。不同市场结构下的经济效率是不同的,市场结构的类型直接影响经济效率的高低。

西方经济学家通过对不同市场条件下厂商的长期均衡状态的分析得出结论:完全竞争市场的经济效率最高,垄断竞争市场较高,寡头市场较低,垄断市场最低。可见,市场的竞争程度越高,则经济效率越高;反之,市场的垄断程度越高,则经济效率越低。

● **主要内容网络图**

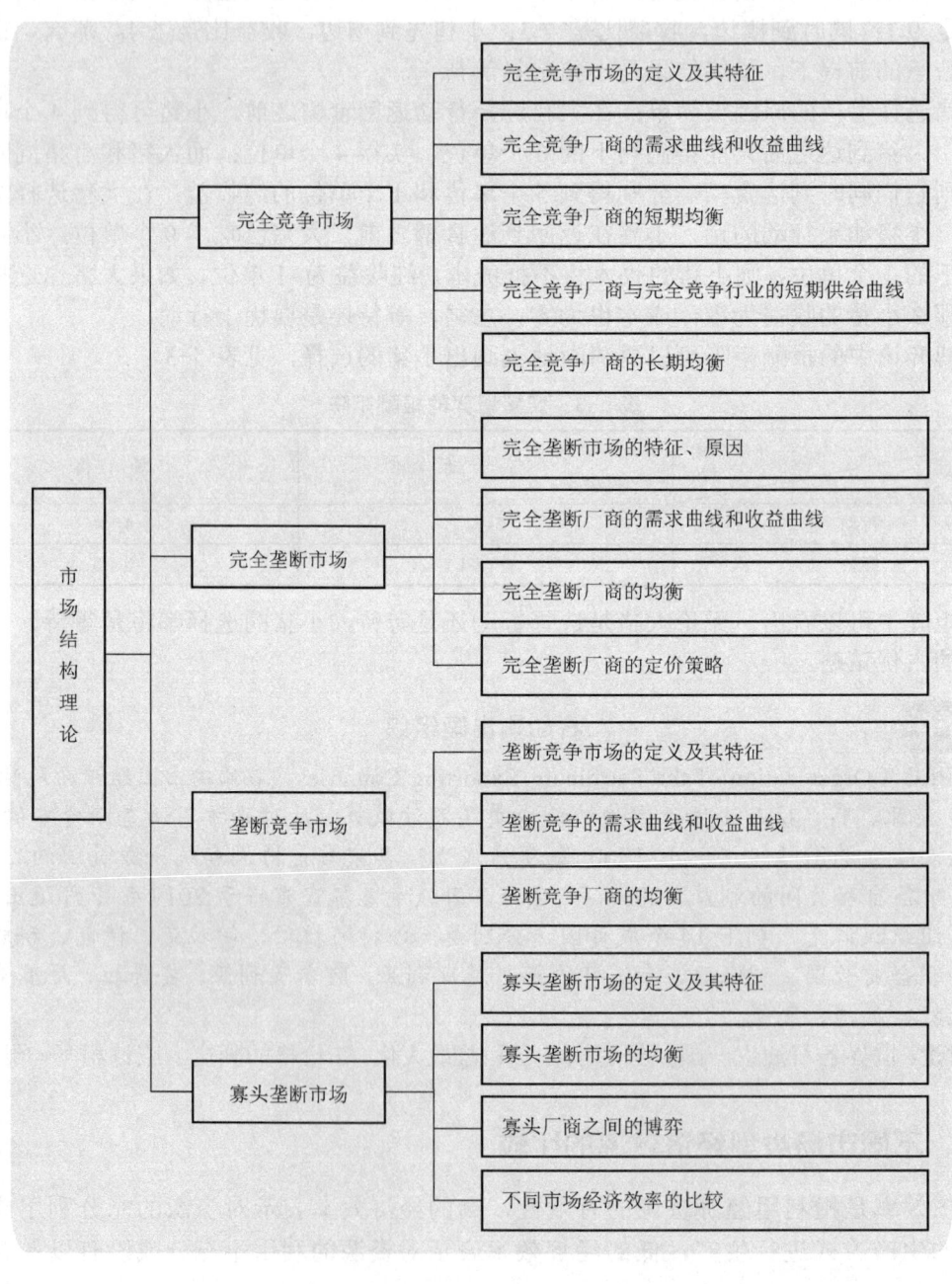

关键名词

完全竞争市场　　　完全垄断市场　　　垄断竞争市场　　　寡头垄断市场
歧视定价　　　　　成本加成法　　　　卡特尔

复习与练习

一、单项选择题

1. 根据完全竞争市场的条件，下列哪个行业最接近完全竞争行业（　　）。
   A．自行车行业　　　　　　　　B．玉米行业
   C．糖果行业　　　　　　　　　D．服装行业
2. 在 MR=MC 的均衡产量上，厂商（　　）。
   A．得到最大利润　　　　　　　B．亏损
   C．亏损最小　　　　　　　　　D．若获利润则利润最大，若亏损则亏损最小
3. P=AR=MR 的市场结构是（　　）。
   A．完全竞争市场　　　　　　　B．完全垄断市场
   C．垄断竞争市场　　　　　　　D．寡头垄断市场
4. 当一个完全竞争市场实现长期均衡时，其中的每个厂商（　　）。
   A．会计利润为零　　　　　　　B．超额利润为零
   C．正常利润为零　　　　　　　D．机会成本为零
5. 在短期，完全垄断厂商（　　）。
   A．无盈亏　　　　　　　　　　B．取得最大利润
   C．发生亏损　　　　　　　　　D．以上任何一种情况都可能发生
6. 在完全竞争市场中，短期中厂商的盈亏平衡点是（　　）。
   A．AR=MR　　　　　　　　　　B．MR=MC
   C．MC=MR=AC=AR　　　　　　 D．MC=MR=SAVC=AR
7. 在完全竞争市场中，短期中厂商的停止营业点是（　　）。
   A．AR=MR　　　　　　　　　　B．MR=MC
   C．MC=MR=AC=AR　　　　　　 D．MC=MR=SAVC=AR
8. 以下不是垄断竞争市场的特征的是（　　）。
   A．厂商以利润最大化为目标
   B．厂商面临着向右下方倾斜的需求曲线
   C．其他厂商进入行业极为困难或不可能
   D．厂商生产的产品有差别
9. 进行定价时必须考虑其他厂商的决策的市场结构是（　　）。
   A．完全竞争市场　　　　　　　B．完全垄断市场
   C．垄断竞争市场　　　　　　　D．寡头垄断市场

10. 在垄断竞争市场长期均衡时，超额利润会趋于零，这是由于（　　）。
    A．新厂商进入该行业容易　　　　　　B．产品存在差异
    C．成本最小化　　　　　　　　　　　D．收益最大化
11. 寡头垄断市场的特征是（　　）。
    A．厂商数目很多，每个厂商都必须考虑其竞争对手的行为
    B．厂商数目很多，每个厂商的行为不受其竞争对手行为的影响
    C．厂商数目很少，每个厂商都必须考虑其竞争对手的行为
    D．厂商数目很少，每个厂商的行为不受其竞争对手行为的影响
12. 无论市场结构如何，厂商获得利润最大化的基本原则是（　　）。
    A．边际收益等于边际成本　　　　　　B．边际收益大于边际成本
    C．平均边际收益等于平均成本　　　　D．平均边际收益大于平均成本

二、判断题

1. 在完全竞争市场上，厂商可以通过提高价格实现增盈或减亏。（　　）
2. 在完全竞争市场上，长期中厂商的经济利润等于零。（　　）
3. 寡头垄断厂商之间的产品都是有差别的。（　　）
4. 完全竞争市场和完全垄断市场的区别在于企业数量的多少。（　　）
5. 完全垄断是不合理的。（　　）
6. 如果企业没有经济利润，就不应该生产。（　　）
7. 寡头垄断厂商长期的经济利益等于零。（　　）
8. 寡头之间不存在竞争。（　　）
9. 市场结构划分的主要标准是盈利水平。（　　）
10. 市场的竞争程度越高，则市场的经济效率越高；市场的垄断程度越高，则经济效率越低。（　　）

三、做图题

1. 做图说明完全竞争市场的短期均衡。
2. 做图说明完全竞争市场短期中的盈亏平衡点。
3. 做图说明完全竞争市场短期中的停止营业点。

四、问答题

1. 什么叫完全竞争市场中的盈亏平衡点和停止营业点？
2. 完全竞争市场的均衡条件是什么？
3. 四种不同市场类型各自的含义和特点是什么？
4. 完全垄断厂商的定价策略有哪些？
5. 请比较不同市场类型的经济效率的差异。

实践与实训

1. 在市场调研的基础上，分析说明为什么彩电行业必然会发生价格战？从长远看，这种价格战对社会有利还是不利？政府是否应该限制价格战？为什么？
2. 根据本章所学内容，调查所在地区某行业的市场结构。

人物介绍

爱德华·哈斯丁·张伯伦

爱德华·哈斯丁·张伯伦（E. H. Chamberlin, 1899—1967），美国著名经济学家，出生在美国华盛顿，1920年毕业于美国艾奥瓦大学，而后进入美国密歇根大学任讲师，1922年获该大学硕士学位，1924年又获哈佛大学硕士学位，1927年获哈佛大学博士学位。1929年起任哈佛大学副教授，1934年以后一直任哈佛大学教授。其主要著作有：《双头垄断：卖方很少时的价值》《垄断竞争理论》《垄断竞争的再考察》《论"寡头垄断"的起源》《走向更一般的价值理论》《垄断竞争理论的起源和早期发展》等。

20世纪30年代中期，美国哈佛大学的张伯伦和英国剑桥的罗宾逊夫人分别出版了《垄断竞争理论》和《不完全竞争经济学》，正式宣告"斯密传统"的彻底结束。从此，西方经济学摈弃了长期以来以马歇尔为代表的新古典经济学关于把"完全竞争"作为普遍的而把垄断看作个别例外情况的传统假定，认为完全竞争与完全垄断是两种极端情况，提出了一套在经济学教科书中沿用至今的用以说明处在两种极端之间的"垄断竞争"的市场模式，并在其成因比较、均衡条件、福利效应等方面运用边际分析的方法完成了微观经济的革命，将市场结构分成了更加符合资本主义进入垄断阶段实际情况的四种类型。

20世纪中期宏观经济学之所以能够得到长足的发展，其天然逻辑的发展起点就是对垄断的分析，从这个起点出发，恰恰使得西方经济学比较正确地描述和表达了百年经济历史的本质和现状。

第六章 生产要素与收入分配理论

学习目标

知识目标
1. 理解生产要素需求与供给的原则。
2. 掌握工资、利息、地租、利润理论。
3. 掌握洛伦兹曲线和基尼系数。
4. 理解帕累托最优的实现条件。

技能目标
1. 能够运用工资、利息、地租、利润理论解释收入差距的原因。
2. 能够运用平等和效率的关系分析我国现行的收入分配政策。

重点难点
1. 生产要素的效用最大化原则。
2. 劳动和土地的供给曲线。
3. 基尼系数和帕累托标准。

案例导入

广汉西高稻田惊现"八卦图"

你想象中的稻田是什么样的？一片绿油油，还是满眼金灿灿？在广汉西高镇李堰村，稻田呈现出"八卦图"形状，吸引了不少目光，也刷新了网友对稻田景象的认识。当地村民在田里施展"绣花"功夫，用彩色水稻在田间绘出一幅精美的八卦图案，为大地增添不少色彩。

在西高镇李堰村的观景栈道边，成片的绿色秧苗中，一根根紫色秧苗点缀其中，勾勒出精美的线条，形成了一副"八卦图"，这正是广汉新引入的彩色水稻。彩色水稻的主要用途是做稻田艺术，种植彩色水稻就像绣十字绣一样，需要对图案进行事先的规划和设计，在稻田里面做好标记，再按部就班地一点一点地插上不同颜色的秧苗，"八卦图"就是通过紫色水稻和青色水稻组合而成的，在青山绿水间显得格外醒目，成为李堰村乡村旅游的特色景点。

随着水稻逐渐生长，田间的图案会越来越清晰，当水稻进入拔节至抽穗时段，也是艺术田的最佳观摩时期。据工作人员介绍，7、8月将迎来水稻最佳观赏时间，市民可前往一睹风采。

(资料来源：https://baijiahao.baidu.com/s?id=1603867568588677445&wfr=spider&for=pc)

土地是一种生产要素，如何看待土地的收益？

第一节　生产要素的需求与供给

一、生产要素的需求

西方经济学中的分配理论是解决为谁生产的问题，即生产出来的产品如何在那些对生产做出贡献的各部分生产要素所有者中进行分配。也就是说，社会各部分生产要素所有者，在生产中做出了贡献，并根据贡献的大小而获得收入，这种收入的分配决定于该生产要素的价格。在其他条件不变时，生产要素价格越高，生产要素所有者的收入就越高，因此收入分配问题就是生产要素的价格决定问题。

生产要素市场和产品市场是有区别的：在产品市场上，厂商是产品的供给方，负责向市场提供各种产品供消费者选购；消费者是产品的需求方，购买产品以获得效用。在生产要素市场上，消费者是生产要素的所有者，向市场提供各种生产要素，是生产要素的供给方；厂商购买各种生产要素组织生产并通过销售产品以获得收益，是生产要素的需求方。

（一）生产要素需求的特点

一方面，生产要素的需求是一种派生需求，也称引致需求。这就是说，厂商对生产要素的需求是人们对生产要素所产出的产品的需求派生出来的。厂商对生产要素的需求不同于一般消费者对消费品的需求。消费者对消费品的需求是一种直接需求，也就是为了直接满足自己的欲望，厂商购买生产要素是为了用生产要素来生产产品以满足市场需求。所以，同消费者对产品的需求取决于产品的效用和边际效用不同，厂商对生产要素的需求取决于生产要素所具有的生产出产品的能力。

另一方面，生产要素的需求是一种联合需求或相互依存的需求。任何生产行为所需要的都不是一种生产要素，而是多种生产要素，这样各种生产要素之间就是互补的。如果只增加一种生产要素而不增加另一种，就会出现边际收益递减现象。而且，在一定的范围内，各种生产要素也可以互相替代。生产要素相互之间的这种关系说明它们的需求之间是相关的。生产要素的这种共同性带来的后果就是：对某种生产要素的需求不仅取决于该生产要素自身的价格，也取决于其他生产要素的价格。

（二）影响生产要素需求的因素

（1）市场对产品的需求以及产品的价格。市场对某种产品的需求越大，该产品的价格越高，则生产这种产品所用的各种生产要素的需求也就越大；反之，就越小。

（2）生产技术状况。生产技术水平决定了对某种生产要素需求的大小。如果技术是资本密集型的，则对资本的需求大；如果技术是劳动密集型的，则对劳动的需求大。

（3）生产要素的相对价格。厂商一般用低价格的生产要素替代高价格的生产要素。

二、厂商使用生产要素的原则

厂商使用生产要素的目的是追求利润最大化。为了达到利润最大化，厂商必须让自己使用生产要素的"边际收益"等于"边际成本"。这里的"边际收益"是指每增加一单位生产要素所增加的收益，在经济学中这个"边际收益"被称为边际收益产品，一般用 MRP 表示；这里的"边际成本"是指每增加一单位生产要素所增加的成本费用，一般用 MFC 表示，厂商使用生产要素的原则可表示为

$$MRP=MFC（其中 MRP=MP \times MR）$$

为了更好地理解这个原则，不妨来考察一下 MRP≠MFC 的情况。如果 MRP>MFC，则增加使用一单位生产要素所带来的收益就会大于所引起的成本，于是厂商将决定增加生产要素的使用以提高利润。随着生产要素使用量的增加，生产要素的边际产品下降，最终使得 MRP=MFC；反之，如果 MRP<MFC，则减少使用一单位生产要素所损失的收益就会小于所节省的成本，于是厂商将决定减少生产要素的使用以提高利润。随着生产要素使用量的减少，生产要素的边际产品上升，最终使得 MRP=MFC。总之，只要 MRP≠MFC，厂商都未达到利润最大化，现有生产要素的使用量都不是最优数量，理性的厂商都将改变（增加或减少）生产要素的使用量，直到 MRP=MFC。

三、生产要素的供给

生产要素的供给是由居民户提供的，土地、资本、劳动和企业家才能这些生产要素的所有者都是居民户。居民户向厂商提供生产要素的原因是取得生产要素收入，用这些收入去购买产品，消费后取得效用，如居民户向厂商提供劳动以取得工资，用工资购买产品用以消费。

居民户并不是将所有生产要素都提供给厂商以换取收入，居民户总是将自己拥有的生产要素的一部分提供给厂商作为生产要素供给，以换取收入，而另一部分留给自己使用。例如：劳动者只是将一部分时间和精力用于工作，而为自己留下另一部分时间和精力用于休闲；土地所有者将部分土地出租取得地租，而将部分土地留给自己建房和建花园，供自己享用。

居民户在生产要素供给上遵循的原则是：生产要素供给的边际效用等于生产要素自用的边际效用。当生产要素供给的边际效用大于生产要素自用的边际效用时，居民户可以通过减少生产要素自用的数量转而为生产要素供给，这样就可以增加总效用；当生产要素供给的边际效用小于生产要素自用的边际效用，居民户可以减少生产要素供给的数量转而为生产要素自用，这样就可以增加总效用。

我们知道生产要素市场的供给是由居民户提供的，当生产要素价格提高时，居民户会减少生产要素自用的数量，将其转化为生产要素供给，因为这时增加生产要素的供给会取得比过去更多的收入，这些增加的收入将为居民户带来增加的效用。由此可见，单一居民户的生产要素供给曲线是向右上方倾斜的。

四、生产要素价格的决定

必须指出的是，生产要素市场不可能都是完全竞争的，不完全竞争市场的需求曲线和供给曲线要比完全竞争市场复杂一些。可以预期的是，一般而言，不完全竞争市场上单一厂商的生产要素的需求曲线是向右下方倾斜的，供给曲线是向右上方倾斜的，将市场上所

有厂商的需求曲线叠加起来将得到市场的需求曲线,将所有居民户的供给曲线叠加起来将得到生产要素的市场供给曲线,该生产要素的均衡价格则是由市场的需求曲线和市场的供给曲线的交点决定的。由此可以看出,生产要素的均衡价格决定与之前讲过的产品的均衡价格决定在形式上是一致的。

可以用图 6-1 说明生产要素价格的决定:在图 6-1 中,生产要素的需求曲线 D 与供给曲线 S 相交,决定了生产要素的价格为 P_{FE},数量为 Q_{FE},这与产品价格和数量的决定完全一样。

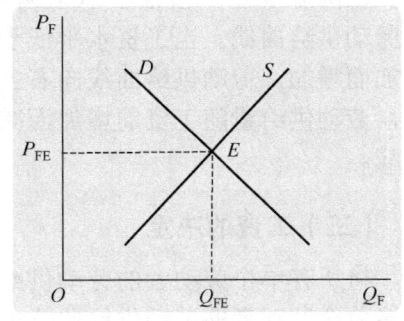

图 6-1　生产要素价格的决定

各种生产要素有不同的需求与供给特征,也有不同的市场结构。因此,各种生产要素的价格与收入的决定亦有不同。

第二节　工资、利息、地租、利润理论

一、工资理论

工资是劳动力所提供劳务的报酬,工资率是单位劳动的价格,劳动价格是在劳动力市场上形成的。同一般产品的价格决定一样,工资率是由劳动的需求与劳动的供给共同决定的。

(一)劳动的需求

从劳动的需求方面说,劳动的价格取决于劳动这一生产要素的边际收益,也就是取决于劳动的边际生产力。随着劳动这一生产要素的雇用量的增加,劳动的边际收益递减,所以劳动的需求曲线是一条向右下方倾斜的曲线,表明劳动需求量与工资呈反方向变动,如图 6-2 所示,横轴 L 代表劳动供给量,纵轴 W 代表工资率(每小时劳动的工资),D 为劳动需求曲线。

(二)劳动的供给

劳动供给取决于工资变动所引起的替代效应和收入效应。随着工资增加,由于替代效应的作用,劳动

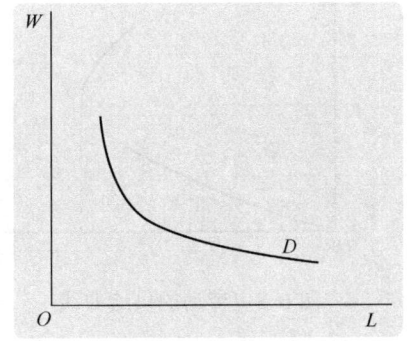

图 6-2　劳动的需求曲线

者用工作代替闲暇,从而劳动供给量增加。同时,随着工资增加,由于收入效应的作用,劳动者需要更多闲暇,从而劳动供给量减少。当替代效应大于收入效应时,劳动供给量随着工资的增加而增加;当收入效应大于替代效应时,劳动供给量随工资的增加而减少。一般规律是,当工资较低时,替代效应大于收入效应;当工资达到某个较高水平时,收入效应大于替代效应。因此,劳动供给曲线是一条向后弯曲的供给曲线,如图 6-3 所示。

在图 6-3 中，横轴 L 代表劳动供给量，纵轴 W 代表工资率（每小时劳动的工资），S 为劳动供给曲线。当工资水平低于 W_0 时，替代效应大于收入效应，劳动供给量随工资的增加而增加，劳动供给曲线向右上方倾斜。当工资水平高于 W_0 时，收入效应大于替代效应，劳动供给量随工资的增加而减少，劳动供给曲线向左上方倾斜。S 是一条向后弯曲的曲线。

（三）工资的决定

将所有单个劳动者的劳动供给曲线水平相加，即得到整个市场的劳动供给曲线，尽管许多单个劳动者的劳动供给曲线可能会向后弯曲，但劳动的市场供给曲线却不一定也是如此。在较高的工资水平上，现有的工人也许提供较少的劳动，但高工资也会吸引新的工人进来，因而总的市场劳动供给一般还是随着工资的上升而增加，从而市场劳动供给曲线仍然是向右上方倾斜的。

由于生产要素的边际生产力递减和产品的边际收益递减，生产要素的市场需求曲线通常总是向右下方倾斜。劳动的市场需求曲线也不例外。将向右下方倾斜的劳动需求曲线和向右上方倾斜的劳动供给曲线综合起来，即可决定均衡工资水平。参见图 6-4。图中劳动需求曲线 D 和劳动供给曲线 S 的交点 E 是劳动市场的均衡点。该均衡点决定了均衡工资为 W_0，均衡劳动供给量为 L_0。因此，均衡工资水平由劳动市场的供求曲线决定，且随着这两条曲线的变化而变化。劳动供给曲线的位置受以下几个原因影响：①非劳动收入即财富。较大的财富增加了劳动者保留时间以自用的能力，从而减少了他的劳动供给。②社会习俗。例如，某些社会中不允许妇女参加工作而只能做家务，改变这个习俗将大大增加劳动供给。③人口。人口的总量及其年龄、性别构成显然对劳动供给有重大影响。

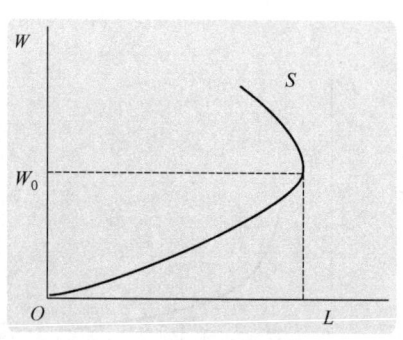

图 6-3 劳动的供给曲线

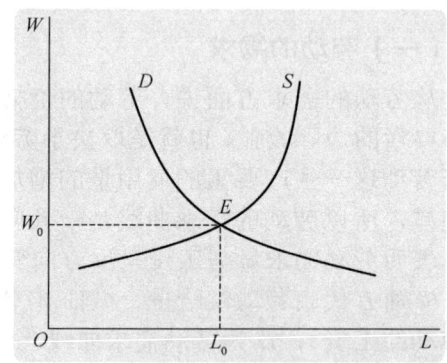

图 6-4 均衡工资的决定

案例讨论

1 美元年薪

2018 年 7 月 12 日，联合国秘书长发言人办公室官方推特@UN Spokesperson 发文称，联合国秘书长古特雷斯宣布推出数字合作高级别小组，并任命阿里巴巴集团董事局主席马云、比尔及梅琳达·盖茨基金会联合创始人梅琳达·盖茨为联合主席。

据了解，这已经是马云在联合国的第三份职务了。此前在 2016 年初，马云和挪威首相索尔贝格等被选为联合国"可持续发展目标"倡导者；2016 年 9 月，时任联合国秘书长潘基文邀请马云出任联合国青年创业和小企业特别顾问。

据观察者网此前报道，马云先前连任两年的特别顾问一职，在联合国系统内部，相当于联合国秘书长助理，以区别于联合国大使等虚职，年薪为 1 美元。这项职务"没有额外津贴，也不参与联合国工作人员养恤基金，但因工作产生的费用将按照相关规定由联合国承担"。报道还称，此次马云所任职岗位的年薪依旧是 1 美元，这与他此前在联合国任职的两个岗位年薪一致。

讨论："劳动供给者"在仅 1 美元的低工资条件下为什么仍愿意提供劳动？

二、利息理论

利息是资本所有者的收入，利息率是单位资本的价格或使用资本这一生产要素的报酬。西方经济学认为，资本之所以能带来利息，是因为使用资本可以提高生产效率。利息的多少用利息率来表示。

（一）对资本支付利息的原因

1. 时间偏好

在未来消费与现期消费中，人们更加偏好现期消费。也就是说，现在多增加一单位消费所能带来的边际效用大于将来多增加一单位消费所能带来的边际效用。究其原因主要有三：①人们预期未来的物品稀缺性会减弱；②人们认为人生短暂，也许自己活不到享受未来物品的时候；③人们不太重视未来的欢乐与痛苦，习惯于低估未来的需要，低估满足未来需要的物品的效用。时间偏好的存在，决定了人们总是偏好现期消费。一旦人们放弃现期消费而把它变为资本，就应该得到利息作为补偿。

2. 迂回生产与资本净生产力

迂回生产是指先生产生产资料（或称资本品），然后用这些生产资料去生产消费品。这种迂回的办法可以提高生产效率，而且迂回的过程越长，生产效率越高。例如，在捕鱼的时候，可以赤手空拳地去捉鱼，也可以先放弃今天的收获先做鱼竿、鱼饵，或者从市场上买鱼竿、鱼饵，这样捉到的鱼就会比第一种方式多。当然，也可以在市场上买渔网、租渔船，进一步增加资本品，这种方式又会比第二种方式获得更多的鱼。迂回生产方式使生产过程延长，间接地去达到目的。现代生产的特点就是在于迂回生产，但迂回生产的实现必须有资本。利用资本进行迂回生产，可以提高资本的生产效率，这种因使用资本而提高的生产效率叫作资本的净生产力。资本具有净生产力是资本能带来利息的根源。

（二）利息率的决定

利息率取决于对资本的需求与供给。资本的需求主要是企业投资的需求，因此可以用投资来代表资本的需求。资本的供给主要是储蓄，因此可以用储蓄来代表资本的供给。这样就可以用投资与储蓄来说明利息率的决定。

1. 资本的需求

企业之所以要借入资本进行投资，是因为资本的使用可以提高生产效率，是为了实现利润最大化，即在于资本具有净生产力。由于投资的边际效率随投资增加而递减，即随资本存量的相应增加而递减，所以对资本的需求是一条向右下方倾斜的曲线，它表示在利润率既定时，利息率与投资呈反方向变动，如图6-5所示。

在图6-5中，横轴表示资本的需求量，纵轴表示利息率水平，D表示资本的需求曲线。

2．资本的供给

资本的供给就是资本的所有者在各个不同的利息率水平上愿意而且能够提供的资本数量。它依存于人们的收入用于个人消费以后的余额——储蓄。利息是为了诱使人们抑制或推迟眼前消费，对其进行储蓄以提供资本的一种补偿。这种补偿随放弃现时消费量的增加而递增，只有相应地提高利息率，人们才愿意提供更多的资本，所以资本的供给是一条向右上方倾斜的曲线，它表示利息率与储蓄呈同方向变动，如图6-6所示。

在图6-6中，横轴表示资本的供给量，纵轴表示利息率水平，S表示资本的供给曲线。

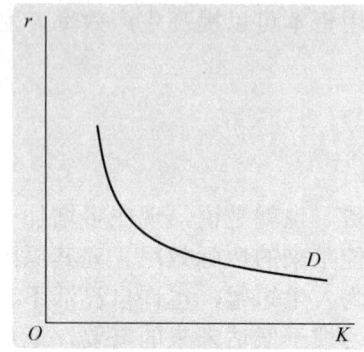

图6-5　资本的需求曲线　　　图6-6　资本的供给曲线

3．利息率的决定

利息率是由资本的需求与供给双方共同决定的，如图6-7所示。资本的需求曲线 D 和供给曲线 S 的交点为 E，均衡点的利息率为 r_0，它表示利息率水平为 r_0 时，投资者对资本的需求恰好等于储蓄者愿意提供的资本，两者均为 K_0。

三、地租理论

地租是土地所有者的收入。同劳动和资本一样，地租的高低也由土地的供求决定，租地人对土地的需

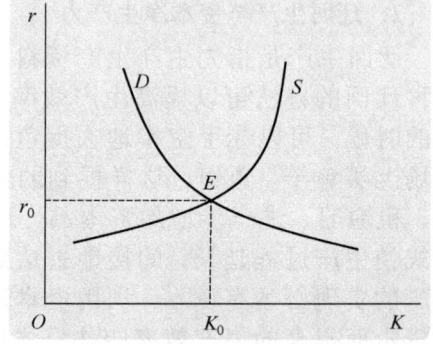

图6-7　均衡利息率的决定

求取决于土地的边际生产力。但由于土地这种自然资源并非人类劳动的产物，也不能通过人类劳动增加其供应量，并且它具有数量有限、位置不变，以及不能再生产的特点，因此地租多少的决定具有与利息不完全相同的特点。

由于土地的供给量是固定不变的，土地的供给曲线是一条与横轴垂直的线。而土地的边际生产力是递减的，因此土地的需求曲线是一条向右下方倾斜的曲线。两条曲线的交点决定了地租水平，如图6-8所示。

在图6-8中，横轴代表土地数量，纵轴代表地租，垂线 S 为土地的供给曲线，表示土地的供给量固定为 N_0，D 为土地的需求曲线，D 与 S 相交于 E，决定了地租为 R_0。

随着经济的发展，对土地的需求不断增加，而土地的供给不能增加，这样地租就有不

断上升的趋势，如图6-9所示。

在图6-9中，土地的需求曲线由D_0向右移动到D_1，表明土地的需求增加了。但土地的供给仍然为S，均衡点由E移动到E_1，相应地，地租由R_0上升到R_1，说明由于土地的需求增加，地租上升了。

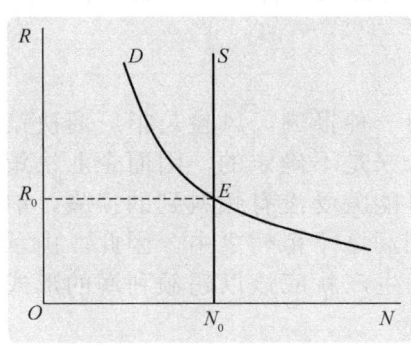

图6-8 均衡地租的决定

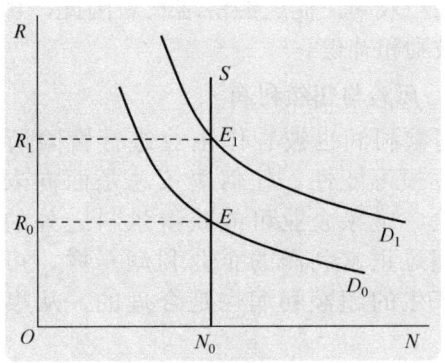

图6-9 地租的变动

四、利润理论

企业家不仅从事企业生产经营中的管理工作，而且要进行创新和承担风险。一般把利润分为正常利润与超额利润。

（一）正常利润

正常利润也叫会计利润，是企业家才能的价格，是生产要素提供者所得到的收入。正常利润包括在成本之中，其性质与工资相类似，是由企业家才能的需求与供给所决定的。不同的是，由于企业家需求和供给的特殊性（边际生产力大、培养成本高），决定了它的数额远远高于一般劳动的工资。

正常利润包括在经济学分析的成本之中，所以当收支相抵时，厂商就获得了正常利润。正常利润=总收益−显性成本。在完全竞争中，利润最大化就是获得正常利润。

（二）超额利润

超额利润是指超过正常利润的那部分利润，又称为纯粹利润或经济利润。超额利润是厂商总收益与总成本（包括显性成本和隐性成本）之间的差额。如此的超额利润在完全竞争条件下并不存在，但在非完全竞争条件下，是厂商利润的重要组成部分。根据超额利润的来源和性质的不同，具体分为以下几种：

1. 垄断与超额利润

由垄断而产生的超额利润称为垄断利润。垄断可以分为卖方垄断和买方垄断。卖方垄断是指对某种产品出售权的垄断，抬高产品卖价以损害消费者利益而取得的利润，它能够为厂商提供超过正常利润的纯利润。例如，一家厂商享有某种产品的专利权或声誉卓著的商标，能够赚得超过正常利润的垄断利润。买方垄断是指对某种产品或生产要素购买权的垄断。垄断者可以压低收购价格，以损害生产者或生产要素供给者的利益而获得超额利润。垄断所引起的超额利润是不合理的，是市场竞争不完全的结果。

2. 创新与超额利润

美国经济学家约瑟夫·熊彼特认为，创新是指对原有均衡的突破，是企业家对生产要素实行新的组合。创新主要涉及五个方面：①提供新产品；②发明新技术和新工艺；③开辟新市场；④控制原材料的新来源；⑤建立新的组织形式。创新是社会进步的动力，能够提高生产效率，促进经济增长。因此，由创新所获得的超额利润是合理的，是对创新者给予的鼓励和补偿。

3. 风险与超额利润

超额利润也被看作企业进行冒险所承担风险的一种报酬。风险是指厂商决策所面临的亏损可能性。任何决策总是面向未来的，而未来是不确定的，因而企业决策总存在风险。一家企业可能获得意料之外的利润，也可能蒙受没有预料到的损失，前者像其他超过正常利润的企业利润一样，可列入超额利润这个范畴之中。因此，由承担风险而产生的超额利润也是合理的，从事具有风险的生产就应该以超额利润的形式得到补偿。

总之，利润是经济社会进步的动力。它能够激励企业家努力工作，推动社会创新，勇于从事风险投资，有利于节约资源，有利于资源合理配置。

第三节　收入分配政策

一、洛伦兹曲线和基尼系数

（一）洛伦兹曲线

生产要素价格的决定理论是分配理论的一个重要部分，但并不构成分配理论的全部内容。社会成员收入的分配与他们提供的生产要素的多少、作用程度有着直接的关系，所获得收入的多少就是提供生产要素的价格的高低。分配理论还包括了各生产要素收入在国民收入中所占的比例，国家对收入分配与再分配的调节等内容。

为了研究国民收入在国民之间的分配，美国统计学家洛伦兹提出了著名的洛伦兹曲线。洛伦兹首先将一国总人口按收入由低到高排列，然后考虑收入最低的某一百分比人口所得到的收入百分比。例如，收入最低的 20%人口、40%人口等所得到的收入比例分别为 3%、7.5%等（见表6-1），最后将这些得到的人口累计百分比和收入累计百分比的对应关系描绘在图形上，即得到洛伦兹曲线，如图 6-10 所示。图 6-10 中横轴 OH 表示人口（按收入由低到高分组）的累计百分比，纵轴 OM 表示收入的累积百分比，ODL 为该图的洛伦兹曲线。由该曲线（或表 6-1）可知，在这个国家中，收入最低的 20%人口所得到的收入仅占总收入的大约 3%；而收入最低的 80%人口所得到的收入还不到总收入的一半！

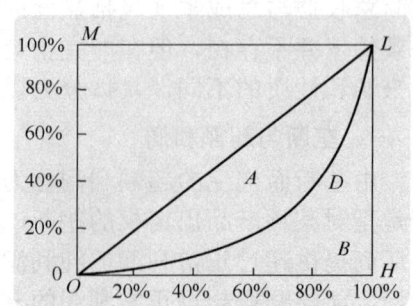

图 6-10　洛伦兹曲线

表 6-1　收入分配资料

人 口 累 计	收 入 累 计
0	0
20%	3%
40%	7.5%
60%	29%
80%	49%
100%	100%

显而易见，洛伦兹曲线的弯曲程度具有重要意义。一般来说，它反映了收入分配的不平等程度。弯曲程度越大，收入分配程度越不平等；反之亦然。如果所有收入都集中在某一个人手中，而其余人口均一无所获时，收入分配达到完全不平等，洛伦兹曲线成为折线 OHL；如果任一人口百分比均等于其收入百分比，从而人口累计百分比等于收入累计百分比，则收入分配就是完全平等的，洛伦兹曲线成为通过原点的 45°线 OL。

一般来说，一个国家的收入分配，既不是完全不平等，也不是完全平等，而是介于两者之间；相应的洛伦兹曲线，既不是折线 OHL，也不是 45°线 OL，而是像 ODL 那样向横轴凸出，尽管凸出的程度有所不同。收入分配越不平等，洛伦兹曲线就越是向横轴凸出，从而它与完全平等线 OL 之间的面积也就越大。

（二）基尼系数

将洛伦兹曲线与 45°线 OL 之间的部分 A 叫作"不平等面积"；当收入分配达到完全不平等时，洛伦兹曲线成为折线 OHL，OHL 与 45°线之间的面积 $A+B$ 就是"完全不平等面积"。不平等面积与完全不平等面积之比，称为基尼系数，是衡量一个国家贫富差距的标准。若设 G 为基尼系数，则：

$$G=\frac{A}{A+B}$$

显然，基尼系数取值范围是 $0<G<1$，G 越大，表明收入分配越不平均；G 越小，表明收入分配越平均。

二、平等与效率

收入分配要兼顾平等与效率，平等是指各社会成员收入分配平均，效率是指资源配置有效并得到充分利用。

收入分配有三种标准：第一种是贡献标准，即按照社会成员的贡献分配国民收入，按生产要素的价格进行分配。这种分配标准能保证经济效率，但由于各成员能力、机遇的差别，又会引起收入分配的不平等。第二种是需要标准，即按照社会成员对生活必需品的需要分配国民收入。第三种是平等标准，即按公平的准则来分配国民收入。后两个标准有利于收入分配的平等化，但不利于经济效率的提高。有利于经济效率则会不利于平等，有利于平等则会有损于经济效率，这就是经济学中所说的平等与效率的矛盾。

收入分配要有利于经济效率的提高，则要按贡献来分配，这样有利于鼓励每个社会成员充分发挥自己的能力在竞争中取胜。这就是效率优先的分配原则。但这种分配方式使不平等加剧，甚至会出现严重的贫富两极分化。因此在收入分配中，不仅要效率优先，而且要兼顾平等。所谓效率优先，就是在决定收入分配的问题上，首先考虑效率，把效率当作决定收入分配的第一位因素。所谓兼顾平等，就是在坚持效率优先的条件下，还必须考虑平等。

在坚持"效率优先，兼顾平等"的基础上，还需要做到：①减少和消除收入分配中的不合理的因素；②促进机会均等；③限制某些行业、个人的垄断性收入；④保障生存权利和消灭绝对贫困。

三、收入再分配政策

在市场经济中，是按照效率优先的市场原则进行个人收入分配的。但每个人在进入市场之前所拥有的生产要素量不同，即每个人的能力与资产不同，在市场竞争中每个人的机遇也不同，这样，收入差距悬殊是不可避免的，这种分配状态不利于社会安定。因此，就要通过政府的收入再分配政策来缓和收入分配不公平的现象，在一定程度上实现收入分配平等化。收入再分配政策主要有税收政策和社会福利政策。

（一）税收政策

各国的收入再分配政策中首先是税收政策。在收入分配中，政府运用税收来实现收入分配的公平。主要手段是征收个人所得税，此外还可通过征收房产税、财产税和消费税等来调节社会成员收入分配的不平等状况。

（二）社会福利政策

如果说税收政策是要通过对富人征收重税来实现收入分配平等化，那么社会福利政策则是要通过给穷人补助来实现收入分配平等化。因此，我们把社会福利政策作为收入分配平等化的一项重要内容。

从当前西方各国的情况看，社会福利政策主要有这样一些内容：

1．各种形式的社会保障与社会保险

各种形式的社会保障与社会保险包括：失业救济金制度；老年人年金制度，即对退休人员按一定标准发放年金；残疾人社会保障体系和服务体系，将残疾人纳入社会保障体系并予以重点保障和特殊扶助，提高残疾人社会保障待遇。

2．向贫困者提供就业机会与培训

首先是保证所有人的平等就业机会，并按同工同酬的原则支付报酬。其次是使贫困者具有就业的能力，包括进行职业培训，使贫困者有条件读书等。这些都有助于提高贫困者的文化技术水平，使他们能从事收入高的工作。

3．医疗保险与医疗援助

医疗保险包括住院费用保险、医疗费用保险和出院后部分护理费用的保险。这种保险主要由保险金支付。医疗援助则是政府出钱资助医疗卫生事业，使每个人都能得到良好的医疗服务。

4. 对教育事业的资助

对教育事业的资助包括兴办学校，设立奖学金和大学生贷款制度，帮助学校改善教学条件，资助学校的科研等。从社会福利的角度来看，对教育事业的资助有助于提高公众的文化水平与素质。

以上收入再分配政策都有利于增进劳动者的收入，改善他们的工作与生活条件，从而减小收入分配不平等的程度。

第四节　帕累托最优

在 19 世纪末 20 世纪初，意大利经济学家帕累托在其《经济学原理》一书中，最先考察了资源的最优配置和产品的最优分配问题，并提出了实现最优配置的条件和判断标准，后人以帕累托的名字命名了这一标准。现在，帕累托标准已成为判断社会经济资源配置效率的重要准则。

一、资源配置效率

（一）资源配置效率的含义

由于资源是稀缺的，因此要求在各种用途之间合理安排资源的使用，这就是资源配置的效率问题。资源配置效率可以分为两个层次：

第一个层次是狭义上的效率，指资源利用效率或生产效率。它是指一个生产单位、一个地区或部门，如何有效地运用已有的资源，实现产量最大化、收入最大化。它强调在既定的技术约束或预算约束下，怎样追求更高的技术效率和经济效率。这个层次上的效率概念主要强调最大化。

例如，某企业要投入 1 000 万元资金在一个新项目上，怎样让这笔资金最大限度地发挥作用，带来最大产出就是资源利用效率问题。

第二个层次是广义上的效率，即资源配置效率或经济制度效率。它是指如何在不同单位、不同区域、不同行业之间分配有限的经济资源，即如何合理有效地确定资源在各种用途之间配置的数量边界。

例如，某国家新增财政收入 5 万亿元，如何在各地区、各部门、各领域合理分配这笔财政收入就是资源配置效率问题。

（二）两种资源配置效率的关系

1. 两者的区别

上述两个层次的效率是有区别的，最主要的区别是实现效率的途径不同。资源利用效率主要涉及资源在一个单位内部的运用，是通过选择合理的技术方法、生产方式、强化管理等实现更高的效率。而资源配置效率则涉及资源在社会各个不同单位之间的流动，是一个社会在体制上或制度上整体调节的问题，需要通过选择更为合理的经济体制来提高效率。

2. 两者的联系

两种效率概念有着密切的联系。一方面，资源配置状况影响资源利用效率的高低。如果资源配置不合理，资源过剩一方容易出现资源浪费现象，资源短缺一方由于资源不足，无法获得有效投入，也就无法实现充分的效率。所以，资源配置不合理导致资源利用效率下降。另一方面，资源利用效率也影响资源配置效率。如果资源利用效率低，会加剧资源短缺状况，从而给资源的合理配置带来更大的困难；反之，如果资源利用效率高，有助于弥补资源不足的制约，提高资源配置效率。

本节所分析的资源配置效率是指整个社会或经济体系的资源配置效率，即帕累托效率，它是一种综合的效率，是带一般均衡意义的效率概念。

二、帕累托最优的含义

帕累托最优是评价资源配置效率的一种经济学标准，其基本含义是：在不减少任何人福利或效用的情况下，如果任何生产与分配的重新安排都不能增加另外一些人的效用或福利，这时的资源配置状态就是最优状态，即帕累托最优状态。

当整个社会实现帕累托最优状态时，说明其经济有效率；反之则缺乏效率。

当然，在不减少任何其他人效用或福利的条件下，如果某种经济变动还能再增加另外一些人的效用或福利，则这种资源配置就不是帕累托最优，而是帕累托改进。这说明通过调整资源配置，经济运行的效率还有提高的余地。

三、帕累托最优的基本原理

帕累托最优从两个方面向我们揭示了资源有效配置的分析思路：

1. 对单个消费者的行为分析

（1）消费者作为经济人，在其收入水平既定时，总是希望通过对所购买的产品组合进行选择实现效用最大化。

（2）效用是一种自我感受，只有消费者自己最清楚什么样的产品组合才能带来最大效用。

（3）只有让消费者在市场上自由购买和选择产品组合，即承认消费者主权，才能使市场机制引导众多的消费行为，不断向帕累托最优靠近。

（4）只有把政府对消费者的干预降到最低限度，才能承认和保护消费者主权。

2. 对单个生产者的行为分析

（1）生产者在价格和资金的约束下，通过生产要素的最优组合，实现最大的可能产出水平，实现其利润目标。

（2）生产者必须具有安排和调整产品数量、产品价格、产品组合与投入组合等基本权利，这是市场机制引导生产者行为不断靠近帕累托最优的基本条件。

（3）上述生产者的基本权利，来自于生产者的预算约束，即独立的经济地位与法律地位。

（4）诸如"父爱主义"和"家长作风"等任何形式的过度政府干预，势必导致生产者的预算软约束，从而导致生产者权利的弱化。

（5）生产者权利的弱化，必然导致供给曲线扭曲，从而使市场偏离均衡状态。

从上述对消费者和生产者行为的分析可以看出，完全竞争市场是帕累托最优评价标准的基本条件。

四、帕累托最优的实现途径

资源配置要达到帕累托最优状态，需要具备三个条件：交换的最优条件、生产的最优条件、交换与生产的最优条件。其中，交换的最优条件是指任何两种产品之间的边际替代率，对于这两种产品的任何两个消费者都必须相等；生产的最优条件是指在既定的技术条件下，任何两种生产要素投入的边际技术替代率，对于使用这两种生产要素的任何两家厂商都是相等的；交换生产条件是指任何两种产品，对于消费者来说的边际替代率与对于生产者来说的边际产品转换率相等。

西方经济学家认为，只有同时满足上述三个条件才能使社会资源得到最优配置，使社会获得最大的经济福利。要同时满足这三个条件，只有在完全竞争市场下才有可能。

（一）完全竞争市场是实现帕累托最优的必要条件

1. 完全竞争市场能实现帕累托最优的交换条件

在完全竞争市场条件下，市场上同一种产品的价格是统一的，而每一项经济活动的参与者都从自身利益出发，按照统一的价格做出决策。因此，每个消费者在效用最大化目标的追求下，消费的行为会使各种产品的边际替代率相等，从而实现了交换的最优条件。

2. 完全竞争市场能有效实现帕累托最优的生产条件

因为完全竞争市场条件下，市场上同一种生产要素的价格是统一的，而每一个厂商都从利润最大化目标出发，参与经济活动。因此，每个厂商在追求利润最大化动机的推动下，通过资源配置的调整，都力求使各种生产要素的边际技术替代率相等，从而实现了生产的最优条件。

3. 完全竞争市场能有效实现帕累托最优的交换生产条件

在完全竞争市场条件下，生产者和消费者都是价格的接受者。从生产者来看，市场价格与生产者的边际成本、边际收益相等，这样，两种产品的边际产品转换率等于两种产品的边际成本之比，从而等于这两种产品的价格比率。从消费者来看，消费两种产品的边际替代率也等于这两种产品的价格之比。这样，任何两种产品的边际产品转换率必然等于这两种产品的边际替代率，从而实现了帕累托最优的交换生产条件。

可见，通过完全竞争市场能够自动实现帕累托最优的三个条件，从而能够实现社会经济资源的最优配置，这也是实现帕累托最优的途径。

（二）实现帕累托最优的困难

实现帕累托最优的困难，主要发生在三个方面：一是完全竞争市场的存在性问题；二是市场失灵问题；三是忽略了一些对经济运行有重要影响的方面。具体表现在四个方面：

（1）帕累托最优的假定前提是完全竞争市场的存在。在现实中，垄断因素与日俱增，早在帕累托最优命题问世之前，美国就已经颁布了《反垄断法》。垄断因素的大量存在与发展，使得完全竞争越来越不现实，垄断是帕累托最优实现中的最大难题。

（2）在现实中，大量公共产品和外部性的存在，使市场机制不能充分发挥作用。而它们对资源配置效率的高低、资源配置的合理与否有着重要的影响，这也是帕累托最优所面临的现实难题。

（3）帕累托最优没有考虑政府的存在及其对经济的影响，只考虑到存在许多的生产者和消费者。现实中，政府在经济中的影响是不断增加的。

（4）帕累托最优回避收入分配问题。按照帕累托最优理论，如果征收累进所得税，虽然由此可以增加穷人的利益，但却损害了富人的利益，因为它不是在使别人福利不变坏的情况下进行的改进。因此，按照帕累托最优标准，这种改进就是不可取的，在未改进之前的那个财富和收入的分配状况，反而是符合标准的最优状态。如果富人变得更富，而穷人也没有比原来更穷，按照帕累托最优标准，这是帕累托改进，是值得肯定的。对平等问题的忽视，是帕累托最优理论的一个缺陷。

上述问题，既反映出帕累托最优理论与现实的脱节，也反映了其理论的局限性。

● 主要内容网络图

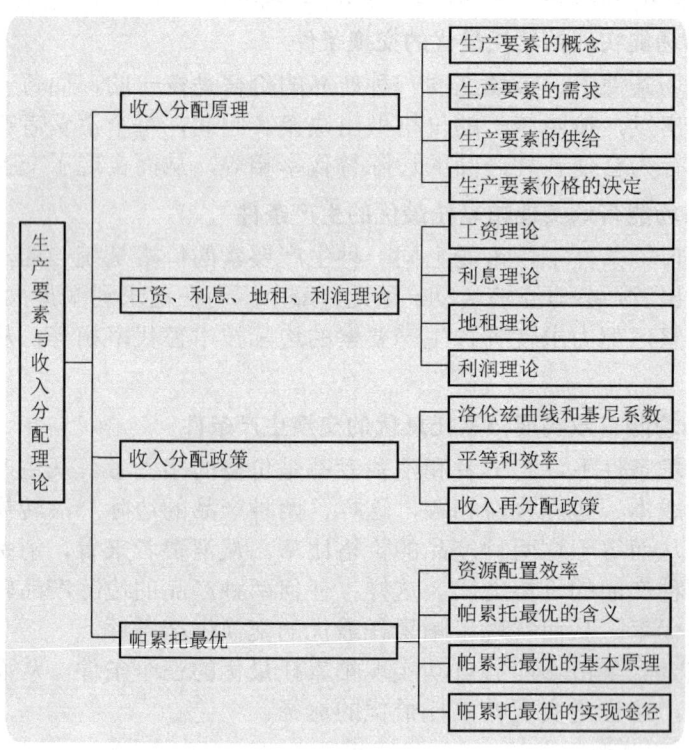

关键名词

边际收益产品	工资	地租	利息
利润	正常利润	超额利润	洛伦兹曲线	基尼系数
平等	效率	帕累托最优

复习与练习

一、单项选择题

1. 个人劳动力的供给曲线是一条（　　）。
   A．向右上方倾斜的曲线　　　　B．先向右上方倾斜后向左上方弯曲的曲线
   C．向右下方倾斜的曲线　　　　D．与横轴平行的曲线

2. 企业家的收入是（　　）。
   A．工资收入　　　　　　　　　B．正常利润
   C．超额利润　　　　　　　　　D．垄断利润

3. 土地的供给曲线是一条（　　）。
   A．向右上方倾斜的曲线　　　　B．向右下方倾斜的曲线
   C．与横轴平行的线　　　　　　D．与横轴垂直的线

4. 超额利润中不包括的部分是（　　）。
   A．工资收入　　　　　　　　　B．风险收入
   C．创新收入　　　　　　　　　D．垄断收入

5. 正常利润是（　　）。
   A．经济利润的一部分　　　　　B．经济成本的一部分
   C．隐含成本的一部分　　　　　D．B 和 C 两者都对

6. 使地租不断上升的原因是（　　）。
   A．土地的供给与需求共同增加
   B．土地的供给不断减少，而需求不变
   C．土地的需求日益增加，而供给不变
   D．土地需求的增加超过土地供给的增加

7. 如果收入是完全平均分配的，基尼系数将等于（　　）。
   A．1.0　　　　B．0.5　　　　C．0.25　　　　D．0

8. 帕累托最优被定义为（　　）情况下的资源配置。
   A．总产量达到最大
   B．边际效用达到最大
   C．没有一个人可以在不使他人境况变坏的情况下，使自己的境况变好
   D．消费者得到他们想要的所有东西

9. 一个社会要达到最高的经济效率，进入帕累托最优状态，必须（　　）。
   A．满足交换的边际条件　　　　B．满足生产的最优条件
   C．满足生产与交换的边际条件　D．同时满足上述三个条件

10. （　　）不能由帕累托效率引出。
    A．交换的效率　　　　　　　　B．生产的效率
    C．生产和交换的效率　　　　　D．所有人平等地分享收入

二、判断题

1. 在生产要素市场上，需求来自个人，供给来自厂商。　　　　　　　　　　　（　　）

2．工资是劳动力所提供劳务的报酬，工资率是全部劳动的价格。（　　）
3．在完全竞争市场上，工资是由劳动的供求关系决定的。（　　）
4．劳动的供给价格越高，供给越多，因此提高工资可以无限增加劳动的供给。（　　）
5．利息率是资本所有者的收入，利息是单位资本的价格。（　　）
6．超额利润是企业家才能这种生产要素提供者所得到的收入。（　　）
7．洛伦兹曲线距绝对平等线越远，收入分配就越平等。（　　）
8．基尼系数越大，收入分配就越平等。（　　）
9．现代经济学认为的最有效率的状态，一般是指帕累托最优状态。（　　）
10．帕累托最优是判断社会资源配置效率的经济学标准。（　　）

三、问答题

1．生产要素有什么特点？影响生产要素需求的主要因素有哪些？
2．简述厂商使用生产要素的原则。
3．什么是洛伦兹曲线和基尼系数？
4．收入分配政策有哪些？
5．什么是帕累托最优？
6．帕累托最优的实现路径是什么？
7．什么叫超额利润？超额利润的来源是什么？

实践与实训

1．观察一下你学校所处的地区，你认为影响某一块土地价值的因素有哪些？
2．结合所学内容，分析我国目前的平等与效率的问题。
3．结合我国当前经济发展的现状，分析能源供应对一国经济发展的重要影响。

人物介绍

约翰·贝茨·克拉克

约翰·贝茨·克拉克（John Bates Clark，1847—1938），1847年生于美国罗得岛州普洛威顿斯，1874年在阿赫斯特学院毕业后，留学德国的海德堡大学和瑞士的苏黎世大学。

克拉克是欧美政治经济学的主要代表人物之一，也是广义的奥地利学派成员，其主要观点是边际生产力理论、动态与静态学说、生产耗竭理论等。克拉克认为，在静态势力起主要作用的情况下，社会财富的分配可以实现公正。

克拉克还是美国经济学会的创始人之一，并担任了第三任会长。为纪念克拉克在经济学上的杰出贡献，在他100周年诞辰之际，美国经济学会设立了克拉克奖，该奖是经济学领域内仅次于诺贝尔奖的殊荣，有"小诺贝尔经济学奖"之称。

克拉克开创了经济学上的美国学派，他于1899年出版的《财富的分配》一书奠定了美国经济学的理论基础，被誉为"以现代方式出现的第一部主要的美国著作"。克拉克的其他主要著作还有《财富的哲学》（1886年），《政治经济学要义》（1909年）等。

第七章 市场失灵与微观经济政策

学习目标

知识目标
1. 掌握造成市场失灵的原因。
2. 掌握解决市场失灵的微观经济政策。

技能目标
应用经济学的知识解释日常生活中出现的市场失灵问题。

重点难点
1. 搭便车问题。
2. 科斯定律。
3. 信息的不完全和不对称。

案例导入

不起眼的走私大案

缉私警察毛帮富不曾料到,走私者会将牟利的目光投向一种并不起眼的"洋垃圾"——炼钢过程中产生的高炉灰、高炉渣。

这些通过各种渠道走私入境的高炉灰含有砷、铅、镍、硫、铬等重金属,如果没有进行无害化处理,重金属将随着雨水冲刷渗入地下,对土壤和地下水产生二次污染。更揪心的是,在没有环保处置措施配套的情况下,高炉灰被重新回炉冶炼,大量灰分将被排放到大气中。正因如此,高炉灰这种含重金属的矿灰残渣一直属于国家法律明令禁止进口的固体废物。

2014年2~4月,隶属南京海关的镇江海关立案侦查4起走私高炉灰案,共抓获犯罪嫌疑人15人,查证走私高炉灰共计10万余吨。其中,"82·12"案就涉及近6万吨高炉灰走私入境,成为南京海关建关以来查获的最大一宗固体废物走私案。

(资料来源:陈垚,辛闻. 万吨洋垃圾走私灰幕[N/OL]. 南方周末,2015-05-15. www.infzm.com/content/109533.)

私人成本是企业追求自我利益最大化过程中一定会考虑的因素,应该如何促使企业考虑社会成本?

第一节 市场失灵

一、市场失灵的含义

现代西方经济学严格证明了市场这只看不见的手可以实现资源的有效配置。然而，这是在十分苛刻的条件下才成立的。现实中的市场总是不完全的，即会出现市场失灵。市场失灵是指市场机制不能实现资源的有效配置，也就是说，市场机制造成资源的配置失当，不能使社会经济效率达到最优化状态。

二、市场失灵的表现

1. 资源配置的低效率问题

高效率一直被认为是市场机制的最主要的优点，然而在很多情况下，这种看法却并不总是正确的。例如，自由竞争往往会引起垄断，而在垄断的情况下，市场机制就不能够达到资源的最优配置了。从本质上讲，公共产品、外部性产品与市场机制的作用是矛盾的，这样一来，生产的滞后与社会成员与经济发展需要之间的矛盾就十分尖锐。

2. 分配问题

纯粹市场机制的调节往往会导致贫富差距的扩大，导致两极分化。市场机制遵循的资本与效率原则，存在着"马太效应"。从市场机制自身作用看，这属于正常的经济现象，但是，它会带来收入分配不公的问题。收入分配不公平会导致社会整体消费水平难以扩大甚至下降，造成市场低迷，进而影响社会再生产和就业，致使社会经济资源的闲置和浪费。

3. 失业和通货膨胀

这是人们通常所说的宏观经济问题。在不存在政府积极主动干预的市场经济中，有效需求常常不足，这种情况下会出现大规模的工人失业；相反，如果需求过度了，则会引起通货膨胀。

第二节 外部性

一、外部性的概念和分类

(一) 外部性的概念

外部性又称外部效应，是指某种经济活动给与这项活动无关的主体带来的影响。这就是说，这些活动会产生一些不由生产者或消费者承担的成本（称为负外部性），或不由生产者或消费者获得的利益（称为正外部性）。正外部性也叫"外部经济"，是指某个经济行为主体的行动使他人或社会收益，而受益者无须花费代价。例如，一个私人花园里产生的花香使得路人感到心旷神怡，由此效用或福利得到提高，而行人并没有因此向花园的主人付出费用。负外部性也称"外部不经济"，是指某个经济行为主体的行动使他人或社会受损，而造成损失的人却没有为此承担成本。例如，抽烟、噪声、污染等造成的影响。

（二）外部性的分类

外部性有两种基本类型，分别是外部经济与外部不经济，由于经济决策活动有生产和消费两种基本的类型，所以外部性也可进一步分为生产的外部性和消费的外部性。

1. 生产的外部经济

生产的外部经济是指一个厂商或单位采取的行动对他人产生了有利影响，而自己却不能从中得到报酬的情况。例如，某人养蜂，其附近有一片果林，蜜蜂到果林里采蜜的同时促进了果树的生长。又如，一个企业对其雇佣的工人进行培训，而这些工人可能在培训结束后辞职到其他单位工作，该企业无法从工人的新工作单位索回培训费或补偿，因此该企业从培训工人中得到的私人利益就小于该活动产生的社会利益。

2. 消费的外部经济

消费的外部经济是指消费者采取的行动对他人产生有利影响，而自己却不能从中得到报酬的情况。例如，某人对自己的孩子进行教育，把他培养成值得信赖的好公民，这使其邻居甚至整个社会都得到了好处。

3. 生产的外部不经济

生产的外部不经济是指厂商采取的行动使他人付出了代价而又未给他人以补偿的情况。例如：造纸厂生产过程中排放未处理的污水，污染了河流；石油生产中不慎原油泄漏污染了海洋，这些行为使附近的人们和整个社会都遭到了损失。

4. 消费的外部不经济

消费的外部不经济是指消费者采取的行动使他人付出了代价而又未给他人以补偿的情况。例如：某人在公共场所吸烟，危害了被动吸烟者的身体健康，但未就此支付任何成本；某人在公共场所随意丢弃垃圾也属于消费的外部不经济行为。

二、外部性的影响

正外部性影响的例子很多，例如：花园传出的香味使路过的人很舒服；科学家的发明为全人类造福；人们接种防病疫苗，不仅保持自身健康，也避免了将疾病传染给他人。诸如此类，都是某个经济主体活动给他人带来的利益。这种利益不属于从事活动的本人而属于别人，因此不构成私人收益，只构成社会收益。相反，如果一个厂商在生产产品时给周围造成了污染，这种污染如果政府不干预，厂商一般不会为此付出成本，这便构成了负外部性影响。负外部性影响引起私人成本和社会成本之间的差别。

我们可以利用外部性来分析私人成本和社会成本、私人收益和社会收益的差别。在不存在外部性的情况下，私人成本和社会成本一致。但在有负外部性时，社会边际成本大于私人边际成本。这时，从私人角度看，市场调节是有利的，但从社会角度看，不是资源配置最优。当有正外部性时，同样是市场调节，从私人角度来看资源配置最优，但从社会角度来看并不是资源配置最优。

所以，各种外部影响的存在造成了一个严重后果，即完全竞争条件下的资源配置将偏离帕累托最优状态。也就是说，即使整个经济是完全竞争的，但由于存在外部影响，整个经济的资源配置也不可能达到帕累托最优状态。

三、科斯定理及纠正外部性的政策

（一）科斯定理

科斯认为，只要财产权是明确的，并且交易成本为零或者很小，那么无论在开始时将财产权赋予谁，市场均衡的最终结果都是有效率的，可以实现资源配置的帕累托最优。科斯定理进一步扩大了"看不见的手"的作用。按照这个定理，只要那些假设条件成立，则外部影响就不可能导致资源配置不当。或者换个说法，在既定条件下，市场力量足够强大，总能够使外部影响以最经济的办法加以解决，从而仍然可以实现帕累托最优状态。

为了说明这一定理，我们举个具体的例子。假定有一家工厂排放的烟尘污染了周围5户居民晾的衣服，每户由此遭受损失75元，5户共损失375元。再假定有两个解决方法，一是工厂花150元安装一台除尘器，二是工厂给每户买一台价值50元的烘干机，5户共需250元。不论把产权给工厂还是给居民，即不论工厂拥有排烟权利，还是5户居民享有不受污染的权利，如果听任以私有制为基础的市场发生作用，工厂或居民都会自动采取150元解决问题的方法，因为这样最省，150元成本最低，表示资源配置最优。

西方一些学者根据科斯定理认为，外部影响之所以导致资源配置失当是由于产权不明确。如果产权明确，且得到充分保障，有些外部影响就不会发生。在上述例子中，只要明确产权归工厂或是居民，则他们中任何一方都会想出用150元安装一个除尘器来消除污染，即解决外部影响问题。也就是说，在解决外部影响问题上不一定要政府干预，只要产权明确，市场会自动解决外部性问题。

为什么财产权明确和可转让具有这么大的作用呢？按照西方学者的解释，其原因在于，财产权明确及可转让可以使私人成本（或利益）与社会成本（或利益）趋于一致。

在实际生活中运用科斯定理解决外部影响问题并不一定真的有效。首先，资产的财产权是否总是能够明确地加以规定。有的资源很难将其财产权具体分派给谁；有的资源的财产权即使原则上是明确的，但由于不公平问题、法律程序的成本问题等也变得实际上不可行。其次，已经明确的财产权是否总是能够转让。这就涉及信息充分与否以及买卖双方不能达成一致意见的各种原因。最后，明确的财产权转让是否总能实现资源的最优配置。在这个过程中可能出现这样的结果，即比原来的配置优化，但是不一定恰好为最优配置。

（二）纠正外部性的政策

1. 使用税收和补贴

从理论上讲，外部性的存在主要是私人成本与社会成本的不一致。英国著名经济学家阿瑟·塞西尔·庇古提出采取税收或补贴的方式来修正私人成本。具体做法是，对于私人成本小于社会成本所造成的外部不经济，政府要对企业征收税收，抬高企业私人成本，使其与社会成本一致，以此来迫使企业根据自身利益来调整或控制外部不经济。例如，在生产污染情况下，政府要向排污者收税。对于私人成本大于社会成本的外部经济，政府给予补贴，以降低私人成本，鼓励此类行为。比如，为了鼓励见义勇为好人，避免英雄流血又流泪，政府成立见义勇为基金会，募集社会善款，补贴和帮助见义勇为的英雄们，以弥补其伤亡损失。

2. 企业合并

这一办法既可能是产生于外部影响制造者与受外部影响者之间的自愿交易，也可能是产生于政府的干预。例如，一个企业的生产影响到另外一个企业，如果影响是正的（外部经济），则第一个企业的生产就会低于社会最优水平；反之，如果影响是负的（外部不经济），则第一个企业的生产就会超过社会最优水平。但如果把这两个企业合并为一个企业，则此时的外部影响就"消失"了，即被"内部化"了。合并后的单个企业为了自己的利益将使自己的生产确定在其边际成本等于边际收益的水平上。而由于此时不存在外部影响，合并企业的成本与收益就等于社会的成本与收益，于是资源配置达到帕累托最优状态。

3. 明确产权

在许多情况下，外部影响之所以导致资源配置失衡，是由于财产权不明确。如果财产权是完全确定的并得到充分保障，则有些外部影响就可能不会发生。例如，一条河的上游和下游各有一个企业，上游企业有排污权，下游企业有河水不被污染的权利，下游企业要想使河水不受污染就必须与上游企业协商并要求支付费用，以得到清洁的水。这样上下游企业进行谈判，上游企业要想排污将给予下游企业一定的赔偿，上游企业会在花钱治污与赔偿之间进行选择。总之，只要产权界定清晰并可转让，那么市场交易和谈判就可以解决负外部性问题，私人边际成本与社会边际成本就会趋于一致。除此之外，还有使有害的外部性内部化的办法。按照科斯定理，通过产权调整使有害的外部性内部化，将这两个企业合并成一家，合并以后，必然减少上游对下游的污染，因为是一个企业，有着共同的利益得失，上游企业对下游企业的污染会减少到最小程度，使上游生产的边际效益等于下游生产的边际成本。

第三节 公 共 物 品

一、公共物品的特征及种类

（一）公共物品的概念

公共物品是相对于私人物品而言的，是指消费上具有非竞争性和非排他性特征，一般不能或不能有效通过市场机制由企业和个人来提供而主要由政府来提供的物品。

市场机制只有在具备竞争性和排他性两个特征的私人物品的场合才真正有效率，但在经济生活中还存在许多不满足私人物品特征的商品，或者私人不愿意生产或无法生产而由政府提供的，能使整个社会每一成员获益的物品，如国防、道路、警务、消防、教育、气象服务等。

（二）公共物品的特征

纯粹的公共物品主要有两大特征，即非排他性和非竞争性。

1. 非排他性

非排他性是指人们不能被排除在消费某一种商品之外。非排他性表明限制任何一个消费者对公共产品的消费是困难的，甚至是不可能的，或者排他的成本过于昂贵而无法排他。任何一个消费者都可以消费公共产品。例如：每个消费者都可以从公益电视节目中免费获得知识；每个公民都能从已经建立起来的国防中免费获得其保护。另外，疾病预防计划也一样，一旦计划实施，没有人会被排除在受益范围之外。虽然有些公共物品在技术上可以做到排他性，但因为成本太高，实际上不值得这么做。

2. 非竞争性

非竞争性是指该产品被提供出来以后，增加一个消费者不会减少任何一个人对该产品的消费数量和质量，其他人消费该产品的额外成本为零，换句话说，增加消费者的边际成本为零。例如国防，尽管人口数量往往处于不断增长的状况，但没有任何人会因此而减少其所享受的国防安全保障。

我们可以从以下两个方面深入理解非竞争性。第一，所谓公共物品边际生产成本为零，是说增加一个消费者给供给者带来的边际成本为零。但在这种情况下，消费者增加和公共物品量的增加导致的边际成本并不一致。例如，灯塔为过往船只提供引航服务，增加一艘船经过邻近海域得到指引并不需要追加任何成本。但在不实施收费的情况下，灯塔的提供者就得不到充分的激励来及时检查和维护灯塔的运行，导致灯塔服务的质量常常不可靠。第二，公共物品边际成本为零。每个消费者的消费都不妨碍其他消费者同时消费的数量和质量，这种产品不但可以共同消费，而且也不存在消费中的拥挤现象。

（三）公共物品的种类

物品的特征包括竞争性、非竞争性、排他性和非排他性，它们是以某种方式联系在一起的。虽然说公共物品是具有非竞争性和非排他性的物品，但是在实际的生活中能够严格满足这两个条件的公共物品却是极少数的。根据非竞争性和非排他性的程度，公共物品进一步划分为纯公共物品和准公共物品。

1. 纯公共物品

纯公共物品是指同时具有非竞争性和非排他性的物品。该物品即便有排他性，但其费用却高得使人无法接受。一般纯公共物品直接由政府生产，或者由与政府签约的私人企业生产。支持纯公共物品运营的资金来源主要有公共预算分配和强制性税收融资，如国防、法律、治安、制度安排等。

2. 准公共物品

准公共物品是指排他性和竞争性两者只具其一的物品，是介于私人物品与公共物品中间的物品。准公共物品可以分为两类：①自然垄断性物品，是指具有排他性但无竞争性的物品，通常说这类物品存在自然垄断。例如，有线电视不具有竞争性，多一台电视机接收有线电视节目并不会降低其他电视机的接收质量，也不会增加电视节目制作的成本。但是它具有排他性，不付费的人是无法接收有线电视节目的。公园、电影院在未达到饱和状态时也如同有线电视一样，具有排他性而不具有竞争性。②公共资源，是指具有一定的竞争性但无排他性的物品,或者具有竞争性,在技术上也具有排他性,排他性的成本也是可以接受的,但由于某些原因却不可能将这些物品的产权分配给任何人。例如,公海中的鱼,任何一个渔民都可以去公海里捕鱼,这不具有排他性,但一个人如果在公海捕的鱼多了,留给其他人的就少了,这就有了竞争性。

二、搭便车问题与公地悲剧

(一)搭便车问题与市场失灵

由于公共物品具有非排他性,难免会出现免费搭车问题。免费搭车是指某些人不付费也可以享受公共物品的好处,这完全依赖于他人付费。在这种情况下愿意支付代价而消费的人必将大量减少。公共物品有很强的外部效应。公共物品所提供的利益一部分由其所有者享有,另一部分利益可由所有者以外的人享有,这种现象就是公共物品的外部效应。在存在外部效应的情况下,市场机制无法达到帕累托最优。即使有些消费者不存在免费搭车的心理而愿意自己付费购买,但他也只会根据公共物品为他带来的个人利益来决定愿意支付的价格,而不会考虑社会利益对公共物品的价格和数量的要求。

搭便车问题本质上揭示了人们对公共物品的需求。如果要实现公共物品的有效配置,则要求所有的消费者的边际利益之和等于公共物品的边际成本。但如果人们认识到他们为商品支付的金额大小将与他们对商品的偏好程度相联系的话,他们将发现当一个坐享其成者是合算的。也就是说,当消费者感到商品总产量不会受到任何个人行为的重大影响时,他们就不会为此付出代价。由于实际生活中消费者不能准确地描述自己对公共物品的需求与价格的关系,而且消费者为了少支付价格或者不支付价格而作"免费搭便车者",会低报其对公共物品的需求,所以很难确定公共物品的需求量和最优供给数量。即便公共物品的最优需求量是可以得到的,但在实际生活中,市场本身提供的公共物品的数量也是低于最优数量的。对于公共物品,即使它是排他的,任何一个消费者消费一单位公共物品的机会成本总为零,这意味着没有任何消费者要为他所消费的公共物品去与他人竞争。当市场不是竞争的,如果消费者认识到自己消费的机会成本为零,他就会尽量少支付给生产者以换取消费公共物品的权利。如果所有消费者均这样行事,则消费者们支付的数量就将不足以弥补公共物品的生产成本,导致公共物品的供给量低于最优需求量,甚至供给为零。所以说,对于公共物品,市场机制调节资源配置的作用完全失灵,市场机制无能为力则必然要求由政府介入提供公共物品,否则搭便车行为会越来越严重。

(二)公地悲剧与市场失灵

"公地"制度曾经是英国的一种土地制度。封建主在自己的领地中划出一片尚未耕种的土地作为牧场,无偿提供给当地的牧民放牧。作为理性的经济人,每个牧民都希望自己的收益最大化。在公共草地上,每增加一头牛就会有两种结果:一是获得增加一头牛的收入;二是加重草地的负担,并有可能使草地过度放牧。由于牛的增加能增加牧民的收入,许多牧民不顾草地的承受能力增加自己的牛群数量,所以牧场被过度使用,草地状况迅速恶化,悲剧就发生了。

从经济学角度分析,就是说在涉及公共资源使用时,由于产权的非排他性,使得个人在决策时只考虑个人的边际收益大于或等于个人的边际成本,而不考虑其行动给别人造成的损失和所带来的社会成本,最终造成一个给予他们无限制放牧的经济系统的崩溃。公共物品因产权难以界定而被竞争性地过度使用或侵占是必然的结果。

"公地悲剧"说明了人们过度利用公共资源的恶果。所以"公地悲剧"产生的本质在于产权问题。就产权性质来说,"公地悲剧"具有有效的使用权,产生无效的监督权,有平等的收益权,但是没有明确的处置权,因此由于缺乏有效的制度约束机制,会产生各种产权问题。就自然资源而言,会因缺乏有效的监督而造成浪费;就企业而言,因产权不清,会产生"委托—代理"问题、搭便车及各种机会主义行为,所以解决"公地悲剧"的一个有效方法就是明晰产权。

案例讨论　　　　　**黄石公园应该像迪士尼乐园一样收费吗**

黄石公园和道路一样,既是公共物品,又是共有资源。如果拥挤算不上什么问题,那么到公园观光就不具有竞争性。但一旦公园人满为患,我们就需要解决这个问题。在一篇《纽约时报》的专栏文章中,经济学家支持通过提高门票的价格来解决这个问题。

对于黄石公园人头攒动、过分拥挤的情况我们早已司空见惯。我们把自然和历史遗迹当作免费物品,但它们并不免费,我们一直忽略了维修的成本。按拥挤程度来分配,也许是配置稀缺资源最无效的方法。全家人在黄石公园玩一天的花销没有与大多数其他娱乐形式同步提高,总体上看,人均收费仅为 1 美元。比如将收费标准提高到每人每天 20 美元,就可以通过减少游客人数或增加黄石公园管理局的门票收入(假设美国通过了允许公园体系赚钱的法律),缓解公园的拥挤程度和条件恶化。

增加门票收入也会鼓励更多的私人企业进来并经营他们的公园,提供更多更好的公园设施和投资,以满足社会需求。

(资料来源:根据公开资料整理)

讨论:根据搭便车行为和公地悲剧的理论,分析经济学家提出的通过提高门票价格解决公园拥挤问题?你是否认同?

三、公共物品的解决之策

(一)公共物品的供给主体多元化

由于公共物品的消费和生产过程不存在竞争市场中的协调刺激机制,若完全由私人提供,则无法达到有效的结果,从而难以避免搭便车问题,所以政府介入公共物品的生产,并根据社会福利原则分配公共物品,就成为解决搭便车问题的一种选择。但这并不是说政府应该生产全部公共物品,尤其是准公共物品。

一般来说,纯公共物品和自然垄断性很高的准公共物品通常由政府直接生产的方式提供,而只能给少数人带来实惠或影响不大的公共物品则鼓励私人提供。对于鼓励私人提供的公共物品,采取的是政府间接生产的方式,引导私人企业参与公共物品生产,其实质是在公共物品的提供过程中引进市场和私人的力量,其主要形式包括:授权经营、资助(优惠贷款、减免税收、财政补助等)、政府参股、其他合作形式以及自愿社会服务。

（二）明确公共物品的成本补偿形式

公共物品的成本补偿形式大致可分为三种：①税收形式。一种公共物品如果受惠的对象是全体国民，则可以以收税的方式来筹集。纯公共物品一般适合这一形式。②价格形式。一部分准公共物品如果只供部分消费者享用，则可以以使用者付费的方式筹措经费。③补贴加收费形式。一些政府管理的公共物品供应部门，出于公平、社会稳定等因素的考虑，往往采取一种部分由政府补贴，另一部分以收取较低费用的形式补偿成本。

一项公共物品如果定价过高，会降低其利用的效率。反之，如果定价过低，又将降低其服务品质使经济效率降低，因此公共物品成本补偿方式的确定以及定价高低必须以维持品质并充分利用为前提。

（三）借鉴公共物品成本分担理论方案

消费者说不出自己对公共物品的需求价格，而且在享受公共物品时都想搭便车，因此我们需要寻求一种公共产品的成本分担方案，以显示出他们对公共产品的真正偏好。这里我们介绍竞叫选择机制。

竞叫选择机制是一种使得人们显示其对公共产品的真实偏好的一种方案。在这个方案中，由 N 个人组成的团体要决定生产多少单位的公共物品。X 单位的公共物品对第 i 个人的效用为 $V_i(X)$。当然，$V_i(0)=0$，因为不生产公共物品不会给个人带来任何效用。下面我们简单描述一下这个机制。

每个人的投标牌上必须写上两个数字，X_i 和 b_i，X_i 是第 i 个人所希望的公共物品的产量，b_i 是第 i 个人愿意为这 X_i 单位的公共物品支付的成本。公共物品生产出来后，第 i 个人要分担的成本为 $(q-B_i)X$，其中 q 为公共物品的成本，$B_i = \sum_{j \neq i} b_j$，$X = \frac{\sum X_i}{N}$。也就是说，在人们交了投标牌之后，无论生产多少单位的公共物品，每个人所支付的是公共物品的成本 q 减去其他人愿意支付的总额 B_i，再乘以个人对公共物品的平均需求数 X。

每个人都有权反对或同意他对公共产品成本的分担 $(q-B_i)X$。如果所有人都同意 X 单位的公共物品产量以及成本分担 $(q-B_i)X$，那么将生产 X 单位的公共产品。否则将不生产任何公共产品，每个人的效用均为零。

经济学家做了一系列的实验来确定竞叫选择机制是否能够决定公共物品的最优产量。在实验中，考虑了三个公共物品计划。在每一次实验中，都有六个实验对象参加，并且参加这个竞叫选择方案不下十个回合。实验结果告诉我们，竞叫选择机制能够促使群体做出理性的选择。虽然说真话在竞叫选择机制中不是最优策略，但是说真话却能形成纳什均衡。也就是说，对于每个人来说，说真话也许不是最优选择，但对整个群体来说，竞叫选择机制的结果是令人满意的。

> **案例讨论** 　　　　　　　　　　　为什么黄牛没有绝种
>
> 在历史上，许多物种都遭受了灭绝的威胁。当欧洲人第一次到达北美洲时，这个大陆上野牛的数量超过 6 000 万头。但在 19 世纪，猎杀野牛的现象十分普遍，以至于到 1900 年在政府开始保护动物之前，这种动物只剩 400 头左右了。在现在的一些非洲国家，偷猎者为取得象牙而捕杀大象，导致大象也面临着类似的困境。

但并不是所有具有商业价值的动物都面临着这种威胁。例如，黄牛是一种有价值的食物来源，但没有一个人担心黄牛将很快绝种。实际上，人类对牛肉的大量需求保证了这种动物可以延续繁衍。

为什么象牙的商业价值威胁到大象的生死存亡，而牛肉的商业价值却成为黄牛的护身符呢？原因是大象是公共资源，而黄牛是私人物品。大象自由自在地漫步，不属于任何人。每个偷猎者都尽可能多地捕杀大象，他们受到的是猎杀大象的激励。由于偷猎者人数众多，他们很少受到保存大象种群的激励。与此相比，黄牛生活在私人所有的牧场上。每个牧场主都尽最大的努力来维护自己牧场上的牛群，因为他能从这种努力中得到收益。

政府试图用两种方法解决大象濒临灭绝这一问题。一些国家，如肯尼亚、坦桑尼亚和乌干达，已经把猎杀大象并出售象牙视为违法行为。但相关法律一直很难得到实施，大象种群仍继续减少。与此相比，另一些国家采取了相关激励措施来保护自己土地上大象，结果大象的数量开始增加了。由于私有制和利润动机在起作用，非洲大象在某一天也会像黄牛一样安全地摆脱灭绝的厄运。

（资料来源：格里高利·曼昆. 经济学原理[M]. 梁小民，译. 北京：生活·读书·新知三联书店，北京大学出版社，1999.）

讨论：利用经济学理论分析为什么政府努力限制公共资源的使用？如何运用市场来解决道路拥堵的问题？

第四节　信息不对称

一、信息不对称的概念及原因

（一）信息不对称的概念

信息不对称是指在市场经济活动中，各类人员对有关信息的了解是有差异的，掌握更多信息的一方可以通过向信息贫乏的一方传递可靠信息而在市场中获益。

传统经济学假设市场经济的有效运行建立在完全竞争的市场之上，依靠价格这只看不见的手来调节，产品的生产者和消费者、要素的所有者和需求者都是依靠价格来实现自身利润最大化的，然而利用价格进行调节是要有一个前提条件的，即信息充分，也就是说，消费者和生产者拥有一切做出正确决策所需要的信息。但完全信息只是一种假设，在现实生活中，信息和其他资源一样，也是稀缺的，消费者无法了解所有商品市场上待售商品的质量和价格；股票市场上股东不可能完全掌握被投资企业的所有信息。

（二）信息不对称的原因

（1）获取信息需要过高的成本。如果寻找信息的成本过于高昂，或者有些人不愿意为获取信息支付成本，或者愿意支付这种成本的一方形成了对另一方的信息优势，就会导致信息不对称的格局。

（2）生活中的不确定性。生活中的不确定性使人们只能预见自己的行为会有哪几种可能的结果，以及这种结果的可能性。人们不可能知道在任何时候、任何地方发生的或即将发生的任何情况，尤其在社会分工越来越细的时代，每个人只从事某一方面的工作，不可能成为什么都知道的百科全书。

（3）机会主义倾向。交易双方在信息掌握上一般处于不对称地位，卖方掌握较多信息，买方则掌握较少的信息。为了自己的利益，卖方往往会故意隐瞒一些信息。

（4）信息作为商品比较特殊。信息商品与普通商品不同，无法事先了解其价值。人们愿意掏钱购买信息，是因为不知道信息对自身决策的影响程度，因此信息的卖方不可能让买方在购买前充分了解所售信息。

二、信息不对称的表现

（一）逆向选择

逆向选择是指在交易前隐瞒自己掌握的信息，利用对方不知情做出有利于自己的选择行为。商品市场的一个显著的特征就是信息不对称。卖方利用消费者不知道的信息销售伪劣商品比销售优质商品更容易，这就形成了消费市场的逆向选择。

在市场活动中，由于存在大量的信息不对称现象，会出现逆向选择的情况，从而导致帕累托最优和经济效率无法实现，破坏市场的正常运作，出现市场失灵。

（二）道德风险

道德风险是指从事经济活动的人在最大限度地增进自身效用的同时做出不利于他人的行为，或者说是当签约一方不完全承担风险后果时所采取的自身效用最大化的自私行为。

在经济活动中，道德风险问题相当普遍。2001年度诺贝尔经济学奖得主斯蒂格里茨在研究保险市场时，发现了一个经典的案例：美国一所大学学生自行车被盗比例约为10%，有几个有经营头脑的学生推出了一个针对自行车的保险，保费为保险标的的15%。按常理，这几个有经营头脑的学生应获得5%左右的利润。但该保险运作一段时间后，这几个学生发现自行车被盗比例迅速提高到15%以上。何以如此？这是因为在为自行车投保后，学生们对自行车采取的安全防范措施明显减少。在这个例子中，投保的学生由于不完全承担自行车被盗的风险后果，因而采取了对自行车安全防范的不作为行为，而这种不作为的行为，就是道德风险。可以说，只要市场经济存在，道德风险就不可避免。

股份公司中的道德风险亦称为"委托-代理问题"，即当代理人为委托人工作时，其工作成果同时取决于他的努力程度和不由主观意志决定的各种客观因素，且当这些因素对委托人来说无法完全区分时，就会产生代理人的道德风险。该问题的产生不利于市场机制发挥作用，同样会导致市场失灵。

三、解决信息不对称的对策

（一）解决逆向选择的对策

1. **信号显示**

市场信号是指市场上卖方向买方发出信号，以令人信赖的方式显示产品或其他交易对象的质量，从而减少和消除信息不对称的影响。信号在市场外形成并在市场上使用，起到传递信息的作用。例如，某人由于移民需要卖掉自己比较新的汽车，他在卖车广告上提到了卖车的特殊原因，并且提示准备向有购买意向者提供移民的有关证明。这实际上是发出使买方信赖的卖车动机信号，以消除买方对汽车质量的顾虑。又如，厂家承诺产品在一定时期内保修保换，向消费者发出质量优良的信号，从而减少了因为信息不对称带来的交易成本。

在提供市场信号，如包退、包换、保修等前提下，伪劣产品与优质产品在成本上已不再具有任何优势。有些企业依靠长期稳定、过硬的质量建立起品牌，习惯风险规避的消费者愿意为拥有品牌的产品支付高价，其溢价部分相当于消费者从非品牌产品中搜寻优质产品的成本。由于信息不对称，消费者的搜寻成本会很高。同时具有信誉的商人或机构也可以重建市场秩序，中间商利用自己的专长鉴别产品的品质，他们的信誉可以通过合理的价格出售商品而建立起来，只要他们能够赢得消费者的信赖，失灵的市场就能够重新运转起来。

2. 根据价格判断质量

买方可以依据价格来判断他们所要购买的产品的质量。例如，一般来说，如果旧车价格较低，那么买到次品的可能性就较大。信息不完全的市场中，生产者在定价时会考虑消费者如何评价他们的产品质量。如果卖方认为买方相信低价销售的是次品，即质量的恶化远甚于价格的下降，那么他们就不会降价。

（二）解决道德风险的对策

1. 设计风险分担合约

设计风险分担合约，让具有道德风险行为的一方承担其道德风险造成的损失。例如：在买固定资产时申请银行贷款，银行通常要求提供担保或抵押；在购买房地产申请贷款时，银行最高提供80%的贷款等。采用这样的合约，如果采取保护措施的成本低于预期的损失，财产所有者就有动力采取保护措施。一般来讲，若采取保护措施的成本低于预期的损失，道德风险问题也就大大减少甚至消失了。

2. 激励机制

在股份制企业中出现的道德风险通常被称为"委托-代理问题"。委托-代理问题本质上是由于信息不对称，代理人掌握的信息多于委托人，从而可能产生代理人道德风险，如偷工减料。由于道德风险是事后隐藏行动引起的，缺乏信息的一方需要事前设计出一些有效的制度，来激励掌握私人行动信息的一方克服道德风险倾向，所以建立一个有效的激励机制是解决委托-代理问题的方法。

委托人可以科学地设立一些激励机制和约束机制来防止代理人道德风险。如果委托人是风险规避者，代理人是风险爱好者或者风险中立者，这时可以采取租赁、风险承包的方式，既满足委托人的风险规避要求，又可以满足代理人爱好风险的要求；如果委托人是风险爱好者或风险中立者，代理人是风险规避者，可以采取年薪制、工资的方式；如果委托人和代理人都是风险规避者，这时可采取分担风险的方式，如采取经营者持股、股票期权、股份期权等方式，同时满足委托人和代理人规避风险的要求。

● 主要内容网络图

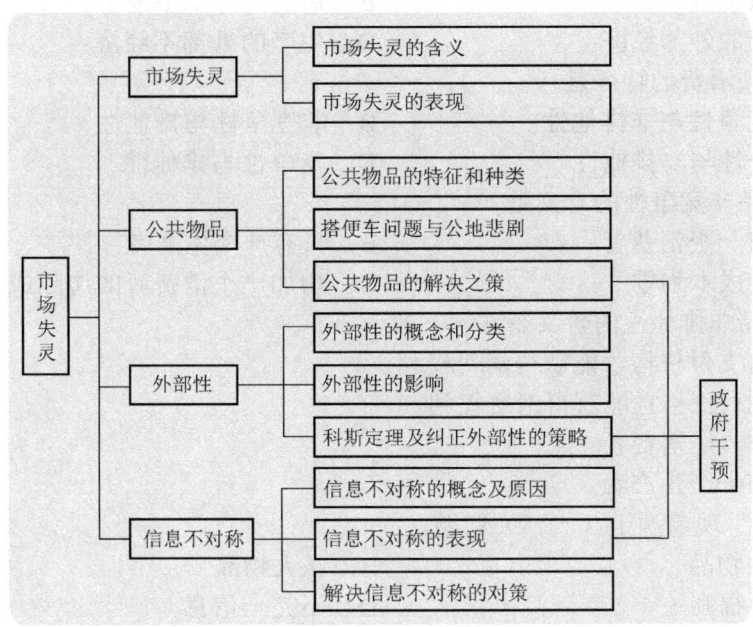

关键名词

市场失灵　公共物品　非竞争性　非排他性　科斯定理　外部性　信息不对称

复习与练习

一、单项选择题

1. 市场失灵是指（　　）。
   A．政府对稀缺性资源配置的无效率
   B．市场对稀缺性资源配置导致不公平问题
   C．市场对资源配置达到最优状态
   D．市场价格机制的运行具有灵活性
2. 下列说法体现了外部不经济概念的是（　　）。
   A．连天下雨减少了小麦的产量
   B．小麦减产引起农民收入下降
   C．吸烟有害自身健康
   D．吸烟有害他人健康
3. 工厂排放的废水、废气、废料对社会产生的效应属于（　　）。
   A．生产的外部经济　　　　　　　　B．生产的外部不经济

C. 消费的外部经济 D. 消费的外部不经济
4. 个人乱扔生活垃圾对社会产生的效应属于（　　）。
   A. 消费的外部经济 B. 消费的外部不经济
   C. 生产的外部经济 D. 生产的外部不经济
5. 公共物品消费的特征是（　　）。
   A. 非竞争性与非排他性 B. 非竞争性与非排他性
   C. 竞争性与非排他性 D. 竞争性与排他性
6. 消费物品非竞争性的含义是（　　）。
   A. 只有一个消费者 B. 只有一个生产者
   C. 生产成本为零 D. 增加一个消费者的边际成本为零
7. 消费物品非排他性的含义是（　　）。
   A. 只有支付价格才能获得消费权利
   B. 不支付价格也能获得消费权利
   C. 只有一个消费者
   D. 只有一个生产者
8. "搭便车"现象源于（　　）问题。
   A. 公共物品 B. 私人物品
   C. 社会福利 D. 不完全信息
9. 卖主比买主知道更多关于商品生产和质量信息的情况称为（　　）。
   A. 道德风险 B. 搭便车
   C. 排他性 D. 不完全信息
10. 解决外部不经济问题可以采取（　　）。
    A. 征税 B. 明确产权
    C. 补贴 D. 以上都可以
11. 按照科斯定理，城市产生污染的原因是（　　）。
    A. 城市人口多 B. 企业排污
    C. 居民环保意识不强 D. 产权不清

二、判断题

1. 市场失灵是指市场这只看不见的手无法实现资源的最优配置。（　）
2. 贫富差距加大是市场失灵的重要表现。（　）
3. 公共物品具有排他性，难免会出现免费搭车问题。（　）
4. 科斯定理认为，在交易费用为零的情况下，市场可以实现资源的最优配置。（　）
5. 免费公园可以被看作是具有排他性的。（　）
6. 纯公共物品同时具有非竞争性和非排他性。（　）
7. 公地悲剧反映了市场失灵。（　）
8. 根据价格去判断商品的质量是符合经济学规律的。（　）

三、问答题

1. 公共物品的主要特征有哪些？

2. 什么是市场失灵？市场失灵的表现有哪些？
3. 外部性是如何引起市场失灵的？解决外部性问题的方案是什么？
4. 什么是信息不对称？应该如何解决？

实践与实训

设想你（不吸烟）与一个吸烟者同住一个宿舍，根据科斯定理，什么因素决定了你的室友是否在宿舍吸烟？这个结果有效率吗？你和你的室友是如何解决的？

（1）实训目的：培养学生利用科斯定理解决生活中遇到的问题的能力。

（2）实训形式：以班级为单位讨论，并让学生分组展示解决问题的方法。

（3）实训要求：每个同学写出实训报告（包括活动时间、地点、根据科斯定理总结出决定是否在宿舍吸烟的因素、解决问题的方法等）。

人物介绍

罗纳德·哈里·科斯

罗纳德·哈里·科斯（Ronald Harry Coase，1910—2013）1910年12月29日出生于英国伦敦的威尔斯登。科斯因为在经济的体制结构方面取得突破性的研究成果，荣获1991年诺贝尔经济学奖。他的杰出贡献是发现并阐明了交换成本和产权在经济组织和制度结构中的重要性及其在经济活动中的作用。科斯的代表作是两篇著名的论文。其一是1937年发表的《企业的本质》一文，该文独辟蹊径地讨论了产业企业存在的原因及其扩展规模的界限问题。其二是1960年发表的著名论文《社会成本问题》。科斯发现，一旦假定交易成本为零，而且对产权（指财产使用权，即运行和操作中的财产权利）界定是清晰的，那么法律规范并不影响合约行为的结果，即最优化结果保持不变。换言之，只要交易成本为零，那么无论产权归谁，都可以通过市场自由交易达到资源的最佳配置。斯蒂格勒（1982年诺贝尔经济学奖得主）将科斯的这一思想概括为"在完全竞争条件下，私人成本等于社会成本"，并将其命名为"科斯定理"。

科斯的主要著作还包括：《边际成本争论》（1946）、《美国广播业：垄断研究》（1950）、《联邦通讯委员会》（1959）、《经济学中的灯塔问题》（1975）、《企业、市场与法律》（1988）。

第八章 国民收入核算

学习目标

知识目标
1. 了解国民生产总值的含义，能够区分国民生产总值与国内生产总值的不同。
2. 掌握国民收入核算中各种总量的计算方法与相互关系。
3. 供给曲线的类型。

技能目标
1. 掌握两部门、三部门和四部门经济中国民收入构成的基本公式。
2. 能够运用支出法和收入法核算国民生产总值。

重点难点
1. 国民收入核算中五个总量的关系。
2. 计算国民生产总值的方法。
3. 凯恩斯的供给曲线。

案例导入

2017 年中国 GDP 数据总量突破 80 万亿元

中国国家统计局 2018 年 1 月 18 日公布：2017 年我国 GDP 总量为 827 122 亿元，首次登上 80 万亿元的门槛！

增速方面，2017 年 GDP 同比增长 6.9%，增速较 2016 年提高 0.2 个百分点！这是自 2010 年以来我国经济增长首次加速！

全年全国居民人均可支配收入 25 974 元，比 2016 年名义增长 9%；扣除价格因素实际增长 7.3%，比 2016 年加快 1 个百分点。按常住地分，城镇居民人均可支配收入 36 396 元，扣除价格因素实际增长 6.5%；农村居民人均可支配收入 13 432 元，扣除价格因素实际增长 7.3%。

城乡居民人均收入倍差 2.71，比 2016 年缩小 0.01。全国居民人均可支配收入中位数 22 408 元，比 2016 年名义增长 7.3%。按全国居民五等份收入分组，低收入组人均可支配收入 5 958 元，中等偏下收入组人均可支配收入 13 843 元，中等收入组人均可支配收入 22 495 元，中等偏上收入组人均可支配收入 34 547 元，高收入组人均可支配收入 64 934 元。

如何理解 GDP？你家的收入水平如何？

第一节 宏观经济总量

社会经济根据经济活动和运行层次的不同,可以分为宏观经济与微观经济。微观经济主要是单个经济单位的经济活动,表现为以个人、家庭和企业为单位进行的生产、分配、交换、消费活动等。但随着市场规模不断扩大,商品交换日益发展和生产社会化程度越来越高,经济活动已不仅仅是单纯的个体行为,而日益呈现出相互联系、相互影响的整体特征。

宏观经济是指总量经济活动,即国民经济的总体活动,也可以说是整个国民经济或国民经济总体及其经济活动和运行状态,如总供给与总需求之间的关系、国民经济的总值及其增长速度、国民经济中的主要比例关系、物价的总水平、劳动就业的总水平与失业率的高低、货币发行的总规模与增长速度、进出口贸易的总规模及其变动等。

宏观经济学以整个国民经济为研究对象,通过研究社会经济中的有关总量的决定及其变化来说明如何从整个社会角度实现资源的有效配置。具体地说,宏观经济学主要研究以下几个方面:①作为消费者的家庭部门和作为生产者的厂商部门如何决定消费和投资数量,从而决定整体经济的总需求。②家庭和厂商部门如何选择供给投入以决定整体经济的总供给。③经济中的总需求和总供给如何决定资源总量和价格总水平。④资源总量和价格总水平的长期变动趋势。衡量经济运行状况最基本的统计指标就是总量指标——国内生产总值、国民收入、失业率等,也就是用一个绝对数来反映特定现象在一定时间上的总量状况。

宏观经济与微观经济是经济活动和经济运行的两个不同层次,两者有着密切的联系。一方面,微观经济是宏观经济的基础,对总体经济行为的分析离不开对个体经济行为的分析;另一方面,宏观经济的良好状况是微观经济活动得以顺利进行的必要条件。

一、国内生产总值

国内生产总值(简称 GDP)是指在一定时期内一个国家或地区在生产活动中所产出的全部最终产品和服务的市场价值总和,它不仅可反映该国家或地区的经济表现,同时反映该国家或地区的实力与财富,因此常常被公认为是衡量一个国家或地区经济状况的最佳指标。一般说来,一个国家的 GDP 大幅增长,反映出该国经济发展蓬勃,国民收入增加,居民消费能力也随之增强;反过来说,如果一个国家的 GDP 出现负增长,表明该国经济处于衰退状态,居民消费能力也会降低。国内生产总值具体包含以下几方面的含义:

1. 国内生产总值是用最终产品来计量的,中间产品价值不计入 GDP

最终产品是指在一定时期内生产的可供人们直接消费或者使用的物品和服务,这部分产品已经到达生产的最后阶段,不能再作为原料或半成品投入其他产品和劳务的生产过程中去,如各类消费品等。中间产品是指为了再加工或者转卖用于供其他产品生产使用的物品和劳务,如原材料、燃料等。

2. 只有一定时期内生产而不是销售的最终产品和劳务的价值才能计入 GDP

例如,某汽车企业 2018 年生产汽车 10 万辆,每辆车的市场售价为 10 万元,销售状况良好，2018 年度生产的 10 万辆车连同库存的 1 万辆车全部投放市场，虽然销售成绩是 110 亿元，但计入 GDP 的只是 100 亿元；到了 2019 年，该企业生产了 12 万辆该型汽车，但由于遭遇经济危机，只卖出了 6 万辆，销售成绩是 60 亿元，但计入 GDP 的是 120 亿元，因为未售出的 6 万辆车（60 亿元）可以看作是该企业的存货投资。

3．GDP 是一个地域概念

例如，中国公司在国外成立了一个子公司，该子公司在国外建有厂房并从事生产活动，由于超出了中国的地域范围，中国的 GDP 就不包括该子公司所从事的生产活动。而外资企业在中国建立了厂房并从事生产活动，由于在中国境内，该外资企业所从事的生产活动就要反映在中国的 GDP 中。

4．GDP 是一个市场价值的概念

各种最终产品的市场价值都是通过市场交换体现出来，用货币来加以衡量的。一种产品的市场价值就是用这种最终产品的单价乘以其产量获得的。

5．GDP 一般仅指市场活动导致的价值

那些非生产性活动以及地下交易、黑市交易，如家务劳动、自给自足生产、赌博和毒品等非法交易不计入 GDP 中。

6．GDP 是计算期内生产的最终产品价值，因而是流量而不是存量

流量和存量是一对相对的概念，存量是指一个时点上的量，流量是指一段时间内发生的量。仍然以汽车销售企业为例，2019 年该企业生产了 12 万辆汽车，是该年度内发生的量，因此 12 万辆是流量，其价值要计入 GDP；而截至 2019 年年底库存量为 6 万辆，是一个时间点上的统计值，6 万辆是存量，其价值不计入 GDP。

二、国内生产总值与国民生产总值

国民生产总值（GNP）和 GDP 一样，也是核算社会生产成果和反映宏观经济的总量指标，指的是在一定时间内，一个国家国民所拥有的所有生产要素产生的最终产品的市场价值。

也就是说，在一定时间里，不管一个国家的生产要素流入哪个国家，只要它们仍然为该国的个人或法人所有，那么用这些要素生产出来的最终产品或劳务价值就称为该国的国民生产总值。例如：苹果在中国的分公司所获得的利润要计入美国的 GNP，而不能计入中国的 GNP；联想在美国的分公司所获得利润要计入中国的 GNP，而不能计入美国的 GNP。

一个国家常住机构单位从事生产活动所创造的增加值（GDP）在初次分配过程中主要分配给这个国家的常住机构单位，但也有一部分以劳动者报酬和财产收入等形式分配给该国的非常住机构单位，同时国外生产单位所创造的增加值也有一部分以劳动者报酬和财产收入等形式分配给该国的常住机构单位，因此 GDP 和 GNP 存在着相应的换算关系：

$$GDP=GNP+外资生产总值-本国国民在外国的生产总值$$

一般来说，各国的国民生产总值与国内生产总值二者相差数额不大，但如果某国在国外有大量投资和大批劳工的话，则该国的国民生产总值往往会大于国内生产总值。比方说，日本在海外有大量的投资，其 GNP 就比 GDP 大。2001 年，日本的 GNP 比 GDP 高 8.5 万亿日元，相当于日本 GDP 的 2.5%，换句话说，即使日本国内经济（GDP）增长率为零，

但是，有来自国外的这 8.5 万亿日元的投资净收入，也可以保证其 GNP 增长 2.5%。

通过以上的分析和比较，我们可以看到 GDP 与 GNP 存在着共同点和不同点。

共同点是：两者均用以反映一个国家或地区当期创造的国民财富的价值总量。通过计算 GDP 增长率或 GNP 增长率，可以衡量一个国家或地区经济增长速度的快慢；通过计算人均 GDP 或人均 GNP，可以衡量一个国家或地区经济发达程度，或反映国民收入水平及生活水平的高低。

不同点是：两者的计算口径和侧重点不同。GDP 计算采用的是"国土原则"，即只要是在本国或本地区范围内生产或创造的价值，无论是外国人或是本国人创造的价值，均计入本国或本地区的 GDP，其强调的是创造的增加值，是"生产"的概念。而 GNP 计算采用的是"国民原则"，即只要是本国或本地区居民，无论你在本国或本地区内，还是在外国或外地区所生产或创造的价值，均计入本国或本地区的 GNP，强调的是获得的原始收入。

政府对 GDP 和 GNP 的不同关注也会导致经济增长方式存在差异。如果一个国家或地区在经济政策上更为关注 GDP，那就会更注重本国产业的成熟和发展，而不在乎支撑这些产业发展的是国内企业还是国外企业。如果在经济政策上更关注 GNP，则不仅本国产业要发展，而且应当更关注以本国企业支撑产业的发展。于是，前者会更倾向于招商引资，把招商引资作为经济工作的重中之重，后者则会重视本国企业，包括国有企业和民营企业的发展。

三、名义 GDP 与实际 GDP

GDP 是用来衡量一个国家或地区宏观经济运行整体情况的重要参考依据与指标，是以货币来计算的。引起 GDP 变化的因素有两个，一个是所生产的物品和劳务的数量，另一个是物品和劳务的价格。在这样的情况下，直接使用 GDP 指标比较各年的总产出水平，势必包含虚假的信息，因为总产出的变化可能是由价格变化的因素引起的。所以为了准确地比较各年的总产出水平，弄清其变动到底是由产量还是价格变动引起的，剔除 GDP 统计中价格因素的影响，则需要区分名义国内生产总值与实际国内生产总值。

（一）名义 GDP

名义 GDP 也称货币 GDP，是用生产物品和劳务的当年价格计算的全部最终产品的市场价值。名义 GDP 的变动既反映了实际产量变动的情况，又反映了价格变动的情况。

（二）实际 GDP

实际 GDP 是指用从前某一年作为基期的价格计算出来的全部最终产品的市场价值。按固定价格或不变价格来进行统计，实际 GDP 的变动仅仅是由于实际产量的变动所引起的。因此，实际 GDP 的各种变动被广泛地用来衡量产出的水平和波动。两者的换算公式为

$$\text{实际 GDP} = \text{名义 GDP} / \text{GDP 折算指数}$$

例如，某国市场上的最终产品以工业产品和农业产品为代表。两种商品在 2017 年（基期）和 2018 年（现期）的价格与产量见表 8-1。

表 8-1　2018 年名义 GDP 和实际 GDP

产品	2017 年名义 GDP	2018 年名义 GDP	2018 年实际 GDP
工业品	100 万单位×10 元=1 000 万元	110 万单位×11 元=1 210 万元	110 万单位×10 元=1 100 万元
农产品	1 000 万单位×1 元=1 000 万元	1 100 万单位×1.1 元=1 210 万元	1 100 万单位×1 元=1 100 万元
合计	2 000 万元	2 420 万元	2 200 万元

2017 年（基期）和 2019 年（现期）的价格与产量见表 8-2。

表 8-2　2019 年名义 GDP 和实际 GDP

产品	2017 年名义 GDP	2019 年名义 GDP	2019 年实际 GDP
工业品	100 万单位×10 元=1 000 万元	120 万单位×9 元=1 080 万元	120 万单位×10 元=1 200 万元
农产品	1 000 万单位×1 元=1 000 万元	1 200 万单位×0.9 元=1 080 万元	1 200 万单位×1 元=1 200 万元
合计	2 000 万元	2 160 万元	2 400 万元

在 2018 年，GDP 折算指数=2 420/2 200=1.1

名义 GDP 增长率：（2 420–2 000）/2 000×100%=21%

实际 GDP 增长率：（2 200–2 000）/2 000×100%=10%

在 2019 年，GDP 折算指数=2 160/2 400=0.9

名义 GDP 增长率：（2 160–2 000）/2 000×100%=8%

实际 GDP 增长率：（2 400–2 000）/2 000×100%=20%

可以知道，由于物价上升的缘故，导致 2018 年度实际 GDP 增长率低于名义 GDP 增长率；而在 2019 年度，由于物价下降的缘故，实际 GDP 增长率高于名义 GDP 增长率。

（三）GDP 的局限性

GDP 是目前国民经济核算体系中一个重要的综合性指标，能够反映一个国家或地区经济发展水平、人们生活水平以及社会财富的增加，可以使我们了解一个国家或地区的总体经济情况，但其并不能完全准确地反映出一个国家或地区的真实经济情况，不能全面反映该国家或地区人们所享受的经济福利。

伴随经济增长的是资源消耗率不断增长。经济产出总量增加的过程，是自然资源消耗增加的过程，也是环境污染和生态破坏的过程。我们从 GDP 中只能看出经济产出总量或经济总收入的情况，却看不出这背后的环境污染和生态破坏。经济发展中的生态成本有多大，目前世界各国还没有一个准确的核算体系，没有一个数据能使我们一目了然地看清环境污染和生态破坏的情况。环境和生态是一个国家综合经济的一部分，由于没有将环境和生态因素纳入其中，GDP 核算法就不能全面反映国家的真实经济情况。

概括起来，目前以 GDP 衡量经济运行情况，主要的缺点有以下几个方面：

1. GDP 无法涵盖经济的各个层面

经济中的一些活动经常无法真实计算，如非法经济活动、地下经济活动及非市场活动等，这些经济活动创造的价值无法被计入 GDP。

2. GDP 只反映经济情况，不能反映经济福利情况

一方面，GDP 统计的是总量，它的增加与减少，是经过交易的产品和劳务的多寡来决定的，并没有反映出社会产品在各类人群中的分配情况；另一方面，GDP 只是笼统地统计产品的市场价值，并不反映哪些产品能给人们生活带来福利，哪些不能。

3. 国际比较上的困难

由于各国商品化程度与市场化程度的不同、产品结构与产品价格水平的不同，加上由于各国统计口径或标准的不同等原因，都会带来各国比较 GDP 时的困难。

从 20 世纪中叶开始，随着环境保护运动的发展和可持续发展理念的兴起，一些经济学家和统计学家们尝试将环境要素纳入国民经济核算体系，以发展新的国民经济核算体系，这便是绿色 GDP。

绿色 GDP 是指一个国家或地区在考虑了自然资源（主要包括土地、森林、矿产、水和海洋）与环境因素（包括生态环境、自然环境、人文环境等）影响之后经济活动的最终成果，即将经济活动中所付出的资源耗减成本和环境降级成本从 GDP 中予以扣除。这种观念改革了现行的国民经济核算体系，对环境资源进行核算，从现行 GDP 中扣除环境资源成本和对环境资源的保护服务费用。绿色 GDP 这个指标，实质上代表了国民经济增长的正面效应。绿色 GDP 占 GDP 的比重越大，表明国民经济增长的正面效应越大，负面效应越小，反之亦然。但是，绿色 GDP 的研究虽取得了重大进展，却也存在着不少争论。迄今为止，全世界还没有一套公认的绿色 GDP 核算模式，也没有一个国家以政府的名义发布绿色 GDP 结果。

四、五个总量及其关系

国民收入核算体系中主要包括五个总量：国内生产总值、国内生产净值、国民收入、个人收入和个人可支配收入。正确理解这五个总量的含义及其相互关系，也是国民收入核算体系的基本要求。

（一）国内生产总值

前文已经讲过，国内生产总值是指在一定时期内（一个季度或一年），一个国家或地区所有常住单位在生产活动中所产出的全部最终产品和劳务的市场价值总和。计算各个生产单位产出时，其强调的是创造的增加值，是"生产"的概念，并未扣除当年的资本耗费（即折旧），如果扣除资本耗费，那就是国内生产净值。

（二）国内生产净值

国内生产净值（NDP）是指一个国家（或地区）在一定时期内在本国领土上生产的最终产品按市场价值计算的净值。任何一件产品的价值中不但包含有消耗的原材料、燃料等价值，还包含使用的资本设备的折旧。只有在最终产品价值中把消耗的资本设备价值也扣除了，才能得到净增加值，即 NDP=GDP-资本折旧。

（三）国民收入

国民收入（NI）是指一个国家（或地区）在一定时期内在本国领土上各种生产要素所有者得到的实际收入。从国民生产净值中扣除间接税和企业转移支付再加上政府补贴，就

得到该国生产要素在一定时期内提供生产性服务所得的报酬，即工资、利息、地租和利润的总和。间接税和企业转移支付虽然构成产品价格，但其既不是任何生产要素提供的，也不为任何生产要素所有者获得，并非要素收入，所以应从 NDP 中扣除；政府补助虽不列入产品价格，但其是要素收入，应该加入。其关系式可表示为

$$NI=工资+利息+地租+利润$$
$$NI=NDP-间接税-企业转移支付+政府对企业的补贴$$

（四）个人收入

个人收入（PI）是指一个国家（或地区）一定时期内个人得到的所有收入的总和。生产要素报酬意义上的国民收入并不会全部成为个人收入。例如，一方面，企业收入在缴纳所得税和预留再生产资金后，才会分配给职工个人，同时职工劳动收入中也有一部分要以社会保险费的形式上缴国家机构；另一方面，人们也会以各种形式从政府那里得到转移支付，如退伍军人津贴、工人失业救济金、职工养老金、职工困难补助等。因此，从国民收入中减去公司未分配利润、公司所得税及社会保险税（费），再加上政府给个人的转移支付，才能得到个人收入。其关系式可表示为

$$PI=NI-公司未分配利润-公司所得税-社会保险税+政府转移支付$$

（五）个人可支配收入

个人可支配收入（DPI）是指一个国家（或地区）一定时期内可以由个人支配的全部收入。个人收入不全归个人支配，缴纳个人所得税之后的收入才是个人可支配收入。DPI 可用于两个方面：一是个人消费支出，二是个人储蓄。其关系式可表示为

$$DPI=PI-个人所得税=个人消费+个人储蓄$$

> ● **即问即答** ●
>
> 今年的名义 GDP 增加了，说明（　　）。
> A. 今年的物价上涨了　　B. 今年的物价和产出都增加了
> C. 今年的产出增加了　　D. 不能确定

第二节　国民收入的核算方法

国民收入核算体系又称国民经济账户体系，是将国民生产总值作为核算国民经济活动的核心指标，用来衡量一个国家或地区创造的物质产品和提供服务的劳务活动的价值。在进行国民收入核算时，主要使用的方法有支出法、收入法和生产法。生产法是从生产的角度出发将各部门增加值加总的一种方法，其核心是"最终产品"，要避免把中间产品计算入内，否则会导致重复计算。这里我们主要介绍支出法和收入法。

一、支出法

支出法又称为产品支出法、最终产品法、增值法，是从产品的使用出发，将一个国家

（或地区）在一年内消费者所购买的各项最终产品和劳务的货币支出进行加总来计算GDP。如果用 Q_1、Q_2、$\cdots$、Q_n 代表各种最终产品的数量，用 P_1、P_2、$\cdots$、P_n 代表各种最终产品的价格，国内生产总值表示为：$GDP=Q_1P_1+Q_2P_2+\cdots+Q_nP_n$。

在运用支出法计算国内生产总值时，为了避免重复计算，所相加的一定要是最终产品，而不是中间产品。在计算最终产品的产值时，也可以运用支出法，即只计算在生产各阶段上所增加的价值。

由于产品和劳务的需求分为四类，即个人消费、企业投资、政府购买和净出口，用这种核算方法计算的国内生产总值（GDP）=个人消费支出（C）+企业投资支出（I）+政府购买支出（G）+净出口（出口 X－进口 M）。也就是：$GDP=C+I+G+(X-M)$。

（一）个人消费支出

个人消费支出包括购买耐用消费品（电视机、电冰箱等）、非耐用消费品（食物、衣服等）和劳务支出（医疗、旅游等），但建筑住宅的支出不包括在内，而应归入固定资产投资中。

（二）企业投资支出

企业投资支出是指增加或替换资本资产的支出，如购买厂房和住宅建筑、机器设备以及存货。投资包括固定资产投资和存货投资两大类，固定资产投资是指新厂房、新设备、新商业用房以及新住宅的增加，"固定"这个说法表示这类投资品将长期存在并使用；存货投资是企业掌握的存货价值的增加（或减少）。存货投资可能是正值，也可能是负值，因为年末存货价值可能大于也可能小于年初存货。

投资是一定时期增加到资本存量中的新的资本流量，而资本存量则是经济社会在某一时点上的资本总量。在总投资中，有一部分用于补偿资本的消耗，这部分投资是用来重置资本设备的，称为重置投资。总投资减去重置投资称为净投资。

（三）政府购买支出

政府购买支出是指政府对商品和服务的购买支出，如政府设置国家机关、军费开支、基础设施建设支出、兴办教育事业等都属于政府购买，这些政府购买都作为最终产品计入国民收入。

政府购买还表现为建设公共设施，雇请公务员、学校教师、司法部门的人员等在社会公共部门或政府部门中提供服务。由于这些服务不是直接卖给最终消费者，因此对政府提供的服务难以有一个市场估价，这就使政府购买和个人消费、投资和出口不同。在计入 GDP 时，一般根据政府提供这些服务所花费的成本计算其价值。例如，根据政府在教育方面的支出来计算公共教育的价值，国防的价值则假定等于国防费用支出。

政府购买支出仅仅是政府支出的一部分，政府支出的另一部分为政府转移支付。在国民收入核算中，政府转移支付不计入 GDP，原因是政府转移支付只是收入的转移，而没有发生相应的产品和劳务的交换。例如，政府给残疾人发放救济金，并不是因为残疾人提供了生产要素的服务因而创造了收入。

（四）净出口

净出口是指劳务和货物进出口差额方面的支出。世界各国一般都会与别的国家或地区发生经济贸易往来。这就会使得一个国家的居民户、企业和政府购买最终产品的支出和这个国家的总产出不相等。进口应从总购买量中减去，出口产品应当加到购买量中去。一般来说，净出口额为正值称为贸易顺差，净出口额为负值称为贸易逆差。

> **案例讨论**
>
> 从美国经济分析局（BEA）发布的公开数据中可以看出，从1929年到2017年，除了第二次世界大战时期外，居民消费占美国GDP的比例基本都在60%以上。从1970年开始，居民消费占美国GDP的比例在逐渐增长。2017年，服务消费占GDP的比重超过了45%，而商品消费占GDP的比重逐渐下降。2017年，商品消费占GDP的比重略高于20%，其中非耐用品消费增长速度较慢，非耐用品消费占GDP比重逐渐下降，是商品消费下降的主要原因。
>
> 第二次世界大战结束之后，美国私营经济投资占GDP的比重基本保持在GDP的15%～20%变动，其中住宅投资占GDP的比重在5%上下变动。但值得关注的是，2017年美国知识产权投资占GDP的比例已经超过了4%，美国基础设施投资占GDP的比例已经低于知识产权投资近1个百分点。
>
> 从1976年开始，美国进出口贸易进入了贸易逆差阶段，在长达40年的时间里，美国一直保持对外贸易逆差。
>
> **讨论：** 从支出法的角度看，美国GDP构成的主要特点是什么？

在美国GDP的四个组成部分当中，个人消费支出占据很大的份额，这一方面反映出美国经济的总体运行情况良好，另一方面也反映出美国经济增长中有很大一部分是由于个人消费需求拉动的。

二、收入法

收入法又称要素所得法，是指通过把所有生产要素在生产中所得到的收入相加来核算GDP。这种核算方法是从企业生产成本角度看社会在一定时期内生产了多少最终产品的市场价值。但严格说来，产品的市场价值中除了生产要素收入构成的生产成本，还有间接税、折旧、公司未分配利润等内容。在实际运用收入法计算国民收入时，还应包括下列项目：

（一）工资、利息和租金

工资从广义上讲，包括所有工作的酬金、补助和福利费，也包含必须缴纳的所得税和社会保险。

利息指人们储蓄所提供的货币资金在本期的净利息收入，如银行存款利息等，但不包括个人间因借贷关系而发生的利息和政府公债利息。

租金主要指出租人所得的出租收入。主要有房地产租金、享有专利权和版权以及自然资源所有权等具有地租性质的收入。

（二）业主收入

这里的业主是指不受人雇佣的独立生产者，如农民等，他们被自己雇用，使用自有资金，他们的工资、利息、地租和利润往往混在一起作为业主收入。

（三）公司税前利润

公司税前利润包括公司所得税、社会保险税、股东红利以及公司未分配利润。

（四）企业转移支付和企业间接税

企业转移支付是指企业对非营利组织的慈善捐款和消费者赊账；企业间接税是指企业缴纳的货物税、销售税等。这些税收虽然不是生产要素创造的收入，但要通过产品加价转嫁给购买者，所以也应看作是企业的产出总值的构成部分。

（五）资本折旧

折旧虽不是生产要素收入，但它会冲减其他收入项目，所以也应将其计入国民生产总值内。

这样，通过收入法得到的 GDP 就是工资、利息、租金、利润、企业转移支付和企业间接税以及资本折旧的总和。

第三节 国民收入核算中的恒等关系

无论采用什么方法来衡量 GDP，一个国家的总收入、总支出和总产量是相等的。GDP 从收入法的角度看就是储蓄加消费，从支出法的角度看就是投资加消费，于是储蓄和投资相等成为国民经济核算的出发点。

一、两部门经济中的经济循环模型与恒等关系

两部门经济是指只有家庭和企业两个部门的经济，这种构想基于两个假设：一个假设是经济是封闭型的，不存在对外贸易；另一个假设是政府和经济活动没有关系。其中，企业是指最终产品和劳务所有生产者的总和；家庭是指生产要素所有者的总和，也是所有消费者的总和。

在两部门经济中，经济活动的主体是企业和家庭。家庭向企业提供所需的生产要素，如劳动力、资本、土地和企业家才能；同时，企业向生产要素所有者支付报酬，如工资、利息、租金和利润，这种交易形成生产要素市场。企业购得生产要素以后，生产出最终产品或劳务并销售给消费者，作为消费者的家庭用出售生产要素所得到的收入去购买最终产品或劳务，这种交易便形成产品市场。家庭把一部分收入用来向厂商购买产品或劳务，把另一部分收入储蓄起来；厂商通过把家庭的全部储蓄都转化为厂商的投资，便形成货币市场。

在两部门经济中，从支出的角度看，国民收入（Y）由消费需求（C）和投资需求（I）构成，即 $Y=C+I$；而从收入角度看，如果把储蓄（S）看作国民收入中没有用于消费的部分，国民收入由消费需求（C）和储蓄（S）构成，即 $Y=C+S$。因此，$C+I=C+S$，那么储蓄一定

会等于投资,即 $I=S$。两部门经济循环模型可用图 8-1 表示。

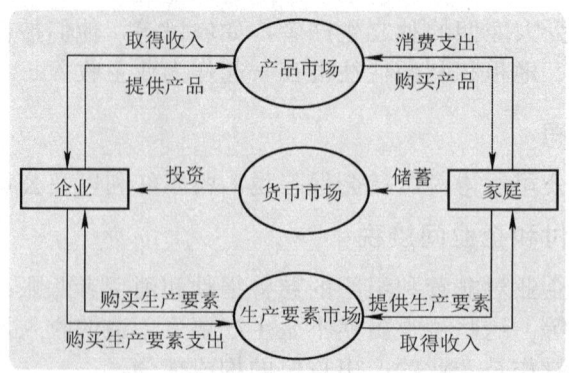

图 8-1 两部门经济循环模型图

二、三部门经济中的经济循环模型与恒等关系

三部门经济是指包括家庭、企业和政府三个部门的经济,即在两部门经济的基础上增加了政府部门。

政府在经济中的作用主要是通过政府收入和支出体现的。政府为经济活动提供公共物品,并为此向社会征收税收,政府的税收主要包括两类:一类是直接税,这种税是对财产和收入征收的税;另一种是间接税,这种税是对商品和劳务所征收的税。政府支出包括政府对商品和劳务的购买与转移性支付。

考虑政府经济活动时,也可以分别从支出和收入角度看待国民收入的构成。从支出角度看,国民收入等于消费、投资和政府购买的总和,可以用公式表示为:$Y=C+I+G$。

从收入角度看,国民收入等于工资、利息、租金和利润的总和,仍旧是所有生产要素获得的收入总和。总收入除了用于消费和储蓄,还要纳税。尽管政府税收(Tx)最终都是向家庭征收的,但同时又得到政府的转移支付收入(Tr),税金扣除转移支付才是政府的净收入。这样,政府的净税收(T)便等于税收(Tx)减去政府转移支出(Tr),即 $T=Tx-Tr$。于是,从收入角度来看,国民收入可以用公式表示为

$$Y=C+S+T$$

社会总需求等于社会总收入,即 $AD=Y$,于是 $C+I+G=C+S+T$,该等式可以化为 $I=S+(T-G)$。因为 T 是政府的净收入,G 是政府购买性支出,因此 $(T-G)$ 可以看作政府储蓄,其值可以为正也可以为负。这样,$I=S+(T-G)$ 就可以表示储蓄和投资的恒等关系。三部门经济循环模型可用图 8-2 表示。

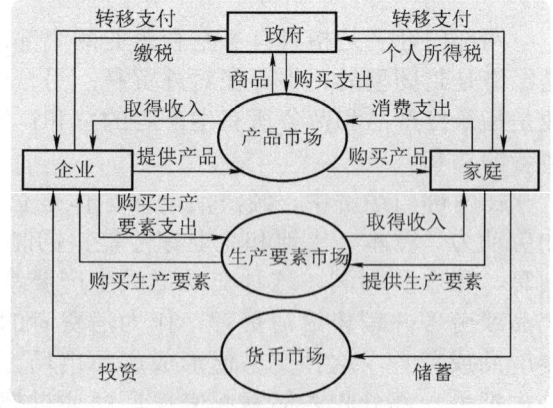

图 8-2 三部门经济循环图

三、四部门经济中的经济循环模型与恒等关系

四部门经济是包括家庭、企业、政府和国外四个部门的经济,即在三部门之外增加了

国外部门，国内厂商和政府通过贸易、资本流动与国外部门发生经济联系。在只有贸易的情况下，国外部门对国内经济的影响是：作为国外产品的供给者，向国内提供商品与劳务，对本国来说即进口；作为国内商品与劳务的需求者，向国内进行购买，对本国来说即出口。

四部门经济也叫开放经济，现实经济生活中的经济大都是四部门经济。四部分经济要正常循环，除保证产品市场、货币市场、生产要素市场和政府收支均衡外，还必须保证国际收支均衡，即国际收支大体相等。

从支出的角度看，国民收入等于消费、投资、政府购买和净出口的总和，可以用公式表示为：$Y=C+I+G+(X-M)$。

从收入的角度看，国民收入构成公式可以表述为：$Y=C+S+T+K$，其中 K 表示外国人在本国获得的生产要素报酬。

在四部门经济中，$C+I+G+(X-M)=C+S+T+K$，也就是 $I=S+(T-G)+(M+K-X)$，其中 S 表示居民个人储蓄，$(T-G)$ 表示政府储蓄，$(M+K-X)$ 表示外国对本国的储蓄。从本国立场看，$(M-X)$ 表示净进口，外国获得收入；K 表示外国人在本国获得的生产要素报酬，也是外国获得收入。当 $(M+K)$ 大于 X 时，外国对本国的收入大于支出，于是就有了储蓄，反之是负储蓄。四部门经济循环模型可用图 8-3 表示。

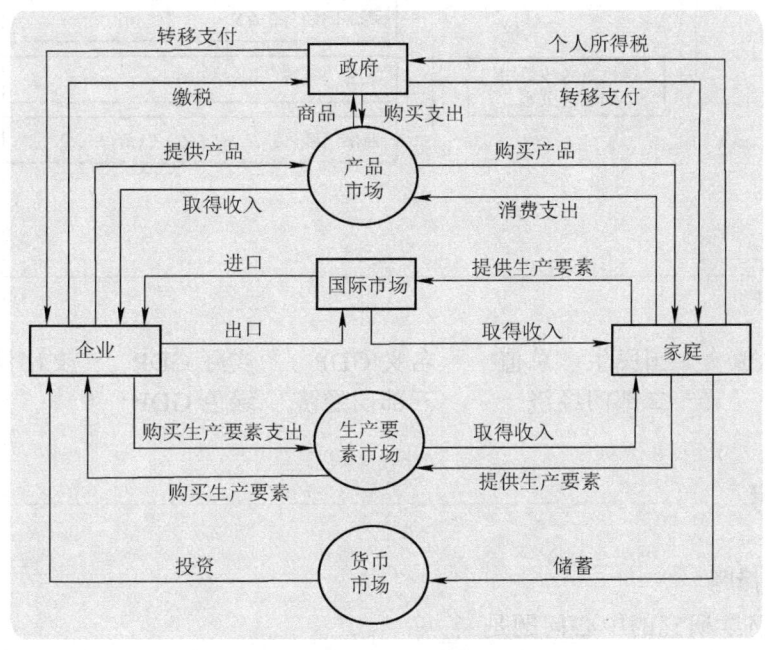

图 8-3　四部门经济循环图

以上分别分析了二部门、三部门和四部门经济中的国民收入构成的基本公式以及储蓄-投资恒等式。虽然在分析时并未考虑折旧，但实际上，即使考虑折旧问题，上述收入构成公式及储蓄-投资恒等式也是成立的。

储蓄和投资一定相等，只是遵循储蓄和投资的基本定义，而不管经济是否充分就业或通货膨胀，即是否均衡。但这一恒等式并不意味着人们意愿的或者说事前计划的储蓄总会等于企业想要的投资。在实际经济生活中，储蓄和投资的主体及动机都不一样，这就会引起计划投资和计划储蓄的不一致，形成总需求和总供给的不平衡，引起经济扩张和收缩。

分析宏观经济均衡时所讲的投资要等于储蓄，是指只有计划投资等于计划储蓄时，才能形成经济的均衡状态。这和国民收入核算中实际发生的投资总等于实际发生的储蓄这种恒等关系并不是一回事。

● **主要内容网络图**

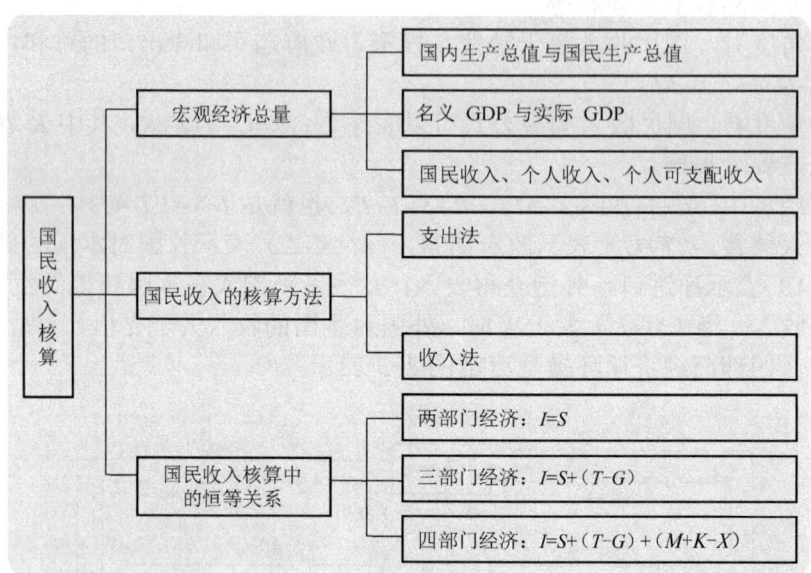

关键名词

国内生产总值　　国民生产总值　　名义 GDP　　实际 GDP　　支出法
收入法　　　　　二部门经济　　　三部门经济　　绿色 GDP

复习与练习

一、单项选择题

1. 宏观经济学研究的中心问题是（　　）。
   A. 价格和利润　　B. 价格和数量　　C. 收入和就业　　D. 利益最大化
2. 在国内收入体系中，测量一定时期所有最终产品和劳务的货币价值量的指标是（　　）。
   A. 国民生产总值　　　　　　B. 国内生产总值
   C. 国民生产净值　　　　　　D. 可支配收入总和
3. 在国民收入体系中，个人购买住房属于（　　）。
   A. 个人消费　　　　　　　　B. 个人固定资产投资
   C. 企业消费　　　　　　　　D. 企业投资

4. 国民生产总值核算国民收入的原则是（　　）。
   A．国民原则　　　　　　　　　　B．地域原则
   C．利益最大化原则　　　　　　　D．效用最大化原则
5. 两部门经济中部门指的是（　　）。
   A．企业和厂商　　　　　　　　　B．家庭和个人
   C．家庭和厂商　　　　　　　　　D．个人和政府
6. 两部门经济中国民收入的恒等式是（　　）。
   A. $P=Q$　　　B. $C=S$　　　C. $S=C$　　　D. $I=S$
7. 在两部门经济中，从支出的角度看，国民收入的构成是（　　）。
   A. $Y=C+S$　　　B. $Y=S+I$　　　C. $Y=S+S$　　　D. $Y=C+I$
8. 在两部门经济中，从收入出的角度看，国民收入的构成是（　　）。
   A. $Y=C+S$　　　B. $Y=S+I$　　　C. $Y=S+S$　　　D. $Y=C+I$
9. 三部门经济中，如果用支出法来衡量，GNP 等于（　　）。
   A．消费+投资　　　　　　　　　　　B．消费+投资+政府支出
   C．消费+投资+政府支出+净出口　　　D．消费+投资+净出口
10. 下列产品中能够计入当年 GDP 的有（　　）。
    A．工厂购入原材料　　　　　　　B．某人购买二手房所付资金
    C．家务劳动　　　　　　　　　　D．企业当年生产但没有卖掉的产品
11. 当 GNP 大于 GDP 时，则本国居民从国外得到的收入（　　）外国居民从本国取得的收入。
    A．大于　　　　　　　　　　　　B．等于
    C．小于　　　　　　　　　　　　D．可能大于也可能小于
12. 在一般情况下，国民收入核算体系中数值最小的是（　　）。
    A．国民生产净值　　　　　　　　B．个人收入
    C．个人可支配收入　　　　　　　D．国民收入
    E．国民生产总值

二、判断题

1. 宏观经济学以收入和就业为中心，所以又称为收入理论或就业理论。（　　）
2. 一个在美国工作的中国公民的收入，既是中国 GNP 收入的组成部分，也是美国 GDP 的组成部分。（　　）
3. 个人可支配收入是个人可以支配用于消费或储蓄的收入。（　　）
4. 经济学中所讲的投资，主要是指资本的形成，是社会实际资本的增加。（　　）
5. 若 $I>S$，则说明产品市场供不应求，企业存货减少，因此，企业会扩大生产，国民收入增加，最终回到 $I=S$ 的均衡。（　　）

三、问答题

1. 什么是国民收入？应当如何理解国民收入？
2. 国民收入核算理论中的五个经济总量间存在什么样的关系？
3. 你是如何理解 GDP 的局限性的？
4. 你是如何理解经济发展的三驾马车的？

实践与实训

人均 GDP 不是人均收入

GDP 反映了一个国家整体经济的规模和状况，把实际 GDP 除以一个国家的人口数则得出人均实际 GDP，人均实际 GDP 反映出一个国家的富裕程度。世界银行在比较各国的总体经济状况与规模时按实际 GDP 排序，在比较各国的富裕程度时按人均实际 GDP 排序。

从 GDP 中减去折旧是国内生产净值；从 NDP 中减去间接税是国民收入，把国民收入除以该国人口数得出的数值就是我们经常听到的人均国民收入这个词。严格来说，人均 GDP 不等于人均国民收入。

但在日常生活中，我们不像经济学家或统计学家那样严格地区分这些概念，往往把人均 GDP 和人均国民收入混为一谈，新闻媒体有时也在相同的意义上使用这些不同的概念。媒体中把这两个概念等同起来，并不是一种准确的说法，只不过习惯成自然，大家也接受了。

问题：结合上述介绍，请联系实际情况分析人们对人均 GDP 和人均国民收入两个概念误解的现象，并解析其原因。

人物介绍

约翰·梅纳德·凯恩斯

约翰·梅纳德·凯恩斯（John Maynard Keynes，1883—1946），生于英国剑桥，著名经济学家、哲学家和政治家。在 1998 年的美国经济学会年会上，经 150 名经济学家的投票，凯恩斯被评为 20 世纪"最有影响力"的经济学家。他创立的宏观经济学与弗洛伊德所创的精神分析法和爱因斯坦发现的相对论一起并称为 20 世纪人类知识界的三大革命。

1936 年其代表作《就业、利息和货币通论》出版。在该书中，凯恩斯的投资哲学可以称为"选美理论"——假设共有 100 幅候选美女照片，由公众从中选出 4 幅。然而，人们并不投票给他认为是最美的人，而是选择他认为大多数人都认为是最美的人。

凯恩斯的经济理论认为，宏观的经济趋向会制约个人的特定行为，对商品总需求的减少是经济衰退的主要原因。由此出发，他认为维持整体经济活动数据平衡的措施可以在宏观上平衡供给和需求。这也是凯恩斯经济学理论被称为宏观经济学的原因所在。

凯恩斯的追随者对《就业、利息和货币通论》进行了大量的诠释、修补和发展，形成了在理论和政策上具有广泛影响的凯恩斯学派，或称凯恩斯主义。

第九章 国民收入决定理论

学习目标

知识目标
1. 掌握简单国民收入决定的基本原理。
2. 理解乘数原理及其意义。
3. 理解总需求曲线和总供给曲线的含义。

技能目标
1. 能够掌握国民收入的计算方法。
2. 能够运用乘数原理分析一些经济现象。
3. 能够运用 AD-AS 曲线分析一些经济现象。

重点难点
1. 乘数理论及国民收入的决定。
2. 利用 IS-LM 模型分析产品市场和货币市场。
3. 总需求和总供给模型。

案例导入

收入倍增计划

2012 年 11 月,中国共产党第十八次全国代表大会报告中提出,"2020 年实现国内生产总值和城乡居民人均收入比 2010 年翻一番。"收入倍增计划作为未来经济发展的战略目标被明确纳入党的报告,在我国还是第一次。

财政部财政科学研究所相关学者表示,收入翻一番中的收入是指实际的人均可支配收入。实现人均可支配收入翻一番的目标并不难,按照现在的政策取向,GDP 年均增速达到 7%左右,人均收入年均增速达到 7%左右,8 年就可以实现收入翻一番,所以未来居民收入应该不止翻一番。

实现居民收入倍增,是在做大做好蛋糕的基础上分好蛋糕的过程,需要全方位推进、多方面配合。在经济建设方面,要加快转变经济发展方式,推进结构调整,把蛋糕做大。在社会建设方面,要实现高质量的就业,要加快城镇化进程,让收入倍增有岗位基础。同时抓好收入分配,继续健全社会保障体系。

近年来,劳动力的价格在不断增加,那么中国的社会生产和国民的收入水平取决于哪些因素?

第一节 简单国民收入决定模型

国民收入决定,主要研究经济社会的生产(收入水平)取决于哪些因素或条件,或者说是由什么决定的。国民收入决定理论也称为有效需求理论。有效需求是指预期可给雇主(企业)带来最大利润的社会总需求,亦即与社会总供给相等从而处于均衡状态的社会总需求。它包括消费需求(消费支出)和投资需求(投资支出),并决定社会就业量和国民收入的大小。

一、凯恩斯的消费函数

(一)消费函数

消费函数是指消费支出与决定消费的各种因素之间的依存关系。影响居民个人或家庭消费的因素是很多的,如收入水平、消费品的价格水平、消费者个人的偏好、消费者对其未来收入的预期,甚至消费信贷及其利率水平等。凯恩斯认为,在影响消费的各种因素中,其中最重要的是居民个人或家庭的收入水平,收入的变化决定消费的变化,随着收入的增加,消费也会增加。在研究消费的决定时,主要研究消费和收入之间的关系。

一般来说,消费水平的高低会随着收入多少的变动而变动。收入越高,消费就越高,但是随着人们收入的增加,消费额的增加赶不上收入的增加。假定一个家庭每月所需的最低消费为200元,当收入为100元时,需要借债100元;当收入为200元时,刚好满足需要;当收入增加到300元时,该家庭就会储蓄一定数量的收入以备不时之需,假设储蓄20元,这时消费额为280元;当这一家庭的收入上升到400元时,即使该家庭的消费额上升到350元,其储蓄金额也达到了50元。

宏观经济学假定消费及其规模与人们的收入水平存在着稳定的函数关系(其中 C 代表消费,Y 代表个人可支配收入):

$$C=f(Y)$$

1. 消费函数的形式

如果我们把该函数视作一个简单的线性函数,则其表达式为

$$C=a+bY \quad (0<b<1)$$

在横轴为收入 Y,纵轴为消费 C 的坐标系中,消费函数 $C=a+bY$ 的曲线如图9-1所示。

消费和收入之间的关系,也可以用边际消费倾向(MPC)和平均消费倾向(APC)加以说明。

2. 边际消费倾向

边际消费倾向(MPC)是指每增加1单位收入中用于增加消费部分的比率,即消费增量与收入增量的比率,在几何上表示为消费曲线上任意一点的斜率。如果我们用 ΔY 表示家庭收入的增加量,ΔC 表示增加的收入中消费的增加量,用公式表示为

$$MPC=\Delta C/\Delta Y$$

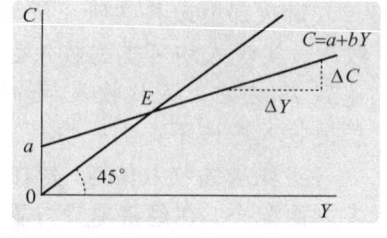

图9-1 线性消费函数

边际消费倾向说明了收入变动量在消费变动和储蓄变动之间分配的情况。若在增加的 100 元中，家庭用于消费的增加量为 80 元，那么边际消费倾向为 80%。

凯恩斯认为，边际消费倾向在 0 与 1 之间。当收入增加时，人们会增加他们的消费，但消费增加量不会像收入的增加那么多。随着收入的增加，消费也随之增加，但消费增加的速度低于收入增加的速度。用边际消费倾向的语言来说，这意味着边际消费倾向随着收入的增加而呈现递减的趋势。因此，凯恩斯主义的这一消费心理规律也被称为边际消费倾向递减规律。对于收入的微量变化，边际消费倾向可表示为 $MPC=dC/dY=b$，b 可以视为一个常量。

3. 平均消费倾向

平均消费倾向（APC）是指消费支出在收入中的比率，也即每单位收入的消费数量。用公式表示为

$$APC=C/Y$$

平均消费倾向在几何上表示为消费曲线任意一点与原点相连而成的射线的斜率。凯恩斯认为，平均消费倾向随收入增加而下降，它说明了家庭既定收入在消费和储蓄之间分配的状况。例如，若 100 元中 80 元用于消费，则平均消费倾向为 80%。由于消费水平总大于零，因而平均消费倾向为正数。在收入偏低时，为了保证基本的生活需要，消费有可能大于收入，平均消费倾向大于 1；随着收入的增加，平均消费倾向逐渐小于 1，并逐渐降低。

4. 常见的消费理论

（1）绝对收入假说。绝对收入假说也称为绝对收入理论，是由凯恩斯提出来的。该理论认为，短期内收入与消费是相关的，消费取决于收入，消费与收入之间的关系即消费倾向；随着收入的增加消费也将增加，但消费的增长低于收入的增长，也就是我们所说的边际消费倾向递减。

需要特别指出的是，绝对收入假说中的收入是指现期绝对实际收入水平，边际消费倾向是小于 1 的正值，其值小于平均消费倾向。例如，当我们某个月奖金较多，使该月收入高一些的时候，往往消费支出也会多一些。

（2）持久收入假说。持久收入假说认为，一个人的收入分为持久性收入和暂时性收入。持久性收入是稳定的、正常的收入，暂时性收入则是不稳定的、意外的收入，如彩票收入和加班收入。决定人们消费支出的是他们长期的持久性收入，而不是短期的暂时性收入。也就是说，消费并不主要取决于现期收入，而更多地取决于一生总收入的平均值，即收入高的年份与收入低的年份的平均数。例如：人们往往在收入高的年份将部分钱存到银行，以便用于收入低的年份。

绝对收入假说与持久收入假说相比，前者认为消费取决于当年的收入，而后者认为消费取决于一生的平均收入。当一个人中了彩票得到 100 万元时，按照绝对收入假说，他可能会花掉数十万元买一套房子或者汽车；按照持久收入假说，他不会一口气花这么多钱，而会将这 100 万元分散于一生去消费。

（3）生命周期假说。生命周期假说认为，每个人都根据他一生的全部预期收入来安排他的消费支出，他会在工作年份进行储蓄，以便退休后不必减少消费，以维持原有生活水平。

这一假说有两个前提，一个前提是，消费者是完全理性的，他们会以合理的方式使用自己的收入，进行消费；另一个前提是，消费者行为的目标是为了实现效用最大化。只有

满足这两个前提，人们才能合理地安排一生的消费和储蓄，使一生的收入等于消费。

（二）储蓄函数

储蓄是一个国家或地区一定时期内居民个人或家庭收入中未用于消费的部分。储蓄函数指储蓄与决定储蓄的各种因素之间的依存关系。影响储蓄的因素有很多，如收入水平、财富分配状况、消费习惯、社会保障体系的结构、利率水平等，但凯恩斯认为，其中最重要的是居民个人或家庭的收入水平，在其他条件不变的情况下，储蓄随收入的变化而同方向变化，收入增加，储蓄也增加，反之减少。因此，宏观经济学假定储蓄及其规模与人们的收入水平存在稳定的函数关系。如果我们以 S 代表储蓄，以 Y 代表收入，则上述关系可以用公式表示为

$$S=f(Y)$$

1. 储蓄函数的形式

储蓄函数为线性函数，其表达式为

$$S=-a+(1-b)Y$$

在横轴为收入 Y，纵轴为消费 C 或储蓄 S 的坐标系中，线性储蓄函数曲线如图9-2所示。

2. 边际储蓄倾向

边际储蓄倾向（MPS）是指每增加1单位收入中用于增加的储蓄部分的比率，即增加的储蓄与增加的收入的比率。用公式表示为

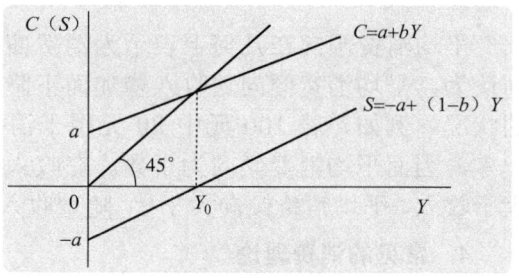

图9-2 线性储蓄曲线

$$MPS=\Delta S/\Delta Y$$

对于收入和储蓄的微量变化，边际储蓄倾向可表示为

$$MPS=dS/dY=1-b$$

边际储蓄倾向在几何上表示储蓄曲线上任一点的斜率。

3. 平均储蓄倾向

平均储蓄倾向（APS）是指任一收入水平上储蓄在收入中所占的比率。用公式表示为

$$APS=S/Y=(-a/Y)+(1-b)$$

平均储蓄倾向在几何上表示任一点与原点相连而成的射线的斜率。

（三）消费函数和储蓄函数的关系

收入可以分为消费与储蓄，收入增量可以分为消费增量与储蓄增量，所以平均消费倾向与平均储蓄倾向之和恒等于1，边际消费倾向和边际储蓄倾向之和恒等于1，即：

（1）消费函数和储蓄函数两者之和总是等于收入，$Y=C+S$。

（2）APC和APS之和恒等于1，APC+APS=1。

（3）MPC和MPS之和恒等于1，MPC+MPS=1。

根据以上性质，消费函数和储蓄函数中只要有一个确定，另一个随之确定。当消费函数已知时，即可求得储蓄函数；当储蓄函数已知时，即可求得消费函数。

二、简单国民收入的决定

凯恩斯主义的学说涉及四个市场：产品市场、货币市场、生产要素市场和国际市场，其核心内容就是国民收入决定理论。由于在讨论国民收入的决定时只考虑产品市场的因素，所以称为简单国民收入决定理论。

（一）两部门经济中国民收入的决定

两部门经济中国民收入取决于消费和投资，先从这种最简单的情况进行分析。

1. 使用消费函数决定收入

使用消费函数决定收入也可以称为消费-投资法。在两部门经济中，只考虑消费和投资，收入函数为 $Y=C+I$，其中 Y 为国民收入，C 为消费，I 为投资。为使问题分析简化，先假定投资 I 已知，并且不随利率和国民收入水平的变化而变化。

将国民收入函数 $Y=C+I$ 与消费函数 $C=a+bY$ 联合起来，解方程可以得到

$$Y=\frac{a+I}{1-b}$$

由该公式可知，如果得到投资量和消费函数的表达式，就可以得到均衡的国民收入。

例题 当消费函数 $C=1\,000+0.5Y$，自发投资为 500 亿元时

收入为 $Y=\dfrac{a+I}{1-b}=\dfrac{1\,000+500}{1-0.5}=3\,000$（亿元）

消费为 $C=Y-I=3\,000-500=2\,500$（亿元）

用表格的形式说明均衡收入的决定，表 9-1 显示的是消费函数 $C=1\,000+0.5Y$，自发投资为 500 亿元时均衡收入决定的情况。

表 9-1　均衡收入的决定　　　　　　　　　　（单位：亿元）

收入（Y）	消费（C）	投资（I）
500	1 250	500
1 000	1 500	500
2 000	2 000	500
3 000	2 500	500
4 000	3 000	500
5 000	3 500	500
6 000	4 000	500

为了更直观地说明均衡收入的决定，可以用图 9-3 来表示，图 9-3 表示的是消费曲线、投资曲线与 45°线相交的情况。

横轴表示收入，纵轴表示消费加投资，由于假定投资固定，因此 C 曲线与 $C+I$ 曲线平行，其间垂直距离即为投资。$C+I$ 曲线与 45°线相交于 E 点，E 点为均衡点，对应的横轴坐标为均衡收入。

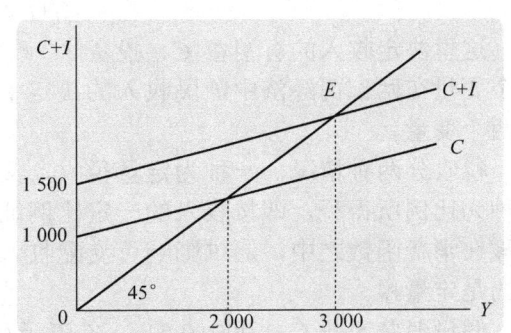

图 9-3　消费、投资曲线与 45°线相交决定收入

2. 使用储蓄函数决定收入

由于储蓄函数也是从消费函数派生出来

的，两者均属于同一关系引申的结论，因此均衡收入可以使用总支出等于总收入的方法决定，也可以使用计划投资等于计划储蓄的方法得到。无论是使用消费函数还是储蓄函数，得到的均衡收入都是一样的。下面阐述使用计划投资等于计划储蓄的方法决定均衡收入的过程。

计划投资函数 $I=Y-C=S$ 与计划储蓄函数 $S=(1-b)Y-a$ 两式联立，可得

$$Y=\frac{a+I}{1-b}$$

当消费函数 $C=1\,000+0.5Y$，自发投资为 500 亿元时，计划储蓄函数为 $S=(1-b)Y-a=0.5Y-1\,000$。将相关参数代入上式，计算得到均衡收入 Y 为 3 000 亿元。也就是说，当均衡收入 Y 为 3 000 亿元时，计划储蓄 S 和计划投资 I 相等，均为 500 亿元，达到了平衡。

计划投资等于计划储蓄的方法决定均衡收入，也可以用图 9-4 来表示。

图 9-4 中横轴表示总收入，纵轴表示投资和储蓄，$S=0.5Y-1\,000$ 代表储蓄曲线，$I=500$ 代表投资曲线。投资曲线与储蓄曲线相交于 E 点，与 E 点对应的收入为 3 000 亿元，就是均衡收入。

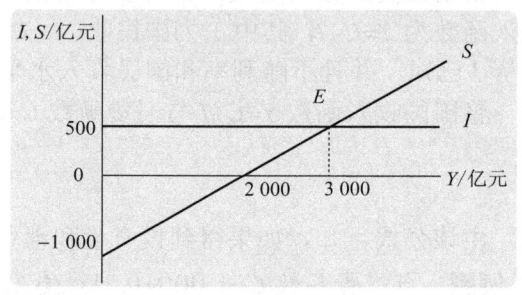

图 9-4　投资曲线与储蓄曲线相交决定收入

如果实际产量小于均衡收入水平，表明投资大于储蓄，社会生产处于供不应求的状况，企业就会扩大生产；如果实际产量大于均衡收入水平，表明投资小于储蓄，社会生产供过于求，企业存货增加，企业就会减产。

无论采用消费函数决定收入还是采用储蓄函数决定收入，两部门经济中均衡收入均为

$$Y=\frac{a+I}{1-b}$$

（二）三部门经济中国民收入的决定

两部门经济中加入政府部门就成了三部门经济。假定政府的经济行为只有购买 G 与税收 T 两种，从支出角度看，国民收入包括消费、投资和政府购买；从收入角度看，国民收入包括消费、储蓄和税收。于是，三部门国民收入均衡公式可表示为

$$C+I+G=C+S+T$$

这里决定收入的有消费 C、投资 I、政府购买 G 与税收 T 四个变量。消费 C、投资 I 两个变量在两部门经济中国民收入的决定中已经讨论过，下面仅说明政府购买 G 与税收 T 这两个变量。

税收分两种情况，一种为定量税收，又称定额税，税收量不随收入的变动而变动；另一种为比例所得税，即按收入的一定比例征税，比例所得税随着收入的变动而变动。税收隐藏在消费函数之中，通过影响可支配收入而影响消费。为简单起见，这里讨论的税收 T 指的是定量税。

假设消费函数 $C=1\,000+0.5Y_d$，Y_d 表示可支配收入，自发投资 I 为 500 亿元，定量税收 T 为 300 亿元，政府购买性支出 G 为 700 亿元，可知

可支配收入为 $Y_d=Y-T=Y-300$

储蓄函数为 $S=Y_d-C=Y_d-(1\ 000+0.5Y_d)$

而根据 $I+G=S+T$ 可得 $S=I+G-T=900$

以上三式联立，可得 $Y=4\ 100$

也就是说，均衡收入为 4 100 亿元，如图 9-5 所示。

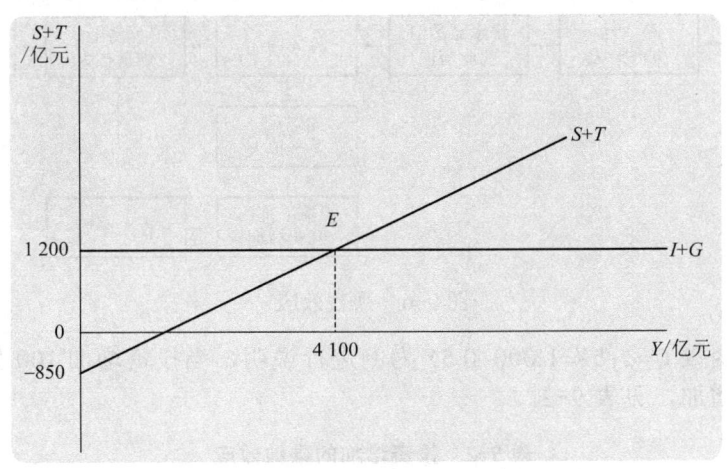

图 9-5 三部门经济收入的决定

图中 9-5 中，$I+G=1\ 200$ 表示投资和政府购买形成的支出曲线，$S+T=0.5Y-850$ 表示储蓄加上税收形成的曲线，两条曲线相交于 E 点，该点对应的收入即为均衡收入。

三部门经济中均衡收入的表达式为

$$Y=\frac{a+I+G-T}{1-b}$$

三、乘数原理

在两部门经济中，当消费函数 $C=a+bY=1\ 000+0.5Y$，自发投资 I 为 500 亿元时，收入为

$$Y=\frac{a+I}{1-b}=\frac{1\ 000+500}{1-0.5}=3\ 000（亿元）$$

当自发投资 I 为 600 亿元时，收入为

$$Y=\frac{a+I}{1-b}=\frac{1\ 000+600}{1-0.5}=3\ 200（亿元）$$

我们看到，投资增加 100 亿元，却使国民收入增加了 200 亿元，是投资增量的 2 倍。也就是说，当总投资增加时，收入增量是投资增量的数倍。以 k 代表这个由投资变动引起的收入改变量与投资改变量之间的比率，可以称其为投资乘数。由此可知，上例中投资乘数为 2。

为什么会出现这种现象呢？这是因为，增加的投资 ΔI 被用来购买投资品，也就是用来购买制造投资品所需要的生产要素，然后又以工资、利息、利润和租金的形式流入生产要素所有者手中，使国民收入增加相应的数量 ΔI，形成对国民收入的第一轮增加。当消费函

数为 $C=a+bY$ 时，增加的国民收入中会有 $b\Delta I$ 用于购买消费品。于是，$b\Delta I$ 这部分又以工资、利息、利润和租金的形式流入生产要素所有者手中，使国民收入增加相应的数量 $b\Delta I$，形成对国民收入的第二轮增加。依此类推，该过程不断重复下去，造成国民收入最后的增加，如图 9-6 所示。

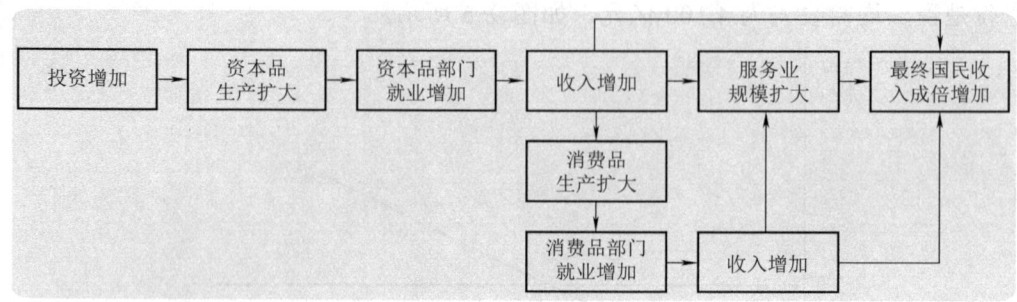

图 9-6　乘数效应

仍然以消费函数 $C=a+bY=1\,000+0.5Y$ 为例进行说明，当投资增加 100 亿元时，国民收入有多个轮次的增加，见表 9-2。

表 9-2　投资增加的乘数效应

	投资增加	收入增加	消费（$b=0.5$）
第一轮	100 亿元	100 亿元	50 亿元
第二轮		50 亿元	25 亿元
第三轮		25 亿元	12.5 亿元
……		……	……
第 k 轮		$100\times0.5^{k-1}$ 亿元	100×0.5^k 亿元

最终，国民收入的增加部分为

$$100+100\times0.5+100\times0.5^2+\cdots+100\times0.5^{k-1}$$
$$=100\times(1+0.5+0.5^2+\cdots+0.5^{k-1})$$
$$=100\times1/(1-0.5)$$
$$=200$$

以 ΔY 表示收入的增加，以 ΔI 表示投资的增加，则有

$$k=\frac{\Delta Y}{\Delta I}=\frac{1}{1-b}$$

可见，投资乘数大小和边际消费倾向有关，边际消费倾向越大，投资乘数就越大。

投资乘数产生的主要根源在于社会经济各部门之间的相互关联性，反映了各部门之间存在着密切的联系。当某一个部门投资增加，不仅会使本部门收入增加，而且会使其他部门发生连锁反应，从而导致这些部门投资与收入也增加，最终使国民收入的增加量是最初自发投资增加量的数倍。同理，当投资减少时，国民收入也成倍减少。

投资乘数发挥作用是有一定前提条件的。只有在社会上各种资源没有得到充分利用时，总需求的增加才会使各种资源得到利用，产生投资乘数作用。同时，投资乘数的作用也是双重的，即当自发总需求增加时，所引起的国民收入的增加要大于最初自发总需求的增加；

当自发总需求减少时,所引起的国民收入的减少也要大于最初自发总需求的减少。

投资乘数的作用还会受到一些具体现实条件的限制和影响:①如果投资品部门和生产部门增加的收入是用来偿还债务,投资乘数的作用就要降低;②如果增加的收入是用来购买消费品的存货,投资乘数的作用也将降低;③如果增加的收入用来购买外国商品,投资乘数的作用也会降低。

> **案例讨论**　　　　2008 年中国政府应对"经济危机"的举措
>
> 2008 年,从美国开始的经济危机席卷全球,这次经济危机由次贷危机引起,开始于金融领域,并迅速由虚拟经济向实体经济蔓延,涉及经济领域的各个层次、各个方面,是经济领域的全面危机。
>
> 面对外部需求的急剧萎缩,我国政府果断出台了一揽子 4 万亿元投资计划,在稳住外需的同时,立足全面扩大内需。政府投资对于扩大内需、增加就业、拉动经济增长具有很强的乘数效应。一方面增加投资本身会带来社会需求,另一方面,投资带动社会基础设施建设增多,增加对劳动力的需求,从而增加劳动力收入,间接扩大了消费。
>
> 国家统计局数据显示,2009 年 4 月份,全国城市消费品零售额 6 329.6 亿元,同比增长 13.9%,而县及县以下零售额为 3 013.6 亿元,增速高达 16.7%。2009 年一季度国民经济增长 6.1%,其中消费拉动 4.3 个百分点。在投资和消费增速"双加快"的拉动下,我国经济运行显现出积极变化,迅速摆脱了经济危机的影响。
>
> (资料来源:http://politics.people.com.cn/GB/8198/139293/)
>
> 讨论:从国民收入决定的角度分析,中国政府提出应对"经济危机"举措的目的和意义是什么?

第二节　IS-LM 模型

凯恩斯理论的核心是有效需求原理,认为国民收入决定于有效需求。他通过利率把货币经济和实物经济联系起来,认为货币不是中性的,货币市场上的均衡利率要影响投资和收入,而产品市场上的均衡收入又会影响货币需求和利率,这就是产品市场和货币市场的相互联系和作用。但凯恩斯本人并没有用一种模型把上述四个变量联系在一起。

英国著名的现代经济学家约翰·希克斯和美国经济学家阿尔文·汉森在凯恩斯宏观经济理论基础上概括出了一个经济分析模式,即 IS-LM 模型,该模型把投资、收入、货币和利率这四个变量放在一起,构成一个产品市场和货币市场之间相互作用、共同决定国民收入与利率的理论框架,从而使凯恩斯的有效需求理论得到了较为完善的表述。不仅如此,凯恩斯主义的经济政策即财政政策和货币政策的分析,也是围绕 IS-LM 模型而展开的,因此可以说,IS-LM 模型是凯恩斯主义宏观经济学的核心。

一、产品市场的均衡:IS 曲线

IS 曲线是用于反映产品市场均衡时利率与国民收入之间关系的一条曲线,I 表示投资,S 表示储蓄。

投资量大小取决于投资者的预期回报率和资金成本，资金平均成本可以用市场利率来表示。短期来说，投资者对某一项目的预期回报率或者说期望回报率一定的话，如果利率下降，就会有更多的投资项目值得投资，投资者就会增加投资量，因此经济学中认为投资是利率的减函数，简单的投资函数可以表示为 $I=e-dr$。其中，r 为市场利率，e 为不依赖于收入与利率水平的自发性投资支出，d 为投资对利率的反应系数。

在两部门经济中，其均衡条件为 $C+I=C+S$，其均衡收入决定公式为

$$Y=\frac{a+I}{1-b}$$

将投资函数 $I=e-dr$ 代入该公式，可以得到

$$Y=\frac{a+e-dr}{1-b}$$

从该式可知，在价格不变的情况下，产品市场达到均衡时（即投资 I 等于储蓄 S），利率和国民收入之间呈反向变化的关系——随着利率的上升，均衡收入会不断下降，反之则上升。

举例来说，设消费函数为 $C=1\,000+0.5Y$，投资函数为 $i=1\,500-500r$，于是有

$$Y=\frac{a+e-dr}{1-b}=\frac{1\,000+1\,500-500r}{1-0.5}=5\,000-1\,000r$$

以纵轴代表利率，横轴代表收入，该 IS 曲线的图形如图 9-7 所示。

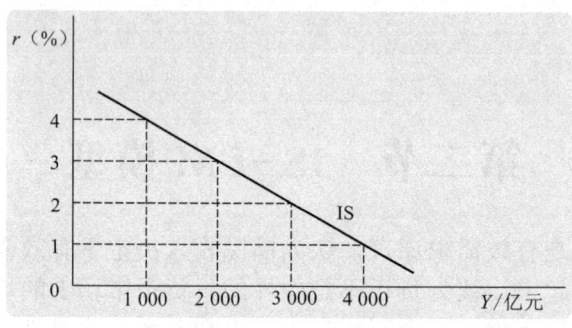

图 9-7　IS 曲线

该曲线上任意一点都代表一定的利率和收入的组合，在这样的组合下，投资和储蓄是相等的，从而产品市场是均衡的。

二、货币市场的均衡：LM 曲线

LM 曲线表示的是货币市场均衡时，即货币供给等于货币需求条件下，收入与利率间各种组合的轨迹。

货币的供应量是由代表政府的中央银行控制的。因为货币供给是否适当会直接影响各国经济发展的状况，货币供给过多容易引起通货膨胀，货币供给不足又容易引起通货紧缩，而无论是通货膨胀还是通货紧缩都不利于经济的可持续增长。

在货币供应量一定的情况下，货币市场的均衡只能通过调节对货币的需求来实现。

凯恩斯将货币需求分解为三种动机：①持币用以应付一些经常性支付的需要，如衣食住行方面的可预见的开支；②保留一部分货币用来应付意外事件，如伤病、失业等不可预见的开支；③持有一些货币以备在有利时机下进行购买有价证券等盈利活动，即机会性（投机）持有。这些动机分别构成交易性货币需求、预防性货币需求和投机性货币需求。

假定 m 代表实际货币供应量，则货币市场的均衡就是

$$m=L=L_1(Y)+L_2(r)=kY-hr$$

其中：L_1 是货币的交易需求，它随着收入的增加而增加；L_2 是货币的投机需求，它随着利率的上升而减少。当国民收入增加使货币交易需求增加时，利率必须相应提高，从而使货币的投机需求减少，才能维持货币市场的均衡。反之，收入减少时，利率必须相应下降，否则不能维持货币市场的均衡。因此

$$Y=\frac{hr}{k}+\frac{m}{k}$$

即

$$r=\frac{kY}{h}-\frac{m}{h}$$

这便是 LM 曲线的代数表达式。

举例说来，假设货币的交易需求函数为 $L_1(Y)=0.5Y$，货币的投机需求函数为 $L_2(r)=1\,000-250r$，货币供应量为 1 250 亿元。则货币市场均衡时，

$$1\,250=0.5Y+1\,000-250r$$

即

$$Y=500+500r$$

以横坐标表示收入，纵坐标表示利率，该 LM 曲线的图形如图 9-8 所示。

由图 9-8 可知，当货币处于均衡状态时，国民收入 y 与利率 r 呈正向变动关系，LM 曲线是货币市场均衡点的轨迹，不在 LM 曲线上的点就是货币市场非均衡点。LM 线右方，货币需求量＞供给量，货币过度需求；LM 线左方，货币需求量＜供给量，货币过度供给。当利率下降到很低时，货币的投机需求为一条水平线，相应地，LM 曲线也有一段水平状态区域，

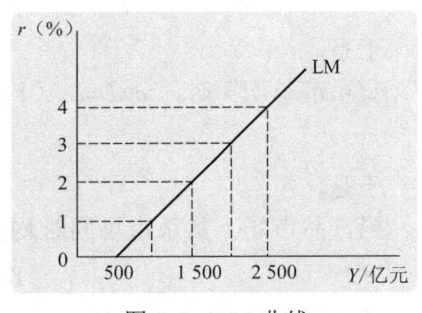

图 9-8　LM 曲线

称为"凯恩斯区域"或"萧条区域"。此时增加货币供给，不能降低利率，也不能增加收入——货币政策无效。

三、产品市场与货币市场的一般均衡：IS-LM 模型

在产品市场上，国民收入决定于消费、投资、政府支出和净出口合起来的总支出或者总需求水平。而总需求尤其是投资需求要受到利率影响，利率则由货币市场供求情况决定，也就是说，货币市场要影响产品市场；另外，产品市场上所决定的国民收入又会影响货币需求，从而影响利率，这又是产品市场对货币市场的影响。

产品市场和货币市场是相互联系、相互作用的，而收入和利率也只有在这种相互联系、相互作用中才能决定，IS-LM 模型通过描述和分析这两个市场的相互联系，得出两个市场

同时达到均衡状态时会有的国民收入和利率水平。该模型如图 9-9 所示。

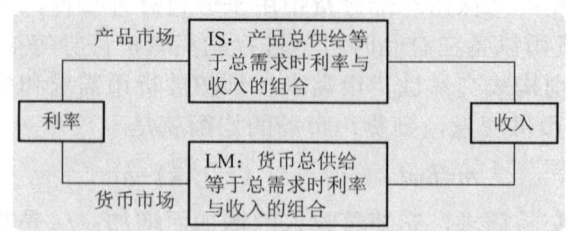

图 9-9　IS-LM 模型

从前面的分析中已经知道，在 IS 曲线上的利率和国民收入的组合都会使产品市场实现均衡，在 LM 曲线上的利率和国民收入的组合都会使货币市场实现均衡。由于在 IS 曲线中国民收入与利率之间呈反方向变化关系，在 LM 曲线中国民收入与利率之间呈同方向变化的关系，因此，把 IS 曲线与 LM 曲线在图上结合起来就会有一个交叉点，交叉点上国民收入和利率的组合表明，在这一点上不仅产品供给等于产品需求，而且货币的供给也等于货币的需求，即这一点是使产品市场及货币市场同时均衡的均衡利率和均衡国民收入。其值可以通过求解 IS 和 LM 的联立方程得到。

举例来说，设消费函数为 $C=500+0.5Y$，投资函数为 $I=1\,250-250r$，货币的交易需求函数为 $L_1(Y)=0.5Y$，货币的投机需求函数为 $L_2(r)=1\,000-250r$，货币供应量为 1 250 亿元。

产品市场均衡时，$I=S$。即

$$1\,250-250r=-500+0.5Y$$

于是，
$$Y=3\,500-500r$$

货币市场均衡时，$m=L=L_1(Y)+L_2(r)$。即

$$1\,250=0.5Y+1\,000-250r$$

于是，
$$Y=500+500r$$

当产品市场、货币市场同时均衡时，

$$Y=3\,500-500r=500+500r$$

解之可得，$r=3$，$Y=2\,000$，如图 9-10 所示。

在图 9-10 中 IS 曲线和 LM 曲线相交于 E 点，表示产品市场和货币市场同时实现了均衡，也就是在此时投资等于储蓄，货币供给等于货币需求。任何偏离 E 点的利率和国民收入的组合，都不能实现产品市场和货币市场的同时均衡。

还可以看到，IS 曲线和 LM 曲线把坐标平面分成四个区域，区域Ⅰ、Ⅱ位于 IS 曲线的右方，区域Ⅲ、Ⅳ位于 IS 曲线的左方。位于 IS 曲线右方的收入和利率的组合，都是投资小于储蓄的不均

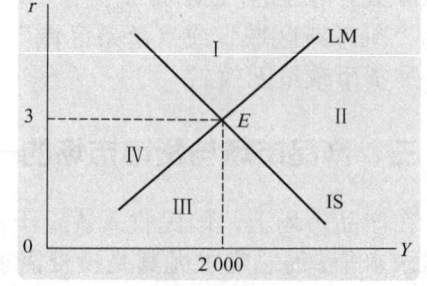

图 9-10　产品市场和货币市场的一般均衡

衡组合，表明存在超额产品供应；位于 IS 曲线左方的收入和利率的组合，都是投资大于储蓄的不均衡组合，表明存在超额产品需求；只有位于 IS 曲线上的收入和利率组合，才是投

资等于储蓄的均衡组合,表明商品供给等于产品需求。

同样,区域Ⅱ、Ⅲ位于LM曲线的右方,区域Ⅰ、Ⅳ位于LM曲线的左方。位于LM曲线右方的收入和利率的组合,都是货币需求大于货币供给的不均衡组合;位于LM曲线左方的收入和利率的组合,都是货币需求小于货币供给的不均衡组合;只有位于LM曲线上的收入和利率的组合,才是货币需求等于货币供给的收入和利率的均衡组合。

各个区域中存在的非均衡状态会进行调整。IS不均衡会导致收入变动,投资大于储蓄时会导致收入上升,投资小于储蓄时会导致收入下降;LM不均衡会导致利率变动,货币需求大于供给会导致利率上升,货币需求小于供给会导致利率下降。最终会逐渐向均衡收入和均衡利率调整。

> ● 即问即答 ●
>
> 在IS曲线上存在储蓄和投资均衡的收入和利率的组合点有(   )。
> A. 一个　　　　　　　　　　　B. 无数个
> C. 一个或无数个　　　　　　　D. 一个或都不可能

第三节　总需求与总供给

IS-LM模型主要是基于两个假设:①价格水平固定不变,货币价值的升降与实际价值的变动是一致的;②暂时将供给部门(生产和劳动市场)抽掉,专注于产品市场和货币市场。这样做的优点是将复杂问题简单化,易于导出宏观经济总体均衡的结论;缺点是导致IS-LM模型无法说明一般价格水平对总支出与均衡收入的影响,无法分析总供给变动对均衡收入的影响。

本章引进一般价格水平与劳动市场,在产品市场、货币市场与劳动市场这三个市场中进行研究,求得总需求和总供给曲线,并说明这两条曲线的作用对价格水平和国民收入的影响。

一、总需求曲线

总需求是指在一定时期内一个经济中各部门愿意支出的总量。总需求(通常记为AD)作为经济社会对产品和劳务的需求总量,通常指在不同的价格水平上各部门总的计划支出之和。例如,私人购买的家电、企业采购的原料以及政府部门采购的办公用品等都属于总需求。因此,总需求也可以定义为一个社会在一定时期内,所有经济主体按一定价格愿意而且能够购买的产品和劳务总量。

两部门、三部门和四部门经济中,社会总需求公式分别为:$Y=C+I$;$Y=C+I+G$;$Y=C+I+G+X$。一般说来,社会总需求除受价格水平影响外,还受收入水平、对未来的预期、财政政策和货币政策等因素的影响。

总需求函数反映产品市场和货币市场同时达到均衡时,价格水平和国民收入(产量)之间的对应关系。以价格水平为纵坐标,以产出水平为横坐标,总需求函数的几何表示称为总需求曲线。总需求曲线描述了与每一个价格水平对应的私人和政府的支出。总需求曲线如图 9-11 所示。

二、总供给曲线

总供给是指一定时期内一国企业所愿意生产和出售的物品和劳务的总量。总供给（通常记为 AS）作为经济社会的总产量，它描述了经济社会的基本资源用于生产时可能的产量。一般而言，总供给主要是由劳动力数量、资本存量和技术水平等因素决定的。

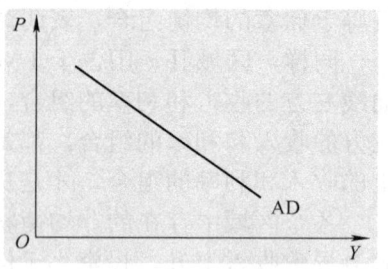

图 9-11　总需求曲线

宏观经济学中一般用宏观生产函数来表示投入与产出之间的关系，宏观生产函数又称为总量生产函数，是指整个国民经济的各种投入总量与实际国内生产总值（总产出）的关系。宏观生产函数可表示为

$$Y=f(N, K)$$

其中 Y 为总产出，N 为整个社会的就业水平或就业量，K 为整个社会的资本存量。

总供给函数是指总产量与一般价格水平之间的关系，以价格水平为纵坐标，以总产量为横坐标，总供给函数的几何表达形式就是总供给曲线。按照工资水平 W 和价格水平 P 进行调整所要求时间的长短，总产出与价格水平之间的关系分为三种，即古典总供给曲线、凯恩斯总供给曲线和常规总供给曲线。

（一）古典总供给曲线

古典总供给曲线基于下面的假定：货币工资具有完全的伸缩性，它随劳动供求关系的变化而变化。当劳动市场存在超额劳动供给时，货币工资就会下降。反之，当劳动市场存在超额劳动需求时，货币工资就会提高。

简单地说，在古典总供给理论的假定下，劳动市场的运行毫无摩擦，总能维持劳动力的充分就业。既然在劳动市场，在工资的灵活调整下充分就业的状态总能被维持，因此无论价格水平如何变化，经济中的产量总是与劳动力充分就业下的产量即潜在产量相对应，也就是说，因为全部劳动力都得到了就业，即使价格水平再上升，产量也无法增加，即国民收入已经实现了充分就业，无法再增加了。故而，总供给曲线是一条与价格水平无关的垂直线。其图形如图 9-12 所示。

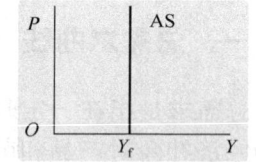

图 9-12 中 Y_f 代表充分就业的产量或国民收入。由图 9-12 可以看出，无论价格如何变化，总供给曲线始终保持不变。

图 9-12　古典总供给曲线

（二）凯恩斯总供给曲线

凯恩斯认为，货币工资和价格具有"刚性"，也就是说，两者完全不能进行调整。即使产量和国民收入增加，价格和工资均不会发生变化。因此，凯恩斯总供给曲线是一条水平线。如图 9-13 所示。

图 9-13 中 Y_f 代表充分就业的产量或国民收入，水平线 P_0E_0 就是凯恩斯总供给曲线。在产量小于 Y_f 的情况下，由于货币工

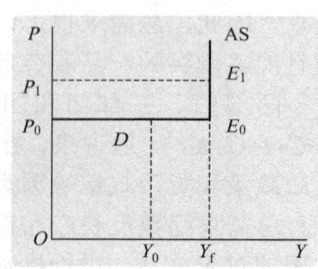

图 9-13　凯恩斯总供给曲线

资 W 和价格水平 P 都不会变动,所以在既有价格 P_0 下,经济社会能提供任何数量的 Y_0,也就是说,在达到充分就业以前,经济社会能够按照既定的价格提供任何数量的产量或国民收入。

同时,图 9-13 也说明,在达到充分就业之后,社会生产能力达到极限,无法生产出更多的产品。因此,在达到充分就业之后,增加产量的需求不但不能增加产量,反而会引起价格的上升,如在 E_1 点,尽管产量仍然是 Y_f,但价格已经上升到了 P_1。

(三)常规总供给曲线

古典总供给曲线要求货币工资和价格水平能够立即进行调整,凯恩斯总供给曲线认为货币工资和价格水平完全不能进行调整,这是两种极端情况。

普通情况下总供给曲线是什么样的呢?西方学者认为,通常情况下,常规总供给曲线位于凯恩斯总供给曲线和古典总供给曲线两者之间,更多地表现为向右上方倾斜的曲线。如图 9-14 所示。

曲线 C 就是非线性常规总供给曲线。在 C' 的状态,存在大量失业和闲置生产能力,属于严重的萧条;随着国民收入的增加,P 以较缓慢的速度上升,曲线斜率相对平缓;随着经济的好转,P 上升的速度越来越快,到达代表充分就

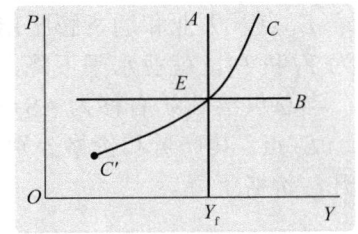

图 9-14 常规总供给曲线

业的 E 点。但充分就业的情况下,仍然存在未完全利用的资源和劳动者,在 E 点之后,随着产量的增加,P 的上升速度越来越快,曲线也越来越陡峭。

总供给水平与价格水平同方向变动反映了产品市场与生产要素市场的状况。具体来说,当产品市场上价格上升时,厂商可以为生产要素支付更高的报酬,从而就可以使用更多的生产要素,生产更多的产品。

三、总需求与总供给的均衡

社会总需求与总供给的平衡,是经济发展中一个基本的战略性问题。根据总需求和总供给模型,得到总需求和总供给的曲线,就可以对现实的经济运行情况加以解释。当总需求与总供给均衡时,总需求与总供给相等,经济处于均衡状态。在均衡点处,决定总需求的产品市场和货币市场以及决定总供给的劳动市场同时处于均衡。此时,由产品和货币市场均衡决定的总需求恰好使得劳动市场均衡决定的总供给实现均衡。这样,可以在经济运行之中相应地做出物价的调整,达到稳定物价、维持就业水平的目的。

(一)总需求曲线的移动

总需求曲线的移动如图 9-15 所示。假设总需求曲线 AD_0 与总供给曲线 AS 相交于 E_0 点时,充分就业水平为 Y_f,价格为 P_0。

当投资减少时,总需求曲线左移为 AD_1,与总供给曲线 AS 相交于 E_1 点,产量为 Y_1,价格为 P_1,二者均低于充分就业的数值。但二者下降的比例不同,经济中过剩的生产能力越来越多,价格下降的空间就越来越小。

当投资增加时,总需求曲线右移为 AD_2,与

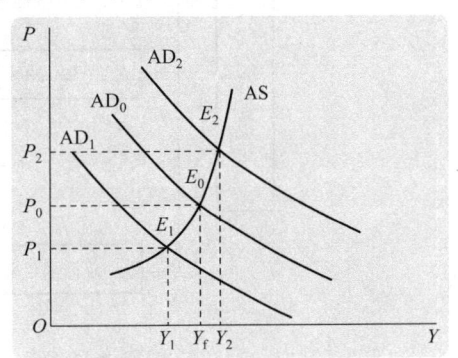

图 9-15 总需求曲线的移动

总供给曲线 AS 相交于 E_2 点,产量为 Y_2,价格为 P_2,二者均高于充分就业的数值。但二者上升的比例不同,生产能力较为紧缺,产能增加可能性减小,价格上升的压力越来越大。

(二)总供给曲线的移动

总供给曲线的移动如图 9-16 所示。假设总需求曲线 AD 与总供给曲线 AS_0 相交于 E_0 点时,充分就业水平为 Y_f,价格为 P_0。

当总供给曲线左移为 AS_1 时,与总需求曲线 AD 交于 E_1 点,失业和通货膨胀出现,其产量和价格分别为 Y_1 和 P_1,就业水平下降,价格上升。

当总供给曲线右移为 AS_2 时,与总需求曲线 AD 交于 E_2 点,其产量和价格分别为 Y_2 和 P_2,就业水平上升,价格下降。

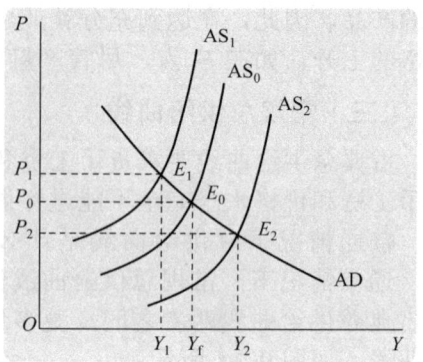

图 9-16 总供给曲线的移动

● 即问即答 ●

假定经济实现充分就业,总供给曲线是垂直线,减税将( )。
A. 提高价格水平和实际产出
B. 提高价格水平但不影响实际产出
C. 提高实际产出但不影响价格
D. 对价格和产出均无影响

● 主要内容网络图

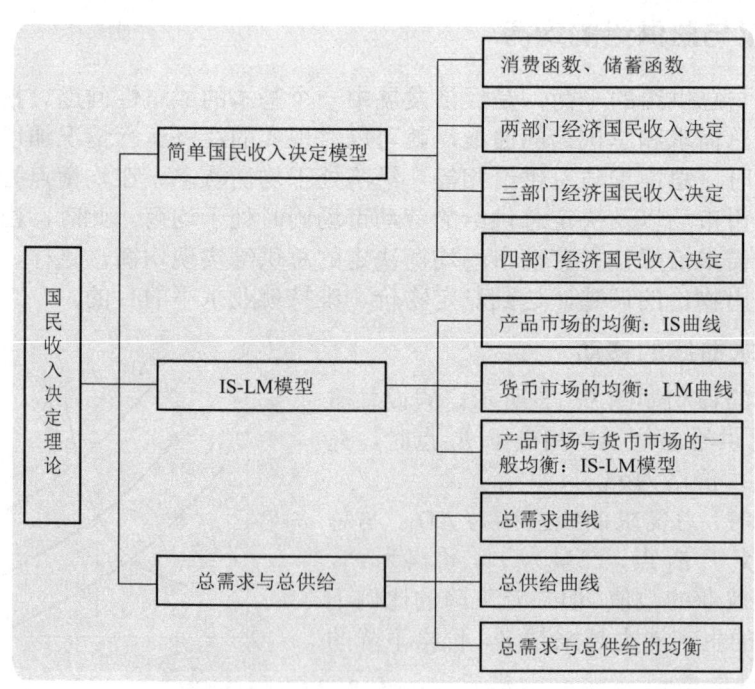

关键名词

消费函数　　　储蓄函数　　　IS 曲线　　　LM 曲线　　　IS-LM 模型
总需求曲线　　总供给曲线

复习与练习

一、单项选择题

1. 边际消费倾向与边际储蓄倾向之和，是（　　）。
   A. 大于 1 的正数　　　　　　B. 小于 2 的正数
   C. 零　　　　　　　　　　　D. 1

2. 平均消费倾向与平均储蓄倾向之和，是（　　）。
   A. 大于 1 的正数　　　　　　B. 小于 1 的正数
   C. 零　　　　　　　　　　　D. 1

3. 在以下三种情况中，投资乘数最大的是（　　）。
   A. 边际消费倾向为 0.6　　　　B. 边际储蓄倾向为 0.1
   C. 边际消费倾向为 0.4　　　　D. 边际消费倾向为 0.75

4. 根据消费函数，引起消费增加的因素是（　　）。
   A. 价格水平下降　　　　　　B. 收入增加
   C. 储蓄增加　　　　　　　　D. 利率提高

5. 如果边际储蓄倾向为负，则（　　）。
   A. 边际消费倾向等于 1
   B. 边际消费倾向大于 1
   C. 边际消费倾向和边际储蓄倾向之和小于 1
   D. 边际消费倾向小于 1

6. 边际消费倾向是指（　　）。
   A. 消费支出在收入中的比率
   B. 消费的增量与收入的增量的比率
   C. 消费在年收入中所占的比率
   D. 收入支出在消费中的比率

7. 平均消费倾向是指（　　）。
   A. 消费支出在收入中的比率
   B. 消费的增量与收入的增量的比率
   C. 消费在年收入中所占的比率
   D. 收入支出在消费中的比率

8. 乘数原理说明，边际消费倾向与乘数的关系是（　　）。
   A. 正比　　　　　　　　　　B. 反比
   C. 不相关　　　　　　　　　D. 以上说法都正确

9. 在乘数原理中，边际储蓄倾向与乘数的关系是（　　）。
　　A. 正比　　　　　　　　　　　B. 反比
　　C. 不相关　　　　　　　　　　D. 以上说法都正确
10. 总供给通常是指（　　）。
　　A. 所有生产厂商所能生产的最大产出
　　B. 所有消费者愿意购买的购买量之和
　　C. 所有生产厂商愿意并且能够提供的总产出量
　　D. 政府能够让生产者提供的产品数量
11. 总需求曲线通常是（　　）。
　　A. 一条向右下方倾斜的曲线　　B. 一条垂直线
　　C. 一条水平线　　　　　　　　D. 一条向左下方倾斜的曲线

二、判断题

1. 一般来说，消费水平会随着收入的变动而变动。　　　　　　　　　　（　　）
2. 边际消费倾向是指消费支出在收入中的比率。　　　　　　　　　　　（　　）
3. 平均储蓄倾向与平均消费倾向之和恒等于1。　　　　　　　　　　　（　　）
4. 边际储蓄倾向与边际消费倾向之和恒等于1。　　　　　　　　　　　（　　）
5. 乘数原理说明，边际消费倾向越大，拉动经济发展的作用越大。　　　（　　）
6. 乘数的大小和边际消费倾向有关，边际消费倾向越大，乘数越小。　　（　　）
7. 凯恩斯的总供给曲线是一条平行于横轴的水平线。　　　　　　　　　（　　）

三、计算题

1. 若自发投资量从600亿元增加到700亿元，则均衡国民收入从8 000亿元增加到8 500亿元，求投资乘数是多少。
2. 如果总供给曲线为AS=500，总需求曲线为AD=600−50P。
（1）求此时的供求均衡点。
（2）如果总需求上升20%，求新的供求均衡点。

四、问答题

1. GDP与GNP的区别是什么？
2. 两部门经济中国民收入的恒等式是什么？
3. 总供给曲线有哪几种类型？
4. 如何理解GDP的局限性？

实践与实训

　　由2008年美国次贷危机导致的全球金融危机，诱发了全球一系列经济动荡：美国金融危机、全球股市暴跌、中国股市再遭重创、欧美各大公司开始裁员……可以说，金融危机对全球经济的影响越来越深。虽然中国受到的直接冲击不大，但因为全球经济波动，国内经济也受到波及。

　　请学生以3～5人为一组，收集相关资料；从国民经济决定理论的角度讨论：在国际金融危机中，我国哪些部门遭受了重创？结果如何？

人物介绍

约翰·希克斯

约翰·希克斯（John Hicks，1904—1989），英国经济学家，同时在微观经济学、宏观经济学、经济学方法论以及经济史学方面卓有成就，1972年因其在一般均衡理论和福利经济学理论上的贡献而获诺贝尔经济学奖。

希克斯的主要成就有以下几个方面：①IS-LM模型。希克斯通过IS-LM模型，分析比较了凯恩斯与新古典的异同。成功地把流动陷阱说融入新古典理论，使之成为新古典理论的一个特例。就连凯恩斯都承认IS-LM模型对他的核心观点有相当好的表述。②乘数-加速原理。这种理论认为，由于加速数的作用，产量（收入）的增长会引起投资的加速增加；又由于乘数的作用，投资的增长又引起产量和收入按某一倍数增长，从而使生产能力迅速扩张。其扩张幅度受周期上限限制。周期上限取决于社会已经达到的技术水平和一切生产资源可被利用的程度。当扩张达到周期上限时，就会转向经济收缩。收缩时，由于加速数的作用，投资的下降又会引起产量和收入按照某一倍数下降。其下降幅度受周期下限的限制。周期下限取决于总投资的特点和加速原理作用的局限性。当下降到周期下限时，经济又开始回升。乘数-加速原理揭示了经济增长过程中有规则的周期性波动现象，这种现象又被称为希克斯经济周期理论。

第十章 通货膨胀与失业

学习目标

知识目标
1. 了解通货膨胀的类型、成因及治理。
2. 了解失业及充分就业的含义，失业的种类、原因和影响。
3. 了解菲利普斯曲线的含义。

技能目标
1. 掌握失业率和通货膨胀率的计算方法。
2. 掌握菲利普斯曲线对政府的宏观调控政策的作用及其局限性。

重点难点
1. 通货膨胀及其影响。
2. 失业的影响。
3. 失业与通货膨胀的关系。

案例导入

委内瑞拉通货膨胀飙升

根据国际货币基金组织（IMF）的预测，2018年委内瑞拉的通货膨胀率可能飙升至1 000 000%，成为现代历史上通胀率最高的几个国家之一，或许将为世界献上经济史上的一幕奇观。

IMF西半球事务负责人在该机构的博客上表示，眼下委内瑞拉危机的严重程度已经与1923年的德国和2000年年末的津巴布韦不相上下。该负责人称，如果IMF的预测符合实际情况，那么该国经济在过去五年内萎缩了50%，将成为过去60年来全球最大幅度的经济衰退。

除了创纪录的恶性通胀外，IMF还下调了委内瑞拉2018年GDP预期至萎缩18%，此前预计会萎缩15%，这是委内瑞拉国内经济连续第三年出现两位数的下降。该负责人指出，这主要是由于委内瑞拉石油产量下降，以及大量印钞支持政府开支等糟糕的经济政策所致。

从委内瑞拉当地物价来看，已升逾460倍。随着委内瑞拉经济的崩溃，该国政府自2017年起停止了经济数据的定期发布，由反对派议员控制的立法机构承担起了相关责任，根据该机构独立发布的数据，委内瑞拉2018年6月CPI同比飙升了46 305%。

（资料来源：根据网络资源整理）

通货膨胀对居民生活及国民经济的影响是显而易见的，那么是否可以说通货膨胀对经济的影响有百害而无一利？

第一节 通货膨胀

一、通货膨胀的定义及分类

(一)通货膨胀的定义

对于通货膨胀的定义,经济学界存在着广泛的争议,一般所接受的定义为:通货膨胀是物价水平普遍而持续的上升。弗里德曼认为,物价普遍的上涨就叫作通货膨胀,而萨缪尔森则认为通货膨胀的意思是物品和生产要素的价格普遍上涨的时期——面包、汽车、理发的价格上涨,工资、租金等也都上涨。

理解通货膨胀的含义,需要掌握以下两个方面:①通货膨胀是指一般物价水平上涨的现象。所谓一般物价水平,并不是指个别商品的价格,而是广泛地包括所有产品和劳务在内的价格。局部的价格上涨不能称为通货膨胀,当然也不是所有的价格都以同比例上升,它们之间有的可能上升得快,有的慢些,有的可能不变。②通货膨胀是物价水平的持续上升。暂时性的、季节性的或偶然性的物价上涨则不能认为是通货膨胀。

通货膨胀的反面为通货紧缩。无通货膨胀或极低度通货膨胀称之为稳定性物价。

(二)通货膨胀的分类

根据不同的标准,可以对通货膨胀进行不同的分类,一般而言,根据物价上涨程度的不同,通货膨胀可以分为以下几类:

1. 温和的通货膨胀

温和的通货膨胀是指使通货膨胀率处于 2%以上但在 10%以下,即一位数且始终比较稳定的通货膨胀。一些人认为,如果每年的物价上涨率在 2.5%以下,不能认为是发生了通货膨胀。当物价上涨率达到 2.5%时,叫作不知不觉的通货膨胀。

有些人认为,在经济发展过程中,搞一点温和的通货膨胀可以刺激经济的增长。因为提高物价可以使厂商多得一点利润,以刺激厂商投资的积极性。同时,温和的通货膨胀不会引起社会太大的动乱,反而能像润滑油一样刺激经济的发展,这就是所谓的"润滑油政策"。

2. 飞奔的通货膨胀

飞奔的通货膨胀亦称为奔腾的通货膨胀、急剧的通货膨胀。它是一种不稳定、迅速恶化、加速的通货膨胀。在这种通货膨胀发生时,通货膨胀率较高(保持在 10%,100%,即两位数的通货膨胀率),所以在这种通货膨胀发生时,人们对货币的信心开始动摇,经济社会产生动荡,所以这是一种较危险的通货膨胀。

3. 恶性的通货膨胀

恶性的通货膨胀也称为极度的通货膨胀、超速的通货膨胀。这种通货膨胀一旦发生,通货膨胀率非常高(一般达到三位数以上),而且完全失去控制,其结果是导致社会物价持续飞速上涨,货币大幅度贬值,人们对货币彻底失去信心。这时整个社会金融体系处于一片混乱之中,正常的社会经济关系遭到破坏,最后容易导致社会崩溃、政府垮台。这种通货膨胀在经济发展史上是很少见的,通常发生于战争或社会大动乱之后。

恶性通货膨胀是少见的,比较著名的有1923年德国的通货膨胀。第一次世界大战之后,德国作为战败国必须支付约1 300亿马克的巨额战争赔款,为此,德国开始大量发行纸币。1919年,德国全年的货币发行量约为500亿,到了1923年年底,德国货币发行量达到天文数字5万亿亿。过量的货币发行导致的是物价急剧膨胀,德国的物价曾经在一个月内上涨了2 500%,当时德国的年通货膨胀率达到惊人的3.25亿%,相当于物价每两天就翻一倍,一美元可以兑换42 000亿,货币连纸都不如。

二、通货膨胀的衡量及原因

(一)通货膨胀的衡量

通货膨胀的测定指标又称通货膨胀的衡量,是用以表示通货膨胀程度的一种相对数。由于通货膨胀总与物价上涨相关联,故通过计量得出的物价水平的上升幅度,可以作为测定通货膨胀的指标。在市场经济起步早的国家,通常将物价上涨率视为通货膨胀率,反映物价水平变动的相对数指标即为物价指数。衡量通货膨胀的指标通常有三个:一是消费者价格指数(CPI),二是生产者价格指数(PPI),三是国内生产总值平减指数(GDP Deflator)。

对通货膨胀的衡量一般以消费者价格指数来表示,称为通货膨胀率。

$$通货膨胀率 = \frac{本期物价指数 - 基期物价指数}{基期物价指数} \times 100\%$$

物价指数是表明某种商品的物价从一个时期到下一个时期变动程度的指数。物价指数一般不是简单算术平均数,而是加权平均数,即根据某种商品在总支出中所占的比例来确定其价格的加权平均数的大小。

根据计算物价指数时包含的商品品种的不同,可将物价指数分为以下三种:

1. 消费者价格指数

消费者价格指数(CPI)是度量消费商品及服务项目价格水平随着时间变动的相对数,反映居民购买的商品及服务项目价格水平的变动趋势和变动程度。通常作为观察通货膨胀水平的重要指标。我国称之为居民消费价格指数。居民消费价格指数可按城乡分别编制城市居民消费价格指数和农村居民消费价格指数,也可按全社会编制全国居民消费价格总指数。目前,我国编制CPI的商品种类共包括食品、烟酒及用品、衣着、家庭设备用品及服务、医疗保健及个人用品、交通和通信、娱乐教育文化用品及服务、居住八大类,262个基本分类。在对全国500个样本市县6.3万个采价点进行价格调查的基础上,根据国际规范的流程和公式计算得出。

2. 生产者价格指数

生产者价格指数(PPI)我国称之为工业品出厂价格指数。PPI是衡量工业企业产品出厂价格变动趋势和变动程度的指数,是反映某一时期生产领域价格变动情况的重要经济指标,也是制定有关经济政策和国民经济核算的重要依据。国家统计局统一编制全国和省级工业生产者价格指数,对比基期5年调整一次,基本流程包括:确定调查产品目录(即产品篮子);确定调查企业;确定各调查基本分类的代表权数;搜集基础数据;计算各类指数。调查产品的确定,严格遵循了对工业行业代表性强,对国计民生影响大,生产稳定,有发展前景等原则。中国工业生产者出厂价格调查产品目录包括 41 个行业大类、201 个行业中类、581 个行业小类、1 702 个基本分类的 11 000 多种工业产品；购进价格调查目录包括 900 个基本分类的 6 000 多种工业产品。PPI 能够反映生产者获得原材料的价格波动情况，推算预期 CPI，从而估计通货膨胀风险。由于企业最终要把它们的生产成本以更高的销售价格转嫁给消费者，所以生产者价格指数的变动对预测消费者价格指数的变动是有用的，通常作为观察通货膨胀水平的重要指标。

3. 国内生产总值平减指数

国内生产总值平减指数（GDP Deflator）又称 GDP 缩减指数，是指没有剔除物价变动前的 GDP（名义 GDP）增长与剔除了物价变动后的 GDP（实际 GDP）增长之商。该指数也用来计算 GDP 的组成部分，如个人消费开支。它的计算商品范围比消费者价格指数更广泛，涉及全部商品和服务。除消费外，还包括生产资料和资本、进出口商品和劳务等。因此，这一指数能够全面地反映出一国的物价水平，是综合性价格指数。

为了方便对物价变动趋势及影响的跟踪研究，我国统计部门除了定期公布消费者价格指数外，还公布工业生产者出厂价格分类指数、工业生产者购进价格指数、商品零售价格指数（RPI）、集市贸易价格指数、居民生活费用价格指数及农副产品收购价格指数等。

（二）通货膨胀的原因

通货膨胀的直接原因是货币供给量超过了客观的需求量。研究通货膨胀的原因，实际上就是研究货币供给量超过客观需求量的原因。货币供给量与货币需求量相适应，是货币流通规律的基本要求，一旦违背了这一经济规律，过多发行货币，就会导致货币贬值，物价水平持续上涨，即通货膨胀。目前对通货膨胀成因的理论假说很多，主要有以下几种理论。

1. 需求拉动的通货膨胀

这是从总需求的角度来分析通货膨胀的原因，认为通货膨胀的原因在于总需求过度增长，总供给不足，即"太多的货币追逐较少的货物"，或者是因为物品与劳务的需求超过按现行的价格可得到的供给，所以一般物价水平便上涨。总之，就是总需求大于总供给所引起的通货膨胀。

对于引起总需求过大的原因又有两种解释：一是凯恩斯主义的解释，强调实际因素对总需求的影响；二是货币主义的解释，强调货币因素对总需求的影响。与此相对应，也就有两种需求拉动的通货膨胀理论。

凯恩斯主义认为，当经济中实现了充分就业时，表明资源已经得到了充分利用。这时，如果总需求仍然增加，就会由于过度总需求的存在而引起通货膨胀。可以用膨胀性缺口这一概念来说明这种通货膨胀产生的原因，如图 10-1 所示。

图 10-1 横轴代表国民收入，纵轴代表价格，AD_1、AD_2、AD_3 和 AD_4 分别为不同的总需求曲线，AS 为总供给曲线。AD_2 与 AS 相交于 E_2，决定了国民收入为 y_2，y_2 小于充分就业时的国民收入 y_f，这时总需求会继续增加。当增加到 AD_3 时，AD_3 与 AS 相交于 E_3，这时整个社会经济资源全部得到利用，国民收入 y_f 为充分就业的国民收入。如果总需求继续增加到 AD_4，AD_4 与 AS 相交于 E_4，因为资源有限，产量不能继续扩大，国民收入也就不会超过充分就业的国民收入 y_f，但实际需求过大，尽管国民收入无法增加，价格却由 p_3 上升到 p_4，这样由于总需求过度增长而引起了通货膨胀，这就是需求拉动的通货膨胀。这时，

实际总需求 AD_4 与充分就业总需求 AD_3 之间存在的差额,即是膨胀性缺口。膨胀性缺口是指实际总需求大于充分就业总需求时,实际总需求与充分就业总需求之间的差额。

凯恩斯强调了通货膨胀与失业不会并存,通货膨胀是在充分就业实现后产生的。当总需求增加后,总供给的增加并不能迅速满足总需求的增加,产生短缺,价格上升。

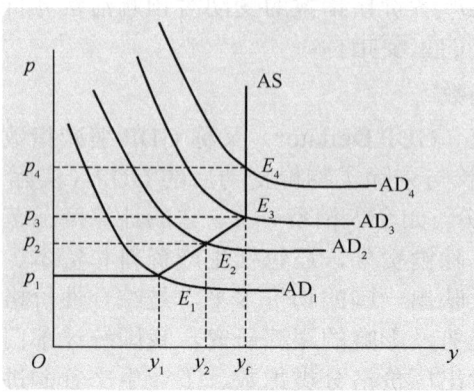

图 10-1　需求拉动的通货膨胀

2．供给推动的通货膨胀

这是从总供给的角度来分析通货膨胀的原因。供给就是生产,根据生产函数,生产取决于成本。因此,从总供给的角度看,引起通货膨胀的原因在于成本的增加。成本增加意味着只有在高于从前的价格水平时,才能达到与以前一样的产量水平,即总供给曲线向左移动使国民收入减少,价格水平上升,这种价格上升就是成本推动的通货膨胀。

图 10-2 中,原来总供给曲线 AS_0 与总需求曲线 AD 决定了国民收入为 y_0,价格水平为 p_0。由于成本增加,总供给曲线向左上方移动到 AS_1,此时总需求曲线不变,决定国民收入为 y_1,价格水平为 p_1,价格水平由 p_0 上升到 p_1 是由于成本的增加引起的。

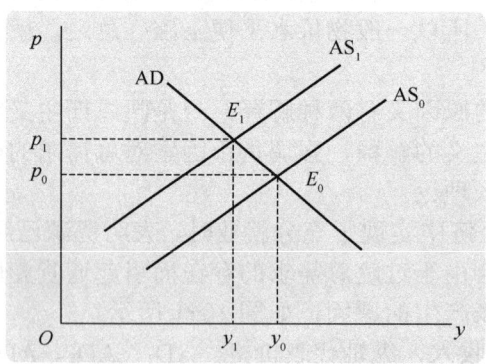

图 10-2　供给推动的通货膨胀

引起成本增加的原因并不相同,因此,成本(供给)推动的通货膨胀又可以根据其成因分为以下几种:

(1) 工资成本推动的通货膨胀。经济学家认为,工资是成本中的主要部分,工资的提高会使生产成本增加,从而使价格水平上升。在劳动市场存在工会卖方垄断的情况下,工会利用其垄断地位要求提高工资,雇主迫于压力提高了工资之后,就把提高的工资加入成本，提高产品的价格，从而引起通货膨胀。

工资的增加往往是从个别部门开始的，但由于各部门之间工资的攀比行为，个别部门工资的增加往往会导致整个社会的工资水平上升，从而引起普遍的通货膨胀。而且，这种通货膨胀一旦开始，还会形成"工资—物价螺旋式上升"，这样工资与物价不断互相推动，形成严重的通货膨胀。

（2）利润推动的通货膨胀。这种通货膨胀又称价格推动的通货膨胀，是指市场上具有垄断地位的厂商为了增加利润而提高价格所引起的通货膨胀。在不完全竞争市场上，具有垄断地位的厂商控制了产品的销售价格，从而就可以提高价格以增加利润。通货膨胀是由于利润的推动而产生的，尤其是工资增加时，垄断厂商以工资的增加为借口，更大幅度地提高价格，使物价的上升幅度大于工资的上升幅度，其差额就是利润的增加，这种利润增加使物价上升，形成通货膨胀。

（3）进口成本推动的通货膨胀。这是指在开放经济中，由于进口的原材料价格上升而引起的通货膨胀。在这种情况下，一国的通货膨胀通过国际贸易渠道而影响其他国家。这种通货膨胀发生时，物价的上升会导致生产减少，从而引起萧条。

与这种通货膨胀相对应的是出口性通货膨胀，即由于出口迅速增加，以致出口生产部门成本增加，国内产品供给不足，引起通货膨胀。

3．供求混合推动的通货膨胀

这种理论把总需求与总供给结合起来分析通货膨胀的原因。经济学家认为，通货膨胀的根源不是单一的总需求或总供给，而是这两者共同作用的结果。

如果通货膨胀是由需求拉动开始的，即过度需求的存在引起物价上升，这种物价上升会使工资增加，从而供给成本的增加又引起成本推动的通货膨胀。如果通货膨胀是由成本推动开始的，即成本增加引起物价上升，这时如果没有总需求的相应增加，工资上升最终会减少生产，增加失业，从而使成本推动引起的通货膨胀停止。只有在成本推动的同时，又有总需求的增加，这种通货膨胀才能持续下去，如图10-3所示。

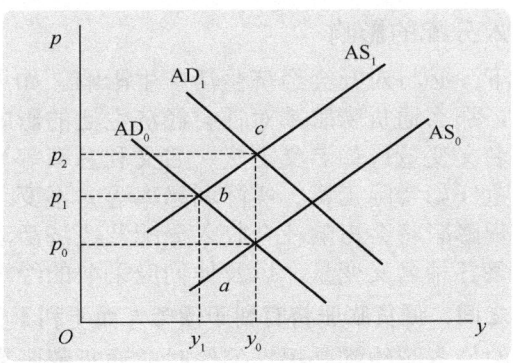

图10-3　供求混合推动的通货膨胀

4．结构性通货膨胀

这是指由于一国经济结构发生变化而引起的通货膨胀。在整体经济中不同的部门有不同的劳动生产增长率，但却有相同的货币工资增长率。因此，当劳动生产增长率较高的部门货币工资增长时，就给劳动生产增长率较低的部门形成了一种增加工资成本的压力，因为尽管这些部门的劳动生产增长率较低，但各部门的货币工资增长率却是一致的，在成本加成的定价规则下,这一现象必然使整个经济产生一种由工资成本推动的通货膨胀。这一理论实际上仍是对前两种理论的修改与综合。

发生结构性通货膨胀的情况,具体来说,有以下三种:

(1)一个国家中,一些经济部门的劳动生产率比另一些经济部门的劳动生产率提高得快。

(2)一个国家中,与世界市场联系紧密的开放经济部门的劳动生产率比与世界市场没有直接联系的封闭经济部门的劳动生产率提高得快。

(3)一个国家中,各部门的产品供求关系不同,也会造成通货膨胀的发生。

5．预期与惯性通货膨胀

(1)预期通货膨胀理论。预期通货膨胀理论认为,无论是什么原因引起的通货膨胀,即使最初引起的通货膨胀的原因消除了,它也会由于人们的预期而持续,甚至加剧。

预期对人们的经济行为有重要的影响,而预期往往又是根据过去的经验形成的。在产生了通货膨胀的情况下,人们要根据过去的通货膨胀率来预期未来的通货膨胀率,并把这种预期作为指导未来经济行为的依据。

(2)惯性通货膨胀理论。惯性通货膨胀理论也是要解释通货膨胀持续的原因,但它所强调的不是预期,而是通货膨胀本身的惯性。

根据这种理论,无论是什么原因引起了通货膨胀,即使最初的原因消失了,通货膨胀也会由于其本身的惯性而持续下去。这是因为,工人与企业所关心的是相对工资与相对价格水平,在他们决定自己的工资与价格时,他们要参照其他人的工资与价格水平。这样通货膨胀就会由于这种惯性而持续下去,因为谁也不会首先降低自己的工资与物价水平。只有在经济严重衰退时,才会由于工资与物价的被迫下降而使通货膨胀中止。

预期通货膨胀理论与惯性通货膨胀理论很相近。前者由货币主义者提出,强调现在对未来的影响;后者由凯恩斯主义者提出,强调过去对现在的影响。这两种理论从不同角度解释了通货膨胀持续的原因。

三、通货膨胀对经济的影响

(一)通货膨胀对收入分配的影响

在有通货膨胀的情况下,必将对社会经济生活产生影响。如果社会的通货膨胀率是稳定的,人们可以完全预期,那么通货膨胀率对社会经济生活的影响很小。因为在这种可预期的通货膨胀之下,各种名义变量(如名义工资、名义利息率等)都可以根据通货膨胀率进行调整,从而使实际变量(如实际工资、实际利息率等)不变。但是,在通货膨胀率不能完全预期的情况下,通货膨胀将会影响社会收入分配及经济活动,因为这时人们无法准确地根据通货膨胀率来调整各种名义变量,以及他们应采取的经济行为。

1．在债务人与债权人之间,通货膨胀将有利于债务人而不利于债权人

在通常情况下,借贷的债务契约都是根据签约时的通货膨胀率来确定名义利息率,所以当发生了未预期的通货膨胀之后,债务契约无法更改,从而就使实际利息率下降,债务人受益,而债权人受损。其结果是对贷款特别是长期贷款带来不利的影响,使债权人不愿意发放贷款。贷款的减少会影响投资,最后使投资减少。

2．在雇主与工人之间,通货膨胀将有利于雇主而不利于工人

这是因为,在不可预期的通货膨胀之下,工资增长率不能迅速地根据通货膨胀率来调整,从而在名义工资不变或略有增长的情况下,使实际工资下降。实际工资下降会使利润

增加。利润的增加有利于刺激投资，这正是一些经济学家主张以温和的通货膨胀来刺激经济发展的理由。

3．在政府与公众之间，通货膨胀将有利于政府而不利于公众

由于在不可预期的通货膨胀之下，名义工资总会有所增加（尽管并不一定能保持原有的实际工资水平），随着名义工资的提高，达到纳税起征点的人增加了，有许多人进入了更高的纳税等级，这样就使得政府的税收增加。但公众纳税数额增加，实际收入却减少了。政府由这种通货膨胀中所得到的税收称为"通货膨胀税"。一些经济学家认为，这实际上是政府对公众的掠夺。这种通货膨胀税的存在，既不利于储蓄的增加，也影响了私人与企业投资的积极性。

（二）通货膨胀对经济增长的影响

通货膨胀对经济增长的影响主要取决于正反两方面的效应。一方面，通货膨胀降低了实际工资，增加了企业的利润。在追求利润动机的支配下，企业将增雇工人，增加投资，扩大生产，从而使生产和就业增加，促进经济增长；另一方面，通货膨胀使人们不愿意储蓄和购买债券等金额固定的资产，而愿意购买土地、黄金等价格可变的资产，从而导致储蓄减少，抑制投资，抑制经济增长。此外，由于发展中国家税收体系不健全，税收的来源有限，发生通货膨胀可以增加财政收入，并把这些资金投入生产中去，从而刺激经济增长。最后，由于通货膨胀有利于高收入阶层而不利于低收入阶层，从而形成收入的再分配，而高收入阶层的边际储蓄倾向远远高于低收入者，从而有助于增加高收入者的储蓄，增加投资，解决发展中国家资本不足的问题，刺激经济的增长。

（三）通货膨胀对资源配置的影响

在通货膨胀的过程中，各种商品和生产要素的价格上涨幅度不同，可以改变各种商品和生产要素的相对价格，引起相对价格体系的变动，最终会使原来的资源配置状况和方式发生变动。这种经济资源配置效应是以非均衡的通货膨胀为前提的，究竟是使资源配置更加优化还是进一步恶化，要根据具体情况进行分析。

1．经济资源配置的正效应

在一定时期和条件下，由于通货膨胀引起的相对价格变化，使经济资源配置不合理状态转向合理或趋近最佳状态。

2．经济资源配置的负效应

在一定时期和条件下，由于通货膨胀引起的相对价格变化，不仅没有改善资源配置，反而使资源配置更不合理，从而导致社会经济生活的不稳定。在通货膨胀过程中，往往会使许多资源从生产领域转移到更有利可图的非生产领域，使社会生产下降，社会经济受到损失。

3．经济资源配置的正负混合效应

在通货膨胀的过程中，相对价格发生变化，会使有些部门资源配置有改善并趋于合理，而另外一些部门资源配置趋于恶化，更加不合理。

四、通货膨胀的治理

严重的通货膨胀对经济发展和社会稳定会产生不利的影响：①通货膨胀会引起社会收

入和国民财富的再分配，它会使工薪阶层和债权人受损，而使雇主和债务人受益；②通货膨胀将影响产业的协调发展，因为不同产业所生产的商品价格上升的不同会引起各个行业发展的不均衡；③通货膨胀会扭曲资源配置，使社会经济秩序出现混乱。

由于通货膨胀特别是恶性通货膨胀对于经济的正常发展有相当不利的影响，所以许多国家都十分重视平抑通货膨胀。主要的治理措施有以下几种：

（一）控制货币供给量

由于通货膨胀是纸币流通条件下的一种货币现象，其最直接的原因就是流通中的货币量过多，所以各国在治理通货膨胀时所采取的一个重要对策就是控制货币供给量，使之与货币需求量相适应，减轻货币贬值和通货膨胀的压力。

（二）调节和控制社会总需求

对于需求拉动的通货膨胀，可以通过实施财政政策和货币政策来调节和控制社会总需求。在财政政策方面，就是通过紧缩财政支出，增加税收，谋求预算平衡，减少财政赤字来实现。在货币政策方面，主要是紧缩信贷，控制货币投放，减少货币供给量。财政政策和货币政策相配合综合治理通货膨胀，其重要途径就是通过控制固定资产投资规模和控制消费基金过快增长来实现控制社会总需求的目的。

（三）增加商品有效供给，调整经济结构

治理通货膨胀的另一个重要方面就是增加有效商品供给，主要的手段有降低成本、减少消耗，提高经济效益、提高投入产出的比例，同时调整产业和产品结构，支持短缺商品的生产。

（四）其他政策

治理通货膨胀的其他政策还包括限价、减税、指数化等其他方法。

● 即问即答 ●

在以下四种情况中，可以称为通货膨胀的是（　　）。
A. 物价总水平的上升持续了一个星期之后又降了下来
B. 物价总水平上升而且持续了一年
C. 房价两年内上涨
D. 一种物品或几种物品的价格水平上升而且持续了一年

第二节 失 业

一、失业的概念及类型

（一）失业的概念

失业有广义和狭义之分。广义的失业指的是生产资料和劳动者分离的一种状态。在这

种状态下，劳动者的生产潜能和主观能动性无法发挥，不仅浪费社会资源，还对社会经济发展造成负面影响。狭义的失业指的是有劳动能力的处于法定劳动年龄阶段的并有就业愿望的劳动者失去或没有得到有报酬的工作岗位的社会现象。

没有劳动能力的人不存在失业问题；有劳动能力，虽然没有职业，但自身也不想就业的人，也不称为失业者。对失业的规定，不同的国家往往有所不同。

按照国际劳工组织（ILO）的统计标准，凡是在规定年龄内一定期间内（如一周或一天）属于下列情况的均属于失业人口：①没有工作，即在调查期间内没有从事有报酬的劳动或自我雇佣；②当前可以工作，即当前如果有就业机会，就可以工作；③正在寻找工作，即在最近采取了具体的寻找工作的措施，如到公共的或私人的就业服务机构登记、到企业求职或通过刊登求职广告等方式寻找工作。

（二）失业的类型

一般来说，西方经济学把失业分为自愿失业和非自愿失业。其中，非自愿失业包括自然失业和有效需求不足的失业。自然失业包括摩擦性失业、结构性失业、技术性失业和季节性失业。摩擦性失业、结构性失业、技术性失业、季节性失业均属于竞争性劳动力市场上的一种不可避免的较低水平的失业，即是正常性的失业，也是美国经济学家弗里德曼所说的"自然失业率"，即劳动力市场处于均衡状态时的失业率。一般来说，自然失业率保持在 4%～6%时不会影响充分就业的实现。

1．自愿失业与非自愿失业

失业有很多种类，根据主观愿意就业与否，可以分为自愿失业与非自愿失业。

自愿失业是指工人所要求的实际工资超过其边际生产率，或者说不愿意接受现行的工作条件和收入水平而未被雇佣造成的失业。由于这种失业是由于劳动人口主观不愿意就业而造成的，所以被称为自愿失业，它无法通过经济手段和政策来消除，因此不是经济学所研究的范围。

非自愿失业是指有劳动能力、愿意接受现行工资水平但仍然找不到工作的现象。这种失业是由于客观原因所造成的，因而可以通过经济手段和政策来消除。经济学中的所讲的失业是指非自愿失业。

2．摩擦性失业

摩擦性失业是指在生产过程中难以避免的、由于转换职业等原因而造成的短期、局部失业。这种失业的性质是过渡性的或短期性的，通常起源于劳动的供给一方，因此被看作是一种求职性失业，即一方面存在职位空缺，另一方面存在着与此数量对应的寻找工作的失业者，这是因为劳动力市场信息的不完备，厂商找到所需雇员或失业者找到合适工作都需要花费一定的时间。摩擦性失业在任何时期都存在，并将随着经济结构变化而有增大的趋势，但从经济和社会发展的角度来看，这种失业存在是正常的。

3．结构性失业

结构性失业是指劳动力的供给和需求不匹配所造成的失业，其特点是既有失业，也有职位空缺，失业者或者没有合适的技能，或者居住地点不当，因此无法填补现有的职位空缺。结构性失业在性质上是长期的，而且通常起源于劳动力的需求方。结构性失业是由经济变化导致的，这些经济变化引起特定市场和区域中的特定类型劳动力的需求相对低于其供给。

造成特定市场中劳动力的需求相对低可能有以下原因：①技术变化。原有劳动者不能适应新技术的要求，或者是技术进步使得劳动力需求下降。②消费者偏好的变化。消费者对产品和劳务的偏好的改变，使得某些行业规模扩大而另一些行业规模缩小，处于规模缩小行业的劳动力因此而失去工作岗位。③劳动力的流动性。流动成本的存在制约着失业者从一个地方或一个行业流动到另一个地方或另一个行业，从而使得结构性失业长期存在。

4．技术性失业

技术性失业是指由于技术进步所引起的失业。在社会发展和经济增长过程中，技术进步的必然趋势是，生产中越来越广泛地采用资本密集型技术，越来越多和越来越先进的设备和技术替代了工人的劳动。如此一来，对劳动力的需求相对减小，从而增加失业。同时，在经济增长过程中，资本品相对价格下降和劳动力价格相对上升也加剧了机器取代人工的趋势，从而也加重了这种失业。

5．临时性或季节性失业

临时性或季节性失业是指社会上某些行业是随着季节性变化调整劳动力使用量引起的失业。

形成季节性失业的原因主要有以下两个方面：①某些部门或行业对劳动力的需求随季节的变化而波动,如农业、旅游业、建筑业、航运业等；②一些行业会随季节的不同而产生购买的高峰和低谷，如服装业、制鞋业等，从而影响作为谋生需求的劳动力需求,造成季节性失业。

季节性失业是一种自然失业，它给社会带来了两个方面的不良影响：①季节性雇员由于就业时间短，收入受到影响，不利于劳动者生活的稳定；②季节性失业不利于劳动力资源的有效利用，造成了一定程度的的人力浪费。

为了减少季节性失业的影响，许多经济学家主张，政府应该加强对季节性失业期的预测和服务，以利于季节性工人尽早做出就业淡季的安排。同时，政府应该规定一个合理的失业补助期限，以减少季节工人的生活困难。

6．有效需求不足的失业

有效需求不足的失业是指在经济周期中的衰退或萧条时，因社会总需求下降而造成的失业。当经济发展处于一个周期中的衰退期时，社会总需求不足，因而厂商的生产规模也缩小，从而导致较为普遍的失业现象。有效需求不足的失业对于不同行业的影响是不同的，一般来说，需求的收入弹性越大的行业，有效需求不足的失业的影响越严重。

凯恩斯认为，在现实经济中，由于经济萧条或经济增长缓慢，总需求往往小于总供给，对于劳动力的需要不足引起的失业，即有效需求不足的失业，它在现代西方经济学中占统治地位。凯恩斯用有效需求不足理论来说明失业，并在此基础上提出解决失业问题的方法，以达到社会的"充分就业"。

二、失业的衡量及原因

（一）失业的衡量

1．失业率

衡量一个国家的失业状况一般采用百分比来计算。失业率是指现有失业人口占全社会

劳动人口的比例，是衡量和反映一个国家经济中失业状况的基本指标。其公式可以表示为

$$U = \frac{L-N}{L}$$

式中，U 表示失业率，L 表示社会劳动力总数，它是国家劳动法规定的，N 为全部劳动力中的就业人数。

在美国，每月第一个周五公布失业率。失业数据的月份变动可适当反映经济发展状况，大多数资料都经过季节性调整。失业率被视为落后指标。

2．就业增长率

就业增长率是指某一时期内增加的职工人数在就业总人数中的比重。这一指标表明了就业增长或失业减少的情况。

3．离职率

离职率是某一时期内退休、退职或解雇的人数在总就业人数中所占的比重，这一指标表明了就业减少或失业增加的情况。

4．失业持续时间

失业持续时间是指失业者连续失业的时间。这一指标可以反映劳动力的流动情况，即失业变动情况。在失业率既定的情况下，失业持续的时间越长，说明劳动力流动越少，即流出失业池的速度越慢。

5．失业率分布

失业率分布指标反映了不同地区、不同行业中失业人口的比重。一般来说，通过失业率分布指标可以有效观察一个地区、一个行业经济的发展状况。

（二）失业的原因

凯恩斯经济学的基础是有效需求理论，他认为，有效需求是由消费需求与投资需求构成的。资本主义社会存在的三大基本心理规律，即心理上的消费倾向、心理上的灵活偏好、心理上对资本未来收益的预期，导致经济存在消费需求不足和投资需求不足，从而形成失业。

1．边际消费倾向递减

凯恩斯认为，有效需求是由消费需求和投资需求构成的，有效需求是人们对产品或劳务的需求。消费需求的大小，一方面取决于国民收入的多寡，另一方面取决于消费倾向的高低。

凯恩斯从人性论角度出发断言，当人们的收入增加时，消费也随之增加，但消费增加的速度会慢于收入增加的速度。因为人们总是不会把所有增加的收入全部用于消费，而留下一部分用于储蓄，所以边际消费倾向是递减的。由于边际消费倾向递减规律的作用，消费需求不能和收入同步增长，随着收入的增加，总供给和消费需求之间的差额就会不断扩大。假如没有投资需求的不断增大来弥补这一差额，就会有一部分产品销售不出去，从而引起生产紧缩的失业。

2．资本边际效率递减

资本边际效率是指厂商增加一个单位投资预期可以获得的利润率，即预期利润率。凯

恩斯认为，随着投资的增加，资本边际效率是递减的。首先，随着投资的增加，对机器设备的需求也会增加，从而使资本资产的供给价格上升；其次，随着投资的增长，产品的数量增多，其市场价格下跌，资本资产的预期收入会下降。在凯恩斯看来，资本边际效率的高低主要取决于厂商对投资未来收益的预期，取决于厂商对投资前景、获利可能性的信心。因此，资本边际效率递减也是一个心理规律。

资本边际效率递减是影响投资需求的重要因素。投资由利率和资本边际效率决定，资本与利率呈反方向变动。当资本边际效率小于利率时，投资便没有效率，企业不再投资，从而引起投资需求不足。凯恩斯特别强调这一规律的作用，认为经济危机的突然爆发，就在于资本边际效率的突然崩溃而引起投资大幅度下降。

3. 流动性陷阱

流动性陷阱又称灵活偏好或者流动偏好，是指人们想以货币形式保持其一部分财富的愿望。人们之所以希望以货币形式经常保持一部分财富在手中，主要是为了应付日常的交易支出，或是为了应付意外突发事件产生的支出，或是为了抓住有利的投机机会。利息就是人们在某一特定时期内放弃这种流动偏好的报酬。利息率的高低是由货币的供求决定的，货币的供给数量是由中央银行的政策决定的，货币的需求取决于人们的偏好。凯恩斯主义认为，中央银行通过调整货币政策，增加货币的供给量，可以在一定程度上降低利息率。但中央银行通过增加货币数量来降低利息率有一定限度，因为它受到灵活偏好的制约，当利息率降低到较低水平时，人们宁可把货币握在手中也不愿意储蓄。这时，无论中央银行如何增加货币供给量都不能使利息率再降低。正是由于灵活偏好的作用阻碍了利息率的下降，从而在资本边际效率递减的共同作用下，导致投资需求不足。

总之，有效需求不足是由消费需求不足和投资需求不足引起的，而投资需求不足是资本边际效率递减和流动性陷阱两种因素共同作用的结果。

三、失业的影响与奥肯定律

（一）失业的影响

失业会产生诸多影响，一般可以将其分成两种：社会影响和经济影响。

1. 失业对社会的影响

失业的社会影响虽然难以估计和衡量，但它最易被人们所感受到，失业威胁着作为社会单位和经济单位的家庭的稳定。没有收入或收入遭受损失，户主就不能起到应有的作用。家庭的要求和需要得不到满足，家庭关系将因此而受到损害。西方有关的心理学研究表明，解雇造成的创伤不亚于亲友的去世或学业上的失败。此外，家庭之外的人际关系也受到失业的严重影响。一个失业者在就业的人员当中会失去自尊和影响力，面临着被同事拒绝的可能性，并且可能会失去自信。最终，失业者在情感上会受到严重打击。

2. 失业对经济的影响

当失业率上升时，经济中本可由失业工人生产出来的产品和劳务就损失了。衰退期间的损失，就好像是将众多的汽车、房屋、衣物和其他物品都销毁掉了。从产出核算的角度看，失业者的收入总损失等于生产的损失，因此丧失的产量是计量周期性失业损失的主要尺度，因为它表明经济处于非充分就业状态。

（二）奥肯定律

20 世纪 60 年代，美国经济学家阿瑟·奥肯根据美国经济发展中的数据，提出了经济周期中失业变动与国民生产总值变动的经验关系，这被称为奥肯定律。奥肯定律是用以说明失业率与实际国民生产总值增长率之间关系的一条规律：实际失业率每高于自然失业率一个百分点，实际 GDP 将低于潜在 GDP 两个百分点。也就是说，相对于潜在 GDP，实际 GDP 每下降两个百分点，实际失业率就会比自然失业率上升一个百分点。

西方学者认为，奥肯定律揭示了产品市场与劳动市场之间极为重要的关系，描述了实际 GDP 的短期变动与失业率变动的关系。根据这个定律，可以通过失业率的变动推测或估计 GDP 的变动，也可以通过 GDP 的变动预测失业率的变动。

不少西方经济学家认为，合理的失业率及失业现象的存在，是促进社会发展所必需的条件之一。因为失业者可领取一定的失业救济金，但其数额少于就业时的工资水平，因而生活相对恶化，促使其重新就业。

四、失业的治理

（一）控制自然失业率的上升

在每个时期，总会有一些年轻人离开劳动力市场进入学校学习，也有一些原来在岗的工人被辞退或者自愿离职，这些都会使失业率上升。同时，也有一些失业工人被厂商雇佣或者重新聘回，还有一些老年工人因为自然退休等原因退出劳动力市场，这些都是失业率下降的力量。更主要的问题是，自然失业率水平是不稳定的，并且有逐渐上升的趋势。因此，政府必须想办法使自然失业率降低。采取扩张性的财政政策和货币政策固然可以把失业率降到自然失业率以下，但却会引起通货膨胀，因此采取收入政策或人力政策是更好的选择。

（二）通过需求管理减少周期性失业

运用财政政策、货币政策和收入分配政策促进经济增长，解决因需求不足造成的周期性失业。西方国家为控制通货膨胀和失业率上升所制定的工资指导线，以及一些大公司采用降低工薪福利的办法来替代裁员计划的方法，可以避免就业机会过多损失，值得我们参考和借鉴。

（三）加强就业服务，健全劳动力市场服务体系

这一政策被认为是缓解摩擦性失业、结构性失业的治本之策。劳动力市场体系的建设主要强调以下几个方面：①政府应制定相应的法律来对市场行为进行严格的规范，保证劳动力市场中用人单位和劳动者平等合理的权益，如打破劳动力流动在地区、部门、城乡之间的各种制度性障碍，消除劳动力市场的各种行政性分割，形成完善的就业机制。②通过健全劳动力市场服务体系来增强劳动力市场运作的有效性。国家应当建立起职业信息、职业培训、职业介绍一体化的服务体系。③要投入大量资金建立和完善劳动力市场信息网络，为劳动力市场供求双方提供迅速、准确、权威、完善的信息服务，充分发挥现代通信工具和手段传递信息的作用，降低在劳动力市场求职的成本。

案例讨论　　　　大学生就业难的原因在于供需错位

据教育部透露，2018届全国普通高校毕业生预计达820万人。

"一岗难求"和"留不住人"现象共存。面对庞大的求职群体，用人单位招工困局依旧难以破除。一方面，大学生就业形势不容乐观，招聘会上一岗难求；另一方面却是用人单位抱怨留不住人，青年员工跳槽频繁，主动离职率很高。

造成大学生就业难的多种原因中，供求结构性矛盾是主因，高校专业设置与快速变化的市场需求存在错位。

人才供需结构亟须改善。解决我国劳动就业市场长期以来的供求结构性矛盾，需要多方努力，必须加快转变经济发展方式，着力推动就业方式转变，有效强化人力资源开发，大力加强职业培训和创业培训。围绕社会需求，改变现有的教育制度，培养出社会需要的大学生。

（资料来源：根据网络资源整理）

讨论：
（1）如何处理我国的结构性失业问题？
（2）你对大学生就业难有何看法？

第三节　通货膨胀与失业的关系

失业与通货膨胀这两大问题，一直是困扰各国政府的重大问题。如何保持充分就业和物价稳定，实现没有失业又没有通货膨胀的理性状态，成为各国政府的美好愿望。但不幸的是，无论经济学家如何努力，都没有真正把这一愿望付诸实现。

一、菲利普斯曲线

（一）菲利普斯曲线的由来

1958年，新西兰经济学家威廉·菲利普斯根据英国1861～1957年间失业率和货币工资变动率的经验统计资料，提出了一条用以表示失业率和货币工资变动率之间交替关系的曲线。这条曲线表明：失业率和通货膨胀率之间存在着反方向变动的关系。菲利普斯曲线可以用图10-4来表示。

图10-4中，横轴U表示失业率，纵轴$\Delta W/W$表示货币工资增长率，当失业率从U_1下降到U_2时，货币工资增长率从$(\Delta W/W)_1$上升到$(\Delta W/W)_2$；反之，当货币工资增长率从$(\Delta W/W)_2$下降到$(\Delta W/W)_1$时，失业率就从U_2上升到U_1。

由于工资成本占单位生产成本的比重很大，工资上升很容易转换为价格的上涨。于是，人们就用菲利普斯曲线来表示通货膨胀率和失业率之间相互交替的关系，即通货膨胀率越高，失业率越低；反之，通货膨胀率越低，失业率越高。也就是说，失业率高表明经济处于萧条阶段，这时工资与物价水平都较低，从而通货膨胀率也较低；通货膨胀率高表明经济处于繁荣阶段，因为通货膨胀使实际工资下降，从而能刺激生产，增加对劳动的需求，减少失业率。

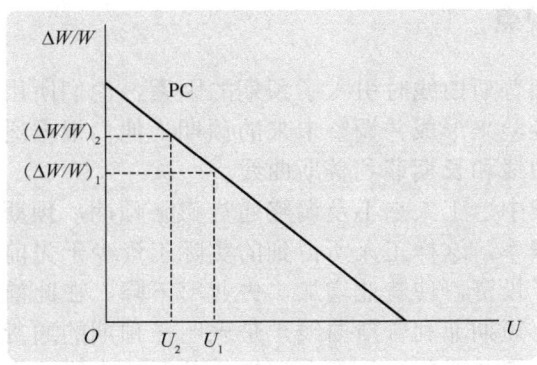

图 10-4　菲利普斯曲线

（二）菲利普斯曲线的重要观点

菲利普斯曲线提出了如下几个重要的观点：

（1）通货膨胀是由工资成本推动所引起的，这就是成本推动的通货膨胀理论。正是根据这一理论，把货币工资增长率同通货膨胀率联系了起来。

（2）失业率和通货膨胀率存在着交替的关系。

（3）通货膨胀率等于零时的失业率为自然失业率。

（4）由于失业率和通货膨胀率之间存在着交替关系，因此可以运用扩张性的宏观经济政策，用较高的通货膨胀率来换取较低的失业率，也可以运用紧缩性的宏观经济政策，以较高的失业率来换取较低的通货膨胀率。这就为宏观经济政策的选择提供了理论依据。

菲利普斯曲线反映的是失业率和通货膨胀率的交替关系，基本符合 20 世纪五六十年代西方国家的情况。进入 20 世纪 70 年代以后，由于滞涨的出现，失业率与通货膨胀率之间又不存在这种交替关系了，于是对失业和通货膨胀之间的关系又有了新的解释。

二、凯恩斯的观点

凯恩斯认为，失业和通货膨胀是不会并存的。如果未实现充分就业，在资源闲置的情况下，总需求的增加只会使国民收入增加，而不会引起价格水平的上升，也就是说，在没有充分就业的情况下，通货膨胀是不会发生的。在实现充分就业之后，资源得到了充分的利用，总需求的增加无法使国民收入增加，而只会引起价格的上涨。这就意味着，发生通货膨胀时，一定是实现了充分就业的，这种通货膨胀是由于总需求过度而引起的，即需求拉动的通货膨胀。凯恩斯关于失业和通货膨胀之间关系的解释如图 10-5 所示。

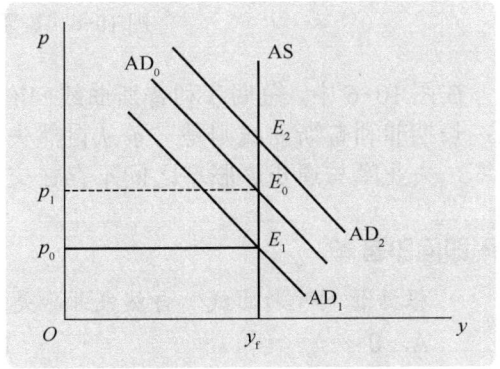

图 10-5　需求拉动的通货膨胀

三、货币主义的观点

货币主义在解释菲利普斯曲线时引入了预期的因素,他们所用的预期概念是适应性预期,即人们根据过去的经验来形成并调整未来的预期。他们根据适应性预期,把菲利普斯曲线分为短期菲利普斯曲线和长期菲利普斯曲线。

在短期菲利普斯曲线中,工人来不及调整通货膨胀预期,预期的通货膨胀率可能低于以后实际发生的通货膨胀率,这样工人所得到的实际工资少于先前预期的实际工资,从而使实际利润增加,刺激了投资,使就业增加,失业率下降。在此前提下,通货膨胀率与失业率之间存在交替关系。短期菲利普斯曲线正是表明在预期的通货膨胀率低于实际发生的通货膨胀率的短期中失业率与通货膨胀率之间交替关系的曲线。也就是说,在短期中,引起通货膨胀率上升的扩张性财政政策与货币政策是可以起到减少失业的作用的。

在长期菲利普斯曲线中,工人将根据实际发生的情况不断调整自己的预期。工人预期的通货膨胀率和实际发生的通货膨胀率迟早会一致。这时,工人会要求增加名义工资,使实际工资不变,从而通货膨胀就不会起到减少失业的作用。这时菲利普斯曲线是一条垂线,表明失业率与通货膨胀率之间不存在交替关系。而且,在长期菲利普斯曲线中,经济能实现充分就业,失业率就是自然失业率。因此,在长期菲利普斯曲线中,以引起通货膨胀为代价的扩张性财政政策和货币政策并不能减少失业,这就是宏观经济的无效性。短期与长期菲利普斯曲线可以用图10-6来表示。

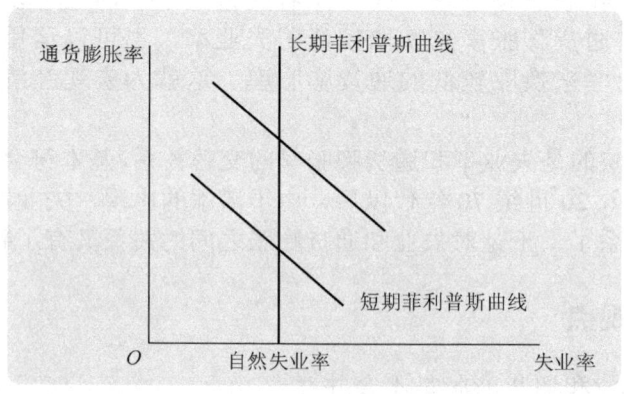

图10-6 短期与长期菲利普斯曲线

在图10-6中,短期菲利普斯曲线向右下方倾斜,表明失业率与通货膨胀率存在交替关系;长期菲利普斯曲线则是一条从自然失业率出发的垂线,说明长期中的失业率是自然失业率,失业率与通货膨胀率之间不存在交替关系。

● 即问即答 ●

根据菲利普斯曲线,自然失业率是( )。
A. 0 B. 固定值
C. 通货膨胀率为0时的失业率 D. 周期性失业率

● 主要内容网络图

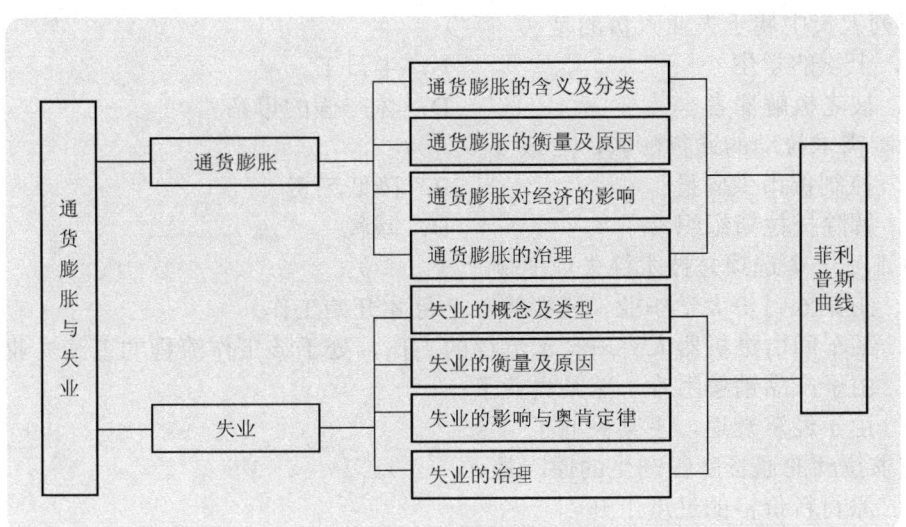

关键名词

自然失业　　摩擦性失业　　通货膨胀　　结构性失业　　周期性失业　　奥肯定律
菲利普斯曲线

复习与练习

一、单项选择题

1. 结构性失业是（　　）。
   A. 有人不满意现有工作，离职去寻找更理想的工作所造成的失业
   B. 由于劳动力技能不能适应劳动力需求的变动所引起的失业
   C. 由于某些行业的季节性变动所引起的失业
   D. 经济中由于劳动力的正常流动而引起的失业

2. 奥肯定律是说明（　　）。
   A. 失业率与通货膨胀率关系的经验统计规律
   B. 通货膨胀与国民收入之间关系的规律
   C. 失业率与实际国民收入增长率之间关系的经济统计规律
   D. 人口增长率与失业率之间关系的统计规律

3. 由于经济萧条而形成的失业属于（　　）。
   A. 摩擦性失业　　　　　　　　B. 结构性失业
   C. 周期性失业　　　　　　　　D. 永久性失业

4. 某人由于刚刚进入劳动力队伍而尚未找到工作，这属于（　　）。
   A．摩擦性失业　　　　　　　　B．结构性失业
   C．周期性失业　　　　　　　　D．永久性失业
5. 下列人员中属于失业人员的是（　　）。
   A．上学的学生　　　　　　　　B．半日工
   C．被老板解雇者　　　　　　　D．休产假的母亲
6. 抑制需求拉动的通货膨胀，应该（　　）。
   A．控制货币供应量　　　　　　B．降低工资
   C．解除托拉斯组织　　　　　　D．减税
7. 以下哪一个选项是技术性失业的例子（　　）。
   A．王某6月份大学毕业，还要等一个月才开始工作
   B．某车间引进机器人完成全部流程的工作，处于该工作流程的王某失业了
   C．由于产品销售困难，王某失业了
   D．由于经济衰退，王某失业了
8. 需求拉动的通货膨胀产生的原因是（　　）。
   A．原材料价格的过度上升
   B．消费量的过度增长
   C．劳动力的过度增加
   D．供给量的过度增加
9. 菲利普斯曲线表示（　　）。
   A．失业与就业之间关系的曲线
   B．工资与就业之间关系的曲线
   C．工资和利润之间关系的曲线
   D．失业率与通货膨胀率之间交替关系的曲线

二、问答题

1．什么是通货膨胀？衡量通货膨胀的指标是什么？根据通货膨胀的严重程度可将通货膨胀分为哪几类？
2．失业按其形成的原因可以分为哪几种类型？
3．"经济学研究资源的稀缺性，但如果劳动力市场一直存在失业，稀缺性又怎么可能存在呢？如果想生产更多的产品与服务，我们只需要使失业者受到雇佣。"
（1）你是否同意这种说法？为什么？
（2）解释为什么稀缺性和失业并不矛盾。
4．成本推动的通货膨胀可分为哪几种？工资上涨会导致消费增加，试问工资推动的通货膨胀是否也可以看作需求拉动的通货膨胀？

实践与实训

1．分组讨论：目前我国存在的失业类型有哪些？其根源有哪些？
2．讨论：目前我国存在着大量的"啃老族"，你对这一群体有何看法？

人物介绍

A. W. 菲利普斯

威廉·菲利普斯（Alban William Phillips，1914—1975），1914年生于新西兰，1937年他到了英国，1954年他在《经济学》杂志上发表了《封闭经济中的稳定政策》一文，其中讨论的就是反应滞后对宏观稳定政策的影响。菲利普斯有着那种工程师特有的根深蒂固的经验主义倾向，他总觉得在做理论思辨之前要先搞计量分析，于是他开始着手做这方面的研究。结果在1958年，菲利普斯在《经济学》杂志上发表了那篇著名的《1861～1957年英国失业率和货币工资变化率之间的关系》，后来所说的菲利普斯曲线就是在这篇文章中首先提出来的。菲利普斯利用近100年间的英国工资的统计资料，讨论了工资变动率和失业率之间的关系。菲利普斯发现：①名义工资的变动率是失业率的递减函数；②即使名义工资的增长率处在最低的正常水平，失业率仍然为正（菲利普斯的统计数据为2%～3%）。1967年，菲利普斯离开英国，返回澳大利亚，任澳大利亚国立大学经济学教授，开始研究中国经济，1975年在新西兰去世。

第十一章 经济周期、经济增长与开放经济

学习目标

知识目标
1. 掌握经济周期的阶段特征、经济增长的因素。
2. 理解外汇与汇率、绝对优势原理与相对优势原理。
3. 了解经济周期的成因、经济增长模型、国际收支项目与内容。

技能目标
1. 会判断简单的经济周期的所处阶段。
2. 能够解释常见的经济大国间的贸易现象。

重点难点
1. 经济周期的四个阶段及其特征。
2. 经济增长的源泉与经济增长模型分析。
3. 国际收支与国际贸易理论。

案例导入

中国成为第二大经济体

2010年8月16日,日本内阁府公布了第二季度的经济数据,GDP为1.288万亿美元。此前,中国国家统计局公布的上半年GDP为172 839.8亿元(约合2.53万亿美元),第一季度为81 622.3万亿元(约合1.19万亿美元),两者相减,中国第二季度GDP约为1.34万亿美元。这一数据高于日本的二季度产出,意味着二季度中国已超过日本成为全球第二大经济体。

对此类"超越消息",国内普通民众早已产生"审美疲劳",而官方则选择了理智的低调。普通民众纠结于发展的成果未能达到相对均衡的共享;官方则清醒于按人头计算,中国人均GDP只有日本1/10,位居全球百位之后,与阿尔巴尼亚、萨尔瓦多等全球公认的贫穷国家处于"同一阵营",即使按照中国人均收入1 300元贫困标准线,还有4 000多万人没有脱贫。另外,中国经济创下的"当代奇迹",一定程度上依赖于"四高"(投资、消耗、排放、污染),这是不可持续的。当下,产业结构转型之痛只是困境之一,更有改革长期不配套所导致的社会问题、文化问题、法治问题、民主政治问题及精神信仰问题等困难需要我们去克服——我们还有很长的、艰辛的路要走。

(资料来源:《中国经济周刊》,2011年3月1日,有删改)

> 50 年前中国提出"赶超英美"的目标时，曾被国际上认为是"天方夜谭"。2010年中国 GDP 毫无悬念地超越日本跃居世界第二，但面对这样的成绩，为什么从政府到民间却似乎"无动于衷"？

第一节 经济周期理论

一、经济周期的含义及阶段

经济周期是指国民收入及经济活动规律性地出现扩张和收缩的波动过程。理解经济周期，应该注意以下几点：①经济周期的中心是国民收入的波动。由于这种波动同时引起失业率、物价水平、利率、对外贸易等活动的波动，所以研究经济周期的关键是研究国民收入波动的规律与根源。②经济周期是经济中不可避免的波动。③虽然每次经济周期并不完全相同，但它们却有共同点，即每个周期都是繁荣与萧条的交替。

一般地，将经济周期依次划分为四个阶段，即衰退、萧条、复苏和繁荣，其中衰退与萧条属于经济的收缩期，复苏和繁荣属于经济的扩张期。衰退是经济活动从扩张的顶峰向下跌落的阶段，即整个经济活动由繁荣转为萧条的过渡阶段；萧条是国民收入与经济活动低于正常水平的阶段，即整个经济活动收缩向下阶段；复苏是经济活动由萧条转为繁荣的过渡阶段；繁荣是国民收入与经济活动高于正常水平的阶段，即经济活动扩张向上的阶段。整个经济周期的最高点和最低点，分别称为峰顶和谷底，用来表示收缩与扩张的转折点。

如图 11-1 所示，横轴 T 代表时间（年份），纵轴 Y 代表国民收入或经济水平，N 代表正常的经济活动水平，即经济发展的长期趋势。经济在 A 点时达到峰顶，$A \sim B$ 为衰退，$B \sim C$ 为萧条，C 点时达到谷底，$C \sim D$ 为复苏，$D \sim E$ 为繁荣，在 E 点时又达到新的峰顶。从一个峰顶到另一个峰顶，经历了一个完整的经济周期。

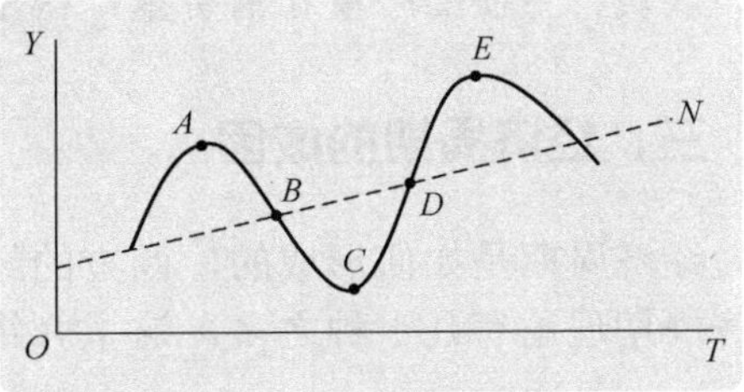

图 11-1 经济周期的阶段

判断经济周期处于哪一个阶段，主要是看社会的工业产量、销售量、资本借贷量、物价水平、利息率、利润率和就业量等经济指标的变动情况。一般来说，当经济发展到复苏阶段时，上述各项指标都开始上升。复苏的高潮阶段就是繁荣，生产者与消费者对经济发展前景很乐观，产销两旺，资金借贷量大增，利息率迅速上升，市场投资与投机都很活跃，各种物质资源得到了充分利用，社会就业率很高，物价水平快速上涨。到了衰退阶段，情况正好相反。衰退的严重阶段就是萧条，此阶段市场情绪悲观、交投清淡，产品全面过剩，信贷量大减，利率下跌，部分企业破产倒闭，社会失业率较高，物价水平回落较大。

二、经济周期的类型

根据经济周期经历的时间长短的不同，可把经济周期划分为不同的类型，这里介绍几种主要的类型。

（一）短周期

短周期又叫基钦周期或"短波"，时间跨度为 3~4 年，是英国经济学家约瑟夫·基钦根据 1890~1922 年间英国与美国的物价、银行结算、利率等资料进行研究而提出来的。经济学界习惯将短周期叫作基钦周期。

（二）中周期

中周期又称朱格拉周期或"中波"，时间跨度为 8~10 年，法国学者克里门特·朱格拉在 1860 年首先提出经济事件存在周期的思想。他认为，危机或恐慌并不是一种独立的现象，而是经济周期中的一个阶段，于是根据物价水平、生产和就业人数等统计指标，确定了该周期长度。美国经济学者汉森把它称为"主要经济周期"，并测算出美国 1795~1937 年间的平均经济周期长度为 8.35 年。

（三）中长周期

中长周期又称库兹涅茨周期或建筑业周期，时间跨度为 15~25 年，平均长度为 20 年。美国经济学家库兹涅茨·西蒙在 1930 年提出了一种与房屋建筑业相关的经济周期，认为这种周期与人口增长而引起的建筑业增长与衰退有关，是由建筑业的周期性变动导致的。

（四）长周期

长周期又称康德拉季耶夫周期或"长波"，时间跨度为 50~60 年。苏联经济学家尼古拉·康德拉季耶夫在 1925 年提出了著名的"长波理论"。他分析有关法国、英国、美国、德国和世界的大量经济时间序列资料，根据这些国家批发价格水平、利率、工资和对外贸易、煤炭、生铁的产量和消费量，得出平均经济周期长度为 54 年的长期波动。

三、经济周期的成因

经济周期是如何形成的，西方的经济学者们对此做了种种不同的说明和解释，提出的经济周期理论有几十种之多。这里介绍较有影响的几种理论。

（一）消费不足理论

消费不足理论认为衰退的原因在于收入中用于储蓄的部分过多,用于消费的部分偏少。储蓄过多和消费不足，又是由于收入分配过于不均等所造成的，同可以投资的数量相比，富人得到了过多的收入。如果收入分配均等一些，储蓄就不会过多，消费也不会不足。

（二）投资过度理论

投资过度理论认为衰退的原因不是投资太少，而是投资过多。投资过多是指生产资本品部门的发展超过了生产消费品部门的发展。经济扩张时资本品增长速度比消费品快，经济衰退时资本品下降速度也比消费品快，资本品投资的波动造成了整个经济的波动。

（三）货币信用过度理论

货币信用过度理论把经济周期看作一种货币现象，认为经济波动是银行货币和信用货币波动的结果。按照这一理论，银行货币和信用货币的扩张导致利率下降，从而引起投资增加，走向繁荣；反之，银行货币和信用货币的紧缩导致利率上升，从而引起投资减少，走向衰退。

（四）创新理论

创新理论认为创新是经济周期波动的主要原因。技术革新和发明不是均匀的连续的过程，而是有它的高潮和低潮，因而导致经济繁荣和衰退，形成经济周期。具体来讲，创新提高了生产效率，为创新者带来了盈利，引起其他企业仿效，形成创新浪潮。创新浪潮使银行信用扩张，对资本品的需求增加，促使经济繁荣。随着创新的普及，盈利机会的消失，银行信用收缩，对资本品的需求减少，引发经济衰退，直至另一次创新出现，经济再次繁荣。

（五）乘数-加速原理

现代经济学家十分重视投资变动在经济周期中的关键作用，具有代表性的理论就是乘数-加速原理。乘数是指投资变动所引起的产量的变动。乘数原理说明，由于经济中各部门之间存在着密切的联系，某一部门的一笔投资不仅会使本部门的产量增加，而且会对其他部门产生连锁反应，引起这些部门投资与产量的增加，从而使最终产量的增加数倍于原来投资的增加。加速原理是指产量变动所引起的投资的变动。加速原理说明，由于现代化大生产的特点是采用大量先进而昂贵的设备，所以在开始生产时，投资要大于产量，即投资的变动率要大于产量的变动率，但在生产能力形成之后，如果产量不以一定的比率增长，投资就无法增加。这就是说，要使投资一直增长，产量就必须按一定比率增加。

投资增加引起产量的更大增加，产量的更大增加又引起投资的更大增加，这样经济就会出现繁荣。然而，当产量达到一定水平时，社会需求与资源的限制无法再增加，这时由于加速原理的作用，投资会减少，投资的减少又会因乘数的作用而使产量继续减少，两者的共同作用又使经济进入萧条。萧条持续一定时期后，由于产量回升又使投资增加、产量再增加，从而经济进入另一次繁荣。正是由于乘数与加速原理的共同作用，经济中就形成了由繁荣到萧条，又由萧条到繁荣的周期性运动。

> **案例讨论**　　　　　　　　　**20世纪90年代中国的经济波动**
>
> 　　20世纪90年代，在深化改革的攻坚阶段，中国经济经历了一轮较长的周期性波动，被学界称为"第9轮经济周期"。上升阶段为1991~1992年，下降阶段为1993~1999年，总体经济周期运行时间为9年。从1991年开始，按年度GDP增长率计算，1992年本轮周期迅速达到高峰，当年国内生产总值增长率达到14.2%，仅次于1984年的15.2%。1992年下半年，经济呈现出过热状态，1993年下半年中央开始采取积极有效的宏观调控措施，终于在1996年年底，中国经济成功实现"软着陆"，保证了经济在低通货膨胀下快速增长。但是，其间也出现了另一个问题，就是经济增长率长期下滑，难以走出低谷。依据我国经济周期的一般规律，周期持续时间一般在5~6年，1996年经济应该达到这一轮周期的谷底，1997年进入新一轮周期。但是经济持续下滑的趋势并未改观，1997年和1998年经济增长率继续走低，1999年经济进入低谷。进入2000年，中国各项经济指标均出现较大幅度的回升，经济增长率也由1999年的7.1%增加到8%。经济增长率结束了连续7年的下滑态势，出现了转折点。

> 本轮经济周期的显著特点是：经济在经历了快速增长，越过高峰后，并未像以往各周期一样在短期内急剧收缩，进入周期性低谷，而是以"小幅缓收"为基调，收缩期明显拉长。从1993年下半年步入经济收缩期开始至1999年年底，7年内GDP增长率平均每年下降仅1个百分点，波动较为平缓，但下滑时间较长。
>
> （资料来源：刘恒，陈述云. 中国经济周期波动的新态势[J]. 管理世界，2003.）
>
> 讨论：形成中国第9轮经济周期的原因有哪些？

第二节　经济增长理论

一、经济增长与经济发展

经济增长是指一个国家或地区在一定时期内的总产出与前期相比所实现的增加。总产出通常用国内生产总值（GDP）来衡量，对一国经济增长速度的度量，通常用GDP增长率来表示。若用 Y_t 表示 t 时期的总产出，Y_{t-1} 表示前一期的总产出，则 t 时期的经济增长速度（G_t）可表示为

$$G_t = \frac{Y_t - Y_{t-1}}{Y_{t-1}}$$

由于GDP的数值大小受价格因素的影响，所以在计算时，可以把GDP分为现行价格计算的GDP和不变价格计算的GDP。用现行价格计算的GDP，可以反映一个国家或地区的经济发展规模，用不变价格计算的GDP可以用来计算经济增长速度。

经济增长率的高低体现了一国的经济总量的增长速度，也是衡量一国总体经济实力增长速度的标志。但由于GDP只是一个衡量总产出的"量"的概念，并不包括伴随经济增长带来的生态与环境变化的影响，因此，经济增长并不能全面反映一个国家或地区的经济实际状况，于是就产生了经济发展的概念。经济发展既包括经济增长，也包括伴随经济增长过程而出现的技术进步、结构优化、制度变迁、福利改善以及人与自然之间关系的进一步和谐等方面的内容，它是反映一个经济社会总体发展水平的综合性概念。由于经济发展问题的复杂性，在经济学中出现了专门研究经济发展的学科，称为"发展经济学"。而在宏观经济学中，重点在于论述经济增长理论。从两者的关系来看，经济增长是经济发展的前提和核心，经济发展是经济增长的更高层次，是经济的"质"的提高。

二、经济增长的类型

（一）粗放型经济增长

粗放型经济增长是指单纯或完全依靠增加生产要素的投入而生产效率没有任何提高条件下实现的经济增长。更多的生产要素投入意味着更大的生产能力，有更大的产出，但并不意味着生产要素被更有效地利用。在总产量增长的同时，全部生产要素投入的平均产出量并无改变。

在粗放型经济增长中,尽管全部生产要素投入的平均产出不变,但个别生产要素单位投入的产出量却可能改变。例如,如果资本存量的增长快于劳动的增长,单位劳动投入的产出量就会增加,但每单位资本投入的产出量则会减少;反之,如果劳动的增长快于资本存量的增长,每单位劳动投入的产出量就会下降,而每单位资本投入的产出量就会上升。

(二)集约型经济增长

集约型经济增长是指通过改进生产技术、提高生产要素使用效率而实现的经济增长。当生产效率提高时,每单位劳动的产量、每单位资本的产量和每单位原材料的产量都会提高。人们不必投入更多的资源,却可以获得更大的产出,满足、享用更高的生活水平。

集约型经济增长可能通过多种途径来实现,最明显的就是技术进步,它可以同时提高所有生产要素的生产效率。另外,像劳动力的技术培训、各种生产要素质量的提高、生产组织的改进、市场功能的完善以及交通和通信系统的发展等,也都能实现集约型经济增长。

三、经济增长因素分析

经济增长表现为总产出的增加,因此可以根据总生产函数来分析经济增长因素。总生产函数是总产量与全部生产要素投入量之间的函数关系,用公式表示为

$$Y = A \cdot f(K, L)$$

式中,Y 表示总产量,A 表示技术,K 表示资本,L 表示劳动。于是,决定经济增长的因素是资本、劳动和技术进步。

(一)资本

资本分为物质资本和人力资本,这里只分析物质资本,即设备、厂房、存货等的存量。英国古典经济学家亚当·斯密就曾把资本的增加作为国民财富增加的源泉。现代经济学家认为,在经济增长中,一般的规律是资本的增加要大于人口的增加,即人均资本量是增加的,从而每个劳动力所拥有的资本量是增加的。只有人均资本量的增加,才会有人均产量的提高。根据美国经济学家罗伯特·默顿·索洛的研究,美国在1909~1940年间,平均每年增长率为2.9%,其中由于资本增加所引起的增长率为0.32%,即资本在经济增长中所做出的贡献占11%左右。

应该指出,在经济增长的开始阶段,资本增加所做的贡献还要更大一些。因此,许多经济学家都把资本积累占国民收入的10%~15%作为经济起飞的先决条件,把增加资本作为实现经济增长的首要任务。在以后的增长中,资本的作用相对下降了。但第二次世界大战后西方各国经济增长的事实表明,储蓄率高、资本增加快的国家,经济增长率仍然是比较高的,如德国、日本便是如此。

(二)劳动

劳动是指劳动力的增加。劳动力的增加可分为劳动力数量的增加与劳动力质量的提高,这两个方面对经济增长都很重要。根据索洛估算,1909~1940年,美国的经济增长率为2.9%,其中由劳动引起的增长率为1.09%,即劳动在经济增长中的贡献占38%左右。

劳动力数量的增加可以有三个来源：①人口的增加；②人口中就业率的提高；③劳动时间的增加。劳动力质量的提高则来源于文化技术水平和健康水平的提高。劳动力是数量与质量的统一，劳动力数量的不足，可以由质量的提高来弥补。通常在经济增长的开始阶段，人口增长率也高，因此这时劳动的增长主要依靠劳动力数量的增加；当经济增长到了一定阶段，人口增长率下降，劳动工时缩短，这时就要通过提高劳动力的质量来弥补劳动力数量的不足。这是一个普遍规律。

（三）技术进步

技术进步在经济增长中的作用，体现在生产率的提高上，即同样的生产要素投入量能提供更多的产品。技术进步在经济增长中发挥的作用最大。据索洛估算，1909～1940年间，美国2.9%的经济年增长率中由于技术进步而引起的增长率为1.49%，即技术进步在经济增长中所做出的贡献占51%左右。而且，随着经济的进一步发展，技术进步的作用会越来越重要。

技术进步主要包括资源配置的改善、规模经济和知识的发展。资源配置的改善主要是指劳动力从低生产率部门转移到高生产率部门中，包括农业劳动力转移到工业中，以及独立经营者与中小企业中的劳动力转移到大企业中去。规模经济是指由于企业规模扩大而引起的成本下降与收益增加。知识的发展包括科学技术的发展及其在生产中的运用、新工艺的发明与采用等。知识的发展是技术进步中最重要的内容，据美国经济学家丹尼森估算，技术进步引起的生产率提高中有60%左右要归功于知识的发展。应当注意，知识的发展不仅包括自然科学与技术科学的发展，也包括管理科学的发展。

四、经济增长模型

第二次世界大战之后，西方国家面临紧迫的经济复兴与繁荣任务，研究经济增长问题便成为经济学的热门。经济学家们通过建立经济模型研究经济增长中各种生产要素的相对重要性，寻找经济增长背后的推动力，取得了很大的成功。经济增长模型是经济增长理论的概括表现，它说明各种相关因素之间的因果关系和数量关系，从而寻找经济长期稳定增长的途径。

（一）哈罗德-多马模型

哈罗德-多马模型是由英国经济学家罗伊·福布斯·哈罗德和美国经济学家埃弗塞·多马提出来的。1947年前后，两人分别独立提出了类似的经济增长模型，人们便把两个模型合称为哈罗德-多马模型。这里以哈罗德模型为主来介绍这个模型的基本内容。

1. 基本假设

哈罗德-多马模型以严格的假设条件为前提，主要有：①社会只生产一种产品，既可消费也可投资；②生产中只使用两种生产要素，劳动和资本；③资本与劳动的比率固定不变，资本-产量比也是不变的；④储蓄倾向不变；⑤不存在技术进步。

2. 基本公式

一个社会的资本存量和该社会的总产量或实际国民收入之间，存在着一定的比例关系，被称为资本-产量比，用 v 来表示。若用 K 和 Y 分别表示资本和产量，则有：$K=vY$。

随着一国资本量的增长，该社会的产量也在增长，增量分别是 ΔK 和 ΔY，两者之比称为边际资本-产量比，如果原有的资本-产量比等于边际资本-产量比，则有：$\Delta K = v\Delta Y$。

由于不存在折旧，资本增量 ΔK 全部来源于新的投资，因此，有 $I = v\Delta Y$。

又由于储蓄倾向（s）不变，则有 $s = \dfrac{S}{Y}$，即 $S=sY$。

按照凯恩斯的理论，只有当 $I=S$ 时，经济活动才能达到均衡。所以：

$$v\Delta Y = sY$$

于是，就得到经济增长率（G）公式：

$$G = \frac{\Delta Y}{Y} = \frac{s}{v}$$

所以，哈罗德认为，经济增长率等于社会储蓄倾向与资本-产量比两者之比。例如，假定一国的资本-产量比为5，储蓄率为30%，则经济增长率应为：30%÷5=6%。在资本-产量比不变的条件下，储蓄率越高，经济增长率就越高；储蓄率越低，经济增长率就越低。可见这一模型强调的是资本增加对经济增长的作用，分析的是资本增加与经济增长之间的关系。

（二）新古典经济增长模型

1956年，新古典综合经济学家索洛和斯旺将凯恩斯经济理论与新古典经济理论结合起来，提出了新古典经济增长模型，人们也称其为索洛-斯旺模型。

1. 基本假设

新古典模型的基本假设有：①劳动与资本两种生产要素可以互相替代；②在任何时候，劳动与资本都可以得到充分的利用；③生产的规模收益不变。

2. 基本公式

新古典经济增长模型的基本公式为

$$G = a\left(\frac{\Delta K}{K}\right) + b\left(\frac{\Delta L}{L}\right) + \frac{\Delta A}{A}$$

公式中，$\dfrac{\Delta K}{K}$ 代表资本增长率，$\dfrac{\Delta L}{L}$ 代表劳动增长率，$\dfrac{\Delta A}{A}$ 代表技术进步率。a 和 b 分别表示资本与劳动的收入贡献占国民收入的比重，a 与 b 之比即资本-劳动比。

新古典经济增长模型的含义是：①决定经济增长的因素是资本的增加、劳动的增加和技术的进步。②资本-劳动比是可变的，从而资本-产量比也是可变的，这是对哈罗德模型的重要修正。③资本-产量比的改变是通过生产要素价格的调节来进行的。如果资本量大于劳动量，则资本的相对价格下降，劳动的相对价格上升，从而在生产中更多地利用资本、更少地利用劳动，通过资本密集型技术来实现经济增长。反之，如果资本量小于劳动量，则资本的相对价格上升，劳动的相对价格下降，从而在生产中更多地利用劳动、更少地利用资本，通过劳动密集型技术来实现经济增长。这样，通过价格的调节使资本与劳动都得到充分利用，经济得以稳定增长。因为这一模型强调了价格对资本-产量比的调节作用，与新古典经济学的观点相似,故称新古典经济增长模型。

综合起来,新古典经济增长模型的基本含义是:通过市场上生产要素价格的调节,来改变资本和劳动的配合比率,从而实现稳定的经济增长。

五、经济增长理论的应用

从经济增长理论中可知,制约一国经济增长的因素是劳动、资本和技术。所以要想谋求较快的经济增长速度,必须从改善和提高经济增长因素出发,制定相应的政策措施,鼓励和发展相关因素。

(一)增加生产要素的数量并提高质量

土地、劳动和资本是经济增长的源泉。对土地(包括自然资源)的利用要努力提高其利用效率、挖掘生产潜力。劳动力包括数量和质量两个方面。增加劳动力数量的方法是提高人口出生量(在人口缺少的国家)、鼓励移民入境等。提高劳动力质量的方法则是增加人力资本投资,即大力发展教育和重视培训,以提高劳动者的文化技术水平与身体素质,适应劳动市场需求,最大限度地增强就业能力。资本的增加可以提高资本-劳动比,即提高每个劳动力的资本装备率、发展资本密集型技术、利用更先进的设备,以提高劳动生产率。在储蓄率过低的国家,应该通过减少税收、提高利息等途径来鼓励人们储蓄,然后通过完善的金融市场将储蓄转化为社会资本积累,为经济增长提供更多的资本要素。

(二)技术进步与创新

技术进步与创新是发展生产力的决定因素,并在现代经济增长中起着越来越重要的作用。因此,充分发挥和利用技术进步与创新对经济增长的贡献,已成为各国经济政策制定的重要内容。通常的措施包括:①制定鼓励科技发展的政策,加大对科技的投入;②加强教育投资及对科技人才的培养;③鼓励技术创新,增强企业自主创新能力;④加强专利权保护,严厉打击假冒伪劣;⑤加强国际合作与交流。

案例讨论　　　　　　　　中国经济需要"新三驾马车"来驱动

2015年7月3日,纪念"巴山轮会议"三十周年座谈会暨2015宏观经济国际研讨会召开。民生银行研究院院长黄剑辉会上表示,中国经济发展需要"新三驾马车"来驱动,强化市场型政府是改革的根本。

中国经济发展需要"新三驾马车"来驱动,即改革开放、创新创造和改善生态民生。从长远来看,建议保持中高速增长的同时,更要关注经济发展质量和国际竞争力的提升。同时,要把生态民生的改善、生活质量的提升作为经济发展的出发点。

2013年,中国人均GDP只有美国的17.6%,预计2020年将达到1.28万美元,接近高收入国家的门槛。建设和强化市场型政府是改革的根本,要把提升全要素生产率作为核心目标。"一带一路"构建全面开放型经济体,下一步应聚焦农业、制造业、服务业现代化,以新的制度供给服务新的技术改革,开创中国品牌新时代。

讨论:在发展经济的同时,应该把生态、民生的改善,生活质量的提升作为出发点吗?促进与扩大我国居民消费的相关政策措施有哪些?

第三节 国际收支、外汇与汇率

一、国际收支

(一)国际收支平衡表

国际收支是指一国在一定时期内,因与其他国家或地区发生的贸易、非贸易以及资本往来而引起的国际资金收支的总和。一国的国际收支状况反映在该国的国际收支平衡表中。国际收支平衡表是系统记录一国在一定时期内的各种国际收支项目及其金额的一种统计报表,它集中反映了一个国家当年国际收支的构成和总体情况。按照国际货币基金组织第五版的格式,其简表如下(见表11-1):

表11-1 国际收支平衡表简表

(单位:亿美元)

项 目				
1. 经常账户				
贷方				
借方				
2. 资本和金融账户				
2.1 资本账户				
贷方				
借方				
2.2 金融账户				
资产				
负债				
3. 净误差与遗漏				

(资料来源:国家外汇管理局网站)

(二)国际收支平衡表分析

1. 编制国际收支平衡表的基本原则

(1)只有国内外经济单位之间的经济交易才被记入国际收支中,包括国与国的居民、企业和政府之间。

(2)国际收支平衡表采用借贷复式记账法。借方记载的是国际资产增加或负债减少的项目,也就是导致本国产生外汇支出的项目,亦称为负号项目;贷方记载的是国际资产减少或负债增加的项目,也就是引起本国获得外汇收入的项目,亦称为正号项目。

2. 国际收支平衡表的内容

(1)经常项目。经常项目是一国与外国经常发生的并在国际收支平衡表中最基本的、最重要的项目,反映一国与他国之间实际资源的转移,因此与该国国民收入账户有密切的联系。通常包括货物与服务、收益和经常转移三个主要项目。

（2）资本与金融项目。资本与金融项目是指对资产所有权在国际流动的行为进行记录的项目，包括资本项目和金融项目两大部分。资本项目反映资本在居民与非居民之间的转移，主要包括资本转移和非生产、非金融资产的收买和出售；金融项目记录一国对外资产和负债所有权变更的交易，反映居民与居民之间投资与借贷的增减变化。按照投资类型和功能把金融项目分为直接投资、证券投资、其他投资。

（3）平衡项目。平衡项目又称结算项目，是为了使国际收支能在账面上取得平衡而设置的，用以调节、补充经常项目和资本项目之间的差额。具体包括：①储备资产，又称官方储备，主要包括货币黄金和外汇储备等。在记录时，储备资产要反向登记：若经常项目与资本和金融项目差额为正，表明储备资产增加，记入借方，用"-"号表示；若两者差额为负，表明储备资产减少，记入贷方，用"+"号表示。②净误差与遗漏，是指国际收支在统计数据上的误差和遗漏，当国际收支平衡表的借方与贷方最后不平衡时，通过本项调整使之平衡。

3. 国际收支平衡与不平衡

国际收支采用复式记账，使得任何一次国际交易都会在国际收支平衡表上产生两笔相互抵消的记录。如果一国的经常项目余额与资本和金融项目余额之和等于零或者差额很小，说明该国的国际收支平衡或基本平衡。

当经常项目余额与资本和金融项目余额不能相互抵消且差额较大时，就说明国际收支不平衡。国际收支不平衡分为顺差和逆差两种情况。如果经常项目与资本和金融项目合并后的贷方余额大于借方余额，即外汇收入大于外汇支出，说明国际收支盈余或国际收支顺差，表现为官方储备资产增加（即该项目的借方余额）；如果两者合并后的借方余额大于贷方余额，即外汇支出大于外汇收入，说明国际收支赤字或国际收支逆差，表现官方储备资产减少（即该项目的贷方余额）。所以，国际收支的不平衡，需要官方储备资产来调整。

二、外汇

（一）外汇的定义及特征

外汇是指以外币表示的用于国际债权债务结算的各种支付手段。这些支付手段主要包括外币现钞，存放在国外银行的外币存款，以外币表示的汇票、本票、支票等支付凭证，以及可以在国外兑现的政府公债、国库券、公司债券、股票、息票等外币有价证券。

外汇具有三个特征：①外币性。外汇必须是以外币表示的国外资产。②自由兑换性。外汇必须具有充分的兑换性，必须能够自由兑换成其他国家的货币或购买其他信用工具以进行多边支付。③可偿性。外汇必须是在国外得到偿付的货币债权，即能为各国所普遍承认和接受的金融资产。

（二）常用的外汇名称与代码

外币与外汇是两个不同的概念，如果外币现钞不具备自由兑换性和可偿性，则不能视为外汇。一般地，工业化发达的国家的货币具备外汇特征，这些外币就是外汇。常用的外汇名称与代码，见表11-2。

表 11-2　常用的外汇名称与代码

国家或地区名称		货币名称	货币代码
中文名称	ISO 标准代码		
美国	US	美元	USD
欧盟	EU	欧元	EUR
日本	JP	日元	JPY
英国	GB	英镑	GBP
中国香港	HK	港元	HKD
加拿大	CA	加拿大元	CAD
瑞士	CH	瑞士法郎	CHF
澳大利亚	AU	澳大利亚元	AUD
新西兰	NZ	新西兰元	NZD
丹麦	DK	丹麦克朗	DKK
瑞典	SE	瑞典克朗	SEK
新加坡	SG	新加坡元	SGD

三、汇率

（一）汇率及其标价

汇率亦称汇价，是指两种货币之间的兑换比率，或者说是以一种货币表示的另外一种货币的价格。汇率在国际经济活动中具有十分重要的作用，不仅为两国货币兑换提供折算的标准，更重要的是，通过货币的兑换与折算，为国际贸易和其他经济往来提供便利。

汇率有两种标价方法：直接标价法与间接标价法。直接标价法是以一定单位（1 或者 100 为单位）的外国货币为标准，来计算应付多少单位本国货币的方法。例如，我国银行报价 USD100=CNY688.58，就是直接标价法。间接标价法是以一定单位的本国货币为标准，来计算应收多少单位外国货币的方法。例如，英国银行报价 GBP1=USD1.261，就是间接标价法。由于受国际市场上货币供求的影响，汇率是经常发生变动的，汇率的变动表现为货币的贬值或升值。如果一定单位的外国货币折算的本国货币数减少或者是一定单位的本国货币折算的外国货币数增加，就表示外国货币贬值或本国货币升值。反之，如果一定单位的外国货币折算的本国货币数增加或者是一定单位的本国货币折算的外国货币数减少，就表示外国货币升值或本国货币贬值。

（二）买入汇率、卖出汇率和中间汇率

从银行买卖外汇的角度，可把汇率分为买入汇率、卖出汇率和中间汇率。

1. 买入汇率

买入汇率也称买入价或买价，是指银行买入外汇时所使用的汇率。在直接标价法下，一定单位外币折合本币数额较小的那个汇率是买入价；在间接标价法下，一定单位本币折合外币数额较大的那个汇率是买入价。

2. 卖出汇率

卖出汇率也称卖出价或卖价，是指银行卖出外汇时所使用的汇率。在直接标价法下，

一定单位外币折合本币数额较大的那个汇率是卖出价；在间接标价法下，一定单位本币折合外币数额较小的那个汇率是卖出价。

银行在买卖外汇时遵循的原则是低价买入高价卖出，两者之间的差额即为银行收益。

3. 中间汇率

中间汇率又称中间价，是买入汇率和卖出汇率的平均数。计算中间汇率的目的是为了便于分析外汇市场的汇率变化情况，也便于报刊、媒体进行经济新闻报道。

例题 上海某家银行的美元报价是：USD100=CNY680.004 8/683.125 8，请问其买入汇率、卖出汇率与中间汇率分别是多少？

提示：银行买入美元的价格（即买入汇率）是680.004 8，卖出美元的价格（即卖出汇率）是683.125 8，中间汇率是（680.004 8+683.125 8）÷2=681.565 3。

需要注意的是，由于银行与客户互为交易对手，银行买入美元正好是客户卖出美元，银行卖出美元正好是客户买入美元，所以客户买卖美元的价格与银行是相反的。由于银行按低买高卖的原则来对外报价，进行外汇买卖，则客户只能是按低卖高买的方法与银行进行外汇交易。

（三）汇率决定的基础

汇率是两国货币的折算比率，决定汇率的基础是两国货币所含实际价值量之比。在不同的货币制度下，决定汇率的基础具有不同的表现形式。

1. 金本位制度下汇率的决定基础

在金本位制度下，每枚金币的重量和成色固定，有法定含金量，金币可以自由铸造、自由熔化；黄金可以自由输入输出，因此实行金本位货币制度的国家对外进行支付时，既可以通过买卖外汇来结算，也可以采用输入输出黄金的办法来实现。金币可以按其含金量折成一定量的黄金，再把黄金用于国际债权债务支付，这样两种货币的含金量之比称为铸币平价，铸币平价是金本位制度下两国货币汇率决定的基础。

2. 纸币本位制度下汇率的决定基础

在纸币本位制度下，两国纸币的法定黄金含量之比本应是汇率决定的基础，但由于通货膨胀不可避免，纸币不断贬值，纸币的法定黄金平价与它实际所代表的黄金量严重脱离。同时，纸币已不能兑换黄金，甚至不再规定黄金含量。因此，两国货币名义上的黄金平价之比已不能作为决定纸币汇率的基础，只有两国单位纸币所代表的实际价值量之比才是决定两国汇率的基础。由于纸币具有流通手段职能，其所代表的价值体现在自身的购买力上，用两国货币的购买力的对比（即购买力平价）来测算汇率是合适的，它基本体现了纸币流通中两国货币所代表的真实价值的对比。所以，纸币本位制度下决定汇率的基础是购买力平价。

案例讨论 　　　　　人民币对美元汇率中间价下调

　　来自中国外汇交易中心的数据显示，2018年12月17日，人民币对美元汇率中间价报6.890 8，较前一交易日下调158个基点。

　　中国人民银行授权中国外汇交易中心公布，2018年12月17日银行间外汇市场人民币汇率中间价为：1美元对人民币6.890 8元，1欧元对人民币7.794 0元，100日元对人民币6.0813元，1港元对人民币0.88194元，1英镑对人民币8.6732元，1澳大利亚元对人民币4.9453元，1新西兰元对人民币4.6820元，1新加坡元对人民币5.0078元，1瑞士法郎对人民币6.9088元，1加拿大元对人民币5.1509元，人民币1元对9.6694俄罗斯卢布，人民币1元对2.0872南非兰特，人民币1元对164.11韩元。前一交易日，人民币对美元汇率中间价报6.8750。

（资料来源：新华社上海2018年12月17日电）

讨论： 人民币对美元升值对我国的进出口贸易有何影响？

第四节 国际贸易相关理论

一、绝对优势原理

绝对优势原理又称绝对成本理论，由英国古典经济学家亚当·斯密（以下简称"斯密"）提出。他在《国富论》中猛烈抨击重商主义的贸易保护理论，大力宣扬自由放任思想，提出了主张自由贸易的绝对优势理论。由于绝对优势理论从地域分工的角度来论证国际贸易产生的原因，因而也称为"地域分工说"。

（一）绝对优势原理的内容

绝对优势原理是指在某种产品上，一国在劳动生产率上占有绝对优势，或其生产所耗费的劳动成本绝对低于另一国，若两国都从事自己占有绝对优势产品的生产，继而进行交换，那么双方都可能通过交换得到绝对利益，从而整个世界也可以获得分工的好处。

斯密认为，国际贸易产生和发展的原因主要在于两个方面：①从使用价值角度来看，通过国与国之间的交换以实现互通有无、各取所需，将本国过多的产品输出，换取本国短缺或无法生产的产品，两国均能满足各自的需要。②从成本角度来看，产品的成本由劳动生产效率决定，由于各国拥有的社会劳动生产率不尽相同，生产同样产品的成本就有高低之分。当本国生产的一些产品在成本上比外国更低、更有竞争力时，就可以通过产品输出抢占外国市场并获得较高的当地售价，再去输入那些较低廉的外国产品。这样，就可以节约本国的劳动力耗费或者增加产品总量，贸易对手国同样如此，贸易双方都能得到好处。总之，一国之所以要进口别国的产品，是因为该国的生产技术处于劣势，生产成本太高，购买别国的反而更便宜；一国之所以能够向别国出口产品，是因为该国生产技术先进，生产成本较低，具有绝对优势。

假如，美国和日本都生产稻谷和玉米，两国的生产成本见表11-3。

表11-3 生产成本对比表 （单位：分钟）

	1公斤稻谷	1公斤玉米
美国	15	10
日本	8	16

从表 11-3 中可知，美国生产玉米的成本低于日本，而生产稻谷的成本又高于日本，即美国在玉米生产上有绝对优势，日本在稻谷生产上有绝对优势。如果美国和日本分别按照绝对优势的生产条件去生产玉米和稻谷，而后进行贸易交换，对双方都有利。

（二）国际贸易利益分析

根据斯密的绝对优势原理，国际贸易的直接利益表现在劳动生产率和福利水平的提高上，具体而言：

（1）通过国际分工，两国的劳动投入不变，但两种产品的总产量却增加了。如表 11-3 中，美国用 25 分钟劳动可以生产出 2.5 公斤的玉米，日本用 24 分钟劳动可以生产出 3 公斤的稻谷，高于分工前两国的同样工时下总共生产的 2 公斤玉米和 2 公斤稻谷。

（2）通过国际贸易，两国的消费和福利水平得以提高。如果美国将一半的玉米与日本的稻谷进行交换，且交换比率为 1:1。那么通过贸易，美国对玉米和稻谷的消费量均为 1.25 公斤，分别比贸易前增加了 0.25 公斤；日本对玉米和稻谷的消费量为 1.25 公斤和 1.75 公斤，分别比贸易前增加了 0.25 公斤和 0.75 公斤。

二、相对优势原理

相对优势原理又称比较成本理论，由英国古典经济学家大卫·李嘉图提出。斯密的绝对优势原理解释了产生国际贸易的部分原因，但无法解释事实上存在的所有产品都处于绝对优势的发达国家和所有产品都处于绝对劣势的经济不发达国家之间的贸易现象。李嘉图继承和发展了斯密的绝对成本理论，提出了以"比较利益"为中心的国际贸易学说，所以又称为"比较利益说"。

（一）相对优势原理的内容

相对优势原理的内容是：国际分工中若两个贸易参与国的生产力水平不相等，甲国生产任何产品的成本均低于乙国，处于绝对优势，而乙国则相反，处于绝对劣势，这时他们只要"两优择其重，两劣取其轻"，甲国集中生产国内具有最大优势的产品，乙国停止生产在国内处于最劣势的产品，集中生产劣势相对较小的产品，通过自由交换，各个国家可以节约社会劳动，增加产品的消费，世界也因此而增加产量，提高劳动生产率。

李嘉图认为，即使一国在每种产品的生产上比其他国家都绝对地更有效率（或绝对地更缺少效率），该国也仍然能够从国际贸易中获益。举个例子加以说明。假设英国和法国都生产白酒和葡萄酒，两国的生产成本见表 11-4。

表 11-4 生产成本对比表 （单位：分钟）

	1 升白酒	1 升葡萄酒
英国	30	39
法国	20	10
相对成本（英/法）	1.5	3.9

由表 11-4 可知，英国生产白酒和葡萄酒的成本都比法国高，处于绝对劣势地位，法国则处于绝对优势地位。但从相对成本的角度来看，两国都存在相对优势：在白酒生产上，英国与法国的成本之比是 1.5:1；在葡萄酒生产上，英国与法国的成本之比是 3.9:1。说明英国生产白酒的成本要相对低一些，在白酒上具有相对优势，在葡萄酒上处于相对劣势；法国在葡萄酒的生产上成本相对更低而具有相对优势，但在白酒上却处于相对劣势。于是，英国就可以放弃葡萄酒的生产，而集中资源去生产白酒，再向法国输出白酒以换取葡萄酒；法国则可以放弃白酒的生产，集中资源去生产葡萄酒，而后向英国输出葡萄酒以换取白酒。英法两国进行分工之后，分别生产白酒和葡萄酒的劳动投入数量见表 11-5。

表 11-5 分工后生产的劳动投入表　　　　　　　　（单位：分钟）

	白酒	葡萄酒
英国	69	0
法国	0	30

（二）国际贸易利益分析

在李嘉图的相对优势理论中，国与国之间遵循"两优择其重，两劣取其轻"的原则进行国际贸易分工安排，同样对分工与贸易各方都有利。

一方面，可以提高劳动生产率，增加产品产量。在国际分工前，英法两国共花费 99 分钟劳动可生产出 2 升白酒和 2 升葡萄酒。在分工后，英国用 69 分钟劳动可生产出 2.3 升白酒；法国用 30 分钟劳动可生产出 3 升葡萄酒，两种产品的产量分别比分工前增加了 0.3 升和 1 升。

另一方面，两国间的消费水平提高了。假定白酒与葡萄酒的交换比例为 1:1，且英国用一半的白酒去交换法国的葡萄酒。那么英国对白酒和葡萄酒的消费量均可达到 1.15 升，分别比分工贸易前增加了 0.15 升；法国对白酒的消费量也可达到 1.15 升，对葡萄酒的消费量则达到 1.85 升，分别比分工贸易前增加了 0.15 升和 0.85 升。

三、要素禀赋理论

要素禀赋理论又称赫克歇尔-俄林理论（简称赫-俄理论），由瑞典经济学家埃利·赫克歇尔及其学生贝蒂尔·俄林提出。该理论自 20 世纪 30 年代形成后，在西方受到广泛的接受和推崇，被称为现代贸易理论。在李嘉图的相对优势理论中，并未说明比较成本差异产生的原因，赫-俄理论对此给予了解释。

（一）生产要素供给差异

要素禀赋理论认为，产生比较成本差异的原因有两个：①两国要素禀赋的不同；②生产不同产品所使用的生产要素组合比例不同。

生产要素禀赋是指生产要素的拥有状况。一般来说，一个国家生产要素丰富，其价格就便宜，反之，比较稀缺的生产要素的价格就要贵些。每一个国家各种生产要素的丰富程度不可能一样，不同的生产要素价格也不同，因而产生了要素组合选择上的需要。

根据产品所含有的不同生产要素的密集程度，可以把产品大致分为劳动密集型、资本密集型、土地密集型、资源密集型和技术密集型等不同类型。生产不同的产品，对生产要素组合比例有不同的要求。即使生产同种产品，在不同国家生产要素的组合也不完全相同。例如，同样生产大米，泰国主要靠劳动，而美国则主要靠资本和技术。所以，只要各国生产中所投入的生产要素的组合比例不同，就会产生比较成本差异。例如，一国多使用价格低廉的生产要素，就能获得比较成本优势。

所以，俄林认为，国际贸易和分工产生、发展的基础是各国生产要素供给比例上的差别。

（二）生产要素价格均等化趋势

俄林认为，生产要素在国家之间的流动存在众多的障碍，所以人们选择生产地点总是尽可能地同大量所需生产要素的地理分布相一致，力图寻找生产要素最廉价的市场。例如，生产劳动密集型产品的工业自然会趋向于劳动力丰富的地方，而地广人稀的国家则大量出口土地密集型产品和进口劳动密集型产品。这样，出口劳动密集型产品的国家对劳动的需求增加，对其稀缺生产要素（如土地）的需求减少，结果是劳动丰富程度下降，工资上升；同样，出口土地密集型产品的国家对土地的需求增加，对其劳动的需求减少，结果是土地丰富程度下降，地租上升。因此，俄林得出结论：产品的流动实际上可以代替生产要素的流动，最终导致各国生产要素的价格趋向均等，这就是"生产要素均等说"。

（三）要素禀赋理论的主要观点

（1）国家以相对丰富的生产要素从事产品的专业化生产和国际交换，就会处于比较有利的地位；相反，以相对稀缺的生产要素从事专业化生产和国际交换，就处于不利地位。因此，在国际贸易体系中，一国出口的总是那些大量使用本国比较充裕的生产要素的产品，而进口的则总是大量消耗本国比较稀缺的生产要素的产品。

（2）如果两个国家生产要素存量（如劳动与资本）的比例不同，即使两个国家相同生产要素的生产率完全一致，也会产生生产成本的差异，从而使两国发生产品流动，即贸易关系。

（3）国际贸易的结果是使各贸易参与国之间的生产要素报酬（工资、地租、利息）差异缩小，出现生产要素价格均衡化趋势。

案例讨论　　　　　　**中美贸易摩擦会否愈演愈烈**

2018年9月24日，美国正式对大约2 000亿美元的中国商品征收额外10%的关税。中国方面进行反击，正式对约600亿美元的美国商品额外加征5%~10%的关税。同时，中国发布《关于中美经贸摩擦的事实和中方立场》白皮书，充分阐明了中国作为负责任大国的政策立场，将贸易摩擦中的事实进行澄清，驳斥美国单方面一意孤行挑起贸易争端的各种行为论调。

加征关税的措施导致美国农民和农场主在海外市场竞争的机会减少，养家糊口的收入减少。对于进口制造原材料或成品的美国公司来说，这些巨大的成本将导致价格上涨、就业机会减少、工资增长放缓和投资减少。为了遏制中美贸易摩擦带来的影响，美国零售商和消费品公司正在调整供应链，以确保利润率并限制价格上涨。

讨论：针对中美贸易摩擦，你认为我国该如何应对？

主要内容网络图

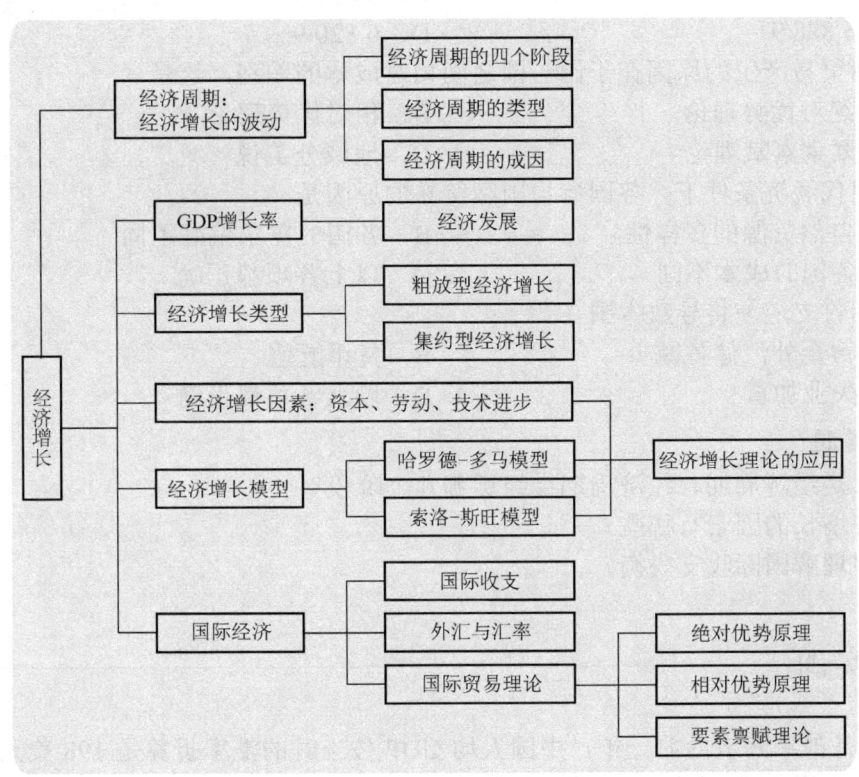

关键名词

经济周期　　经济增长　　国际收支　　外汇　　绝对优势　　相对优势

复习与练习

一、单项选择题

1. 经济周期的四个阶段依次是（　　）。
   A．复苏、衰退、萧条、繁荣　　B．复苏、衰退、繁荣、萧条
   C．复苏、繁荣、衰退、萧条　　D．复苏、繁荣、萧条、衰退

2. 现在人们一般认为，经济周期是指（　　）。
   A．GDP 上升和下降的交替过程
   B．人均 GDP 的上升和下降的交替过程
   C．GDP 增长率的上升和下降的交替过程
   D．以上各项都正确

3. 小李打算出国一趟，需要从银行购入美元外汇。银行的美元报价是：USD100=CNY 681.490 0~683.890 0，如果他购入 1 000 美元外汇，需付给银行（　　）元人民币。
   A. 6 814.9   B. 6 838.9
   C. 6 828.9   D. 6 820.9
4. 国际贸易产生的原因在于国与国之间相对成本的差别，这是（　　）。
   A. 绝对优势理论   B. 相对优势理论
   C. 要素禀赋理论   D. 地域分工说
5. 在现代经济条件下，各国参与国际贸易的原因是（　　）。
   A. 自然资源的多样性   B. 各国的需求偏好不同
   C. 各国的成本不同   D. 以上各项都正确
6. 国际收支逆差将导致本国（　　）。
   A. 黄金外汇储备减少   B. 货币贬值
   C. 失业加重   D. 以上各项都正确

二、问答题
1. 什么是经济周期？经济周期会经历哪几个阶段？
2. 经济增长的因素有哪些？
3. 如何理解国际收支失衡？

实践与实训

1977 年是改革开放的前一年，中国人均 GDP 按当时的汇率折算是 198 美元，而 2017 年的人均 GDP 为 8 836 美元。如果用人民币不变价格衡量，人均 GDP 增长了 25 倍。用美元不变价格衡量，则增长 15 倍。1977 年人民币兑美元的官方汇率是 1.7:1，当时人民币是高估的，实际上高于 15 倍。总体上，改革开放期间中国经济经历了翻天覆地的变化。

1977 年中国的城镇化率只有 17.5%，即 80% 以上的中国居民是农民，而且当时农民的生活状况很差。2017 年中国的城镇化率为 58.5%，农村居民人数下降到一半以下。

关于经济增长和居民收入增长，1953~1977 年这 25 年的 GDP 年均增长率是 5.9%，居民的人均收入增长率只有 1.7%。这两个数字可能还有一定程度的高估。改革开放以后的 1978~2017 年，这近 40 年的年均经济增长率是 9.6%，居民人均收入年增长率是 7.4%，大幅度高于改革开放以前。

关于贫困人口，按 2010 年的贫困线标准（不变价格人均 2 300 元人民币），1978 年农村贫困人口占 97.5%，当时的农村人口几乎都是贫困人口。2016 年这个比例下降到了 7.3%，90% 以上的农村人口脱贫了。

关于经济总量，1977 年中国 GDP 折算成美元远低于很多中小型人口规模的发达国家。改革开放以后，经济增长加快，先后超过了俄罗斯、加拿大、意大利、法国、英国、德国、日本，现在居世界第二位。但人均 GDP 还与美国相差几倍。

（资料来源：王小鲁. 2018 年 8 月 22 日. 新浪专栏. 意见领袖专栏）

请查阅改革开放以来我国经济增长的相关数据，阅读相关理论分析，分组讨论：未来我国经济增长的主要动因将会有哪些？

人物介绍

罗伯特·索洛

  罗伯特·索洛（Robert M.Solow，1924— ），美国经济学家，以新古典经济增长理论著称，并在1987年获诺贝尔经济学奖。索洛出生于纽约的布鲁克林，1942~1945年服兵役，1951年获得哈佛大学博士学位，他的导师是以研究投入产出分析方法著称的1973年诺贝尔奖得主华西里·列昂惕夫。索洛对新古典经济增长模型做出了巨大贡献，直到现在该模型仍然是经济增长理论中不可或缺的内容。在新古典经济增长模型中，对经济总体的增长贡献由劳动、资本和技术进步组成，这三者被称为经济增长的因素（或源泉）。

  新古典经济增长模型提出的资本主义模式的资本积累过程从长期来讲将收敛于经济增长稳定状态，这一结论无疑是给关心经济增长问题的经济学界打开了天窗。索洛的开创性工作之后，许多在此基础上的扩充模型被不断提出。例如，实际经济周期理论就是在新古典经济增长模型基础上考虑最优消费问题的一个崭新的新古典派经济学基础理论。

第十二章 宏观经济政策

学习目标

知识目标
1. 了解宏观经济政策目标及其内在联系。
2. 掌握财政政策和货币政策的内容。
3. 掌握自动稳定器的作用机制以及财政政策和货币政策的综合应用。

技能目标
1. 能分析财政政策和货币政策在实施中的实际效果。
2. 能理解和分析我国政府应对世界金融危机采取的一系列政策措施。

重点难点
1. 财政政策和货币政策的内容和运用。
2. 宏观经济政策的选择和协调。

案例导入

美联储：格林斯潘的舞台

第十三任美联储主席格林斯潘被认为是当时仅次于总统的第二号人物，他的一言一行都受到美国和全世界的关注。他知道自己"一言可以兴邦，一言可以灭邦"，说话特别谨慎，习惯使用一种故意让你听不懂真实含义的"美联储语言"。他甚至用这种语言向女朋友求婚，结果女友没听懂，使得这段美满的婚姻拖了几年。

我们用美国 20 世纪 90 年代的情况来说明货币政策的作用。克林顿政府上台时美国经济处于衰退中，为了刺激经济，美联储采用了扩张性货币政策，降低利率，增加货币量。这种政策有两个显著的作用。第一，增加了投资。以知识为基础的新经济需要对电子、信息、生物工程等新兴行业进行大量投资，降息鼓励了投资，这些部门迅速发展，带动了整个美国经济的发展。第二，降息提高了股票价格。在经济中，利率与股价呈反方向变动。由于美联储降息，股价一路上升，道·琼斯工业平均指数突破 1 万点大关，股市的活跃进一步鼓励了投资。同时，美国许多人拥有股票，股价上升使他们的资产增加。这就增强了消费者的信心，刺激了消费增加。长期以来，美国的边际消费倾向为 0.676 左右。在 20 世纪 90 年代，边际消费倾向上升为 0.68。别看仅仅是 0.004，对经济的影响却是相当重要的。

（案例来源：马丁·迈耶·美联储：格林斯潘的舞台[M]. 王还真，译. 北京：中信出版社，2002.）

格林斯潘用了什么"魔术"对经济产生这么大的影响呢？经济政策的主要作用是什么？

第一节 宏观经济政策概述

一、宏观经济目标

宏观经济政策是政府为了达到一定的经济目的而运用政策工具对宏观经济活动采取的一系列调节手段和措施。凯恩斯主义认为,单靠市场的自发调节很难使宏观经济达到充分就业下的均衡,因此政府需要采取必要的经济政策对宏观经济进行干预。宏观经济政策实行的主要目标有四个:充分就业、物价稳定、经济增长和国际收支平衡。

(一)充分就业

充分就业是宏观经济政策的第一个目标。充分就业并不意味着百分之百就业,而是指包含劳动在内的一切生产要素都以愿意接受的价格参与生产活动的状态。充分就业包含两种含义:①除了摩擦失业和自愿失业之外,所有愿意接受各种现行工资的人都能找到工作的一种经济状态。经济学中所讲的失业是指非自愿失业。②包括劳动在内的各种生产要素,都按其愿意接受的价格,全部用于生产的一种经济状态,即所有资源都得到了充分利用。

(二)物价稳定

物价稳定是宏观经济政策的第二个目标。物价稳定是指物价总水平基本稳定,物价水平稳定并不等于物价上涨率为零。在纸币流通的条件下,随着产品比价的不断调整,通常物价水平有徐徐上升的趋势,只要物价上涨的幅度是在社会可容忍的范围内,即可视为物价稳定。从世界范围看,在纸币流通条件下,物价总水平的不断上升似乎是一个普遍现象,但是物价波动的幅度不能太大。如果物价总水平大幅度上升,必然导致严重的通货膨胀,影响人民生活,加剧社会分配不公,扭曲市场价格,冲击企业正常的生产经营活动,助长流通领域的过度投机行为;同时,物价大幅度上涨也容易导致总供求的失衡,严重制约经济的稳定与增长。因而需要运用财政等政策工具,将物价总水平控制在一定时期社会可接受的范围内。一般认为,每年3%~5%的物价上涨幅度,可视为物价总水平基本稳定。

(三)经济增长

经济增长是宏观经济政策的第三个目标。经济增长是指一个国家或地区生产的物质产品和服务的持续增加,它意味着经济规模和生产能力的扩大,可以反映一个国家或地区经济实力的增长。现在我国主要是用国内生产总值、国民生产总值来测量经济增长。为了消除价格变动的影响,反映实际的经济增长,应该使用不变价格计算。度量经济增长除了测算增长总量和总量增长率之外,还应计算人均占有量,如人均国内生产总值或人均国民生产总值及其增长率。拉动国民经济增长有三大要素,分别是投资、出口和消费,它可以增加一个国家的财富并且增加就业机会。经济正增长一般被认为是整体经济景气的表现。如果一个国家的国内生产总值增长为负数,即当年国内生产总值比往年减少,就叫作经济衰退。通常情况下,只有当国内生产总值连续两个季度持续减少,才被称为经济衰退。

经济增长的核算通常依靠 GDP、GNP 等统计数据。基本方法一般以本年度的 GDP 总量对比往年的 GDP 总量，而得出经济增长的百分比。一个国家的经济增长通常会受到以下因素的制约：资源约束，包括自然条件、劳动力素质、资本数额等方面；技术约束；体制约束，如人们的劳动方式、劳动组织、物质和产品流通、收入分配等内容，经济体制规定了人们经济行为的边界。

（四）国际收支平衡

国际收支平衡是宏观经济政策的第四个目标。国际收支平衡也称外部平衡，是指一国国际收支净额即净出口与净资本流出的差额为零。从长期来看，无论是国际收支赤字还是盈余都将对国内的经济发展产生不利的影响，限制其他经济政策目标的实现。当出现大量国际收支赤字时，需要动用外汇储备或加大举债，从而导致国内通货膨胀；同时，进口过量会使本国经济发展受到冲击，导致失业增加。而长期的国际收支盈余是以减少国内消费和投资为代价的，继而对充分就业和经济增长产生不利的影响。因此，当一国国际收支处于失衡状态时，必然会导致国内总供给和总需求之间的失衡，从而影响该国国内就业水平、价格水平和经济增长。

二、宏观经济目标之间的关系

从长期来看，充分就业、物价稳定、经济增长和国际收支平衡这四个宏观经济政策目标之间既存在互补关系，也有交替关系。互补关系是指一个目标的实现对另一个的实现有促进作用，如充分就业有利于促进经济增长，物价稳定是经济增长的前提，经济增长又是充分就业、物价稳定和国际收支平衡的基础，国际收支平衡有利于国内物价的稳定，有利于利用国际资源扩大本国生产能力，加速经济增长。

交替关系是指一个目标的实现对另一个有排斥作用，如物价稳定与充分就业之间就存在两难选择。为了实现充分就业，必须刺激总需求，扩大就业量，这一般要实施扩张性的财政和货币政策，由此就会引起物价水平的上升，而为了抑制通货膨胀，就必须紧缩财政和货币，由此又会引起失业率的上升。经济增长与物价稳定之间也存在着相互排斥的关系。因为在经济增长过程中，通货膨胀是难以避免的。国内均衡与国际均衡之间也存在着交替关系，这里的国内均衡是指充分就业和物价稳定，而国际均衡是指国际收支平衡。为了实现国内均衡，就可能降低本国产品在国际市场上的竞争力，从而不利于国际收支平衡。为了实现国际收支平衡，又可能不利于实现充分就业和稳定物价的目标。

由此，在制定经济政策时，必须对经济政策目标进行价值判断，权衡轻重缓急和利弊得失，确定目标的实现顺序和目标指数高低，同时使各个目标能有最佳的匹配组合，使所选择和确定的目标体系成为一个和谐的有机整体。

三、宏观经济政策的内容

在宏观经济政策中，常用的有需求管理政策、供给管理政策和国际经济政策。

（一）需求管理政策

需求管理政策是指通过调节总需求来达到一定政策目标的宏观经济政策工具，它包括财政政策和货币政策。需求管理政策是以凯恩斯的总需求分析理论为基础制定的，是凯恩斯主义所重视的政策工具。

需求管理政策是要通过对总需求的调节，实现总需求等于总供给，达到既无失业又无通货膨胀的目标。它的基本政策有实现充分就业政策和保证物价稳定政策两个方面。在有效需求不足的情况下，也就是总需求小于总供给时，政府应采取扩张性的政策措施，刺激总需求增长，克服经济萧条，实现充分就业；在有效需求过度增长的情况下，也就是总需求大于总供给时，政府应采取紧缩性的政策措施，抑制总需求，以克服因需求过度扩张而造成的通货膨胀。

（二）供给管理政策

供给学派理论的核心是把注意力从需求转向供给。供给管理政策是通过对总供给的调节，来达到一定的政策目标。在短期内影响供给的主要因素是生产成本，特别是生产成本中的工资成本。在长期内影响供给的主要因素是生产能力，即经济潜力的增长。供给管理政策具体包括控制工资与物价的收入政策、指数化政策、人力政策和经济增长政策。

（三）国际经济政策

国际经济政策是对国际经济关系的调节。现实中每一个国家的经济都是开放的，各国经济之间存在着日益密切的往来与相互影响。一国的宏观经济政策目标中有国际经济关系的内容（即国际收支平衡），其他目标的实现不仅有赖于国内经济政策，而且也有赖于国际经济政策。因此，在宏观经济政策中也应该包括国际经济政策。

本章主要从需求管理角度来介绍财政政策和货币政策及其运用。

> ● 即问即答 ●
>
> 宏观经济政策的目标是（　　）。
> A. 充分就业与物价稳定
> B. 充分就业与经济增长
> C. 物价稳定与经济增长
> D. 充分就业、物价稳定、经济增长和国际收支平衡

第二节　财 政 政 策

财政政策是指一国政府为达到宏观经济目标对财政收入、财政支出做出的决策和措施，是国家干预经济，进行宏观经济调控的主要政策之一，是政府运用支出和收入来调节总需求以实现宏观经济目标的需求管理政策。

一、财政政策的内容与运用

（一）财政政策的内容

财政政策的内容包括政府支出和政府收入两方面。

1. 政府支出

政府支出是指整个国家中各级政府支出的总和，由具体的支出项目构成，主要可以分

为政府购买和政府转移支付两类。

(1) 政府购买。政府购买是指政府对产品和劳务的购买,如购买军需品、机关办公用品、政府雇员报酬、公共项目工程所需的支出等都属于政府购买。政府购买支出是决定国民收入大小的主要因素之一,其规模直接关系到社会总需求的增减。政府购买支出对整个社会总支出水平具有十分重要的调节作用。

(2) 政府转移支付。政府转移支付是指政府在社会福利保险、贫困救济和补助等方面的支出。需要注意的是,转移支付不能算作国民收入的组成部分,它所做的仅仅是通过政府将收入在不同社会成员之间进行转移和重新分配。

2. 政府收入

政府收入是整个国家各级政府收入的总和,包括税收和公债两部分。

(1) 税收。税收是国家为满足社会公共需要,凭借公共权力,按照法律所规定的标准和程序,参与国民收入分配,强制地、无偿地取得财政收入的一种方式。税收与其他分配方式相比,具有强制性、无偿性和固定性的特征。根据课税对象,税收可以分为流转税、所得税、财产税和行为税四类,在西方国家,所得税占有很大的比重,因此所得税税率的变动对经济活动会产生很大的影响。与政府购买支出、政府转移支付一样,税收同样具有乘数效应,即税收的变动对国民收入的变动具有倍增作用,这也使得税收成为财政政策的有力手段之一。

(2) 公债。公债也叫政府债券,是政府为筹措财政资金,凭其信誉按照一定程序向投资者出具的、承诺在一定时期支付利息和到期偿还本金的一种格式化的债权债务凭证。当政府税收不足以弥补政府支出时,就会发行公债,使公债成为政府财政收入的又一组成部分。公债是政府对公众的债务,它不同于税收,是政府运用信用形式筹集财政资金的特殊形式,包括中央政府的债务和地方政府的债务。公债政策是一种有效的财政政策工具,公债对经济的影响主要体现在流动效应和利率效应上。流动效应一般指通过改变公债的流动程度来影响整个社会的资金流动性状况,从而对经济产生扩张或抑制效应。经济萧条时,政府通过增加短期公债的发行,以提高整个社会的资金流动性状况,扩大社会总需求;反之,减少公债的发行。如果公债的购买者是银行,更可以发挥利率效应,发行公债就有可能会使商业银行通过向中央银行贴现而扩大信贷规模增加货币供应量,因此在经济萧条时,政府应增加银行系统持有公债的份额;在经济繁荣时,政府发行公债尽量面向非银行部门,以减轻通货膨胀的压力。

(二) 财政政策的运用

1. 扩张性财政政策

扩张性财政政策是政府通过财政分配活动刺激和增加社会总需求的一种政策行为,又称膨胀性财政政策,是指主要通过减税、增支进而扩大财政赤字的财政分配方式,以增加和刺激社会总需求。

扩张性财政政策最典型的方式是通过财政赤字扩大政府支出的规模。当经济生活中出现需求不足时,运用膨胀性财政政策可以使社会总需求与总供给的差额缩小以至达到平衡;如果社会总供求原来是平衡的,这一政策会使社会总需求超过总供给;如果社会总需求已经超过总供给,这一政策将使两者的差额进一步扩大。

2. 紧缩性财政政策

紧缩性财政政策是政府通过财政分配活动抑制或压缩社会总需求的一种政策行为，它往往是在已经或将要出现社会总需求大大超过社会总供给的趋势下采取的。它的典型形式是通过财政盈余压缩政府支出规模。因为财政收入构成社会总需求的一部分，而财政盈余意味着将一部分社会总需求冻结不用，从而达到压缩社会总需求的目的。实现财政盈余，一方面要增加税收，另一方面要尽量压缩支出。如果增加税收的同时支出也相应增加，就不可能有财政盈余，增加税收得以压缩社会总需求的效应，就会被增加支出的扩张社会总需求的效应所抵消。

3. 中性财政政策

中性财政政策是指政府财政分配活动对社会总需求的影响保持中性，既不产生扩张也不产生紧缩后果的政策。一般而言，这种政策可以理解为收支平衡政策，按这一政策的要求，不宜有大量的结余，也不允许有大量的赤字。

二、财政政策的内在稳定器

内在稳定器是指一些具有自动调节国民经济功能的财政政策，在经济繁荣时能够抑制经济进一步扩张，在经济衰退时能够阻止经济进一步衰退，因此可以自动稳定经济，又称"自动稳定器"。具有内在稳定器作用的财政政策，主要有税收、政府转移支付、农产品制度等。

（一）税收

累进的所得税制，特别是公司所得税和累进的个人所得税，对经济活动水平的变化反应相当敏感。如果政府预算收支平衡，税率没有变动，而经济活动出现不景气，国民生产就要减少，致使税收收入自动降低；如果政府预算支出保持不变，则由税收收入的减少导致预算赤字发生，从而自动产生刺激需求的力量，以抑制国民生产的继续下降。

（二）政府转移支付

在健全的社会福利、社会保障制度下，各种社会福利支出一般会随着经济的繁荣或萧条而变动。当经济出现繁荣的时候，人们的收入增加，转移支付会随着经济的繁荣而自动减少，社会需求随之减少，从而促使经济趋于稳定。如果国民经济出现衰退，就会有很多人具备申请失业救济金的资格，政府必须对失业者支付津贴或救济金，以使他们能够维持必要的开支，从而使国民经济中的总需求不致下降过多；同样，如果经济繁荣来临，失业者可重新获得工作机会，在总需求接近充分就业水平时，政府就可以停止这种救济性的支出，使总需求不致过旺。

（三）农产品制度

农产品制度主要包括农产品价格维持制度和农业补贴制度等，这两种政策是综合使用的。例如，当经济过热国民收入水平上升，农产品价格随着一般物价水平的上升而上升，这时政府可以减少收购甚至抛售农产品，同时减少甚至取消农业补贴来抑制农产品价格的上升，抑制农民收入的增加，从而减少社会总需求增加的幅度，抑制经济过热，当经济萧条的时候则采取相反的做法。

内在稳定器自动发生作用，调节经济时无须政府做出任何决策，但是这种内在稳定器调节经济的作用是十分有限的，它只能减轻萧条或通货膨胀的程度，并不能改变萧条或通货膨胀的总趋势；只能对财政政策起到自动配合的作用，并不能代替财政政策。因此，尽管某些财政政策具有内在稳定器的作用，但仍需要政府有意识地运用财政政策来调节经济。

三、财政政策的局限性

财政政策的运用可以起到刺激或抑制经济增长的作用，在一定程度上可以减轻经济波动对经济造成的伤害，但由于在实际经济活动中存在各种各样的限制因素影响财政政策作用的发挥，因此财政政策具有一定的局限性。

（一）政策效应的时滞

政策在完全发挥作用到达最终目标之前必定存在一定的时间间隔，这种间隔称为"时滞"。任何一项政策方案，从方案的提出到批准执行，再到政策效果的发挥，都需要时间，而在这段时间内，经济形势或许已经发生了巨大的变化，从而使财政政策的发挥偏离正确的路径，难以达到预期的效果。

（二）政策效果的不确定性

政府在实行财政政策时的不确定性主要体现在两个方面，一是乘数作用的大小具有不确定性，这样财政政策能否产生乘数效应也具有不确定性；二是通过财政政策使总需求水平达到预期目标需要的具体时间具有不确定性，由于时间因素的影响有可能导致政策失效甚至决策失误。

（三）挤出效应

政府支出挤占了私人投资和消费，这种现象称为挤出效应。当政府实行扩张性财政政策时，政府支出增加，产品和劳务需求上升，物价上涨，实际货币供应量降低，可用于投机动机的货币减少，债券价格下跌，利率上升，私人投资减少，消费减少。政府和企业都在投资，在投资项目一定的条件下，政府投得多就把企业挤出去了，从而减弱了扩张性财政政策的作用。

在图 12-1 中，E_0 为原 IS_0 曲线和 LM 曲线的交点，相应的均衡国民收入水平和利率是 y_0 和 r_0。假如政府增加购买支出，会引起总需求的增加和国民收入水平的提高，国民收入水平的提高会引起对货币需求的相应增加，在货币供应量不变的条件下，导致货币需求大于货币供给，如果要想使货币需求减少，达到与货币供给平衡的水平，则利率必然上升，而利率水平的上升又会引起私人部门投资的减少，从而引起总需求的减少和国民收入的减少，这就是挤出效应的具体作用原理。在图 12-1 中，挤出效应的大小可以用 $y_1 \sim y_2$ 之间的距离来衡量。很显然，政府支出的挤出效应越大，财政政策效果就越小；反之，财政政策效果就越大。

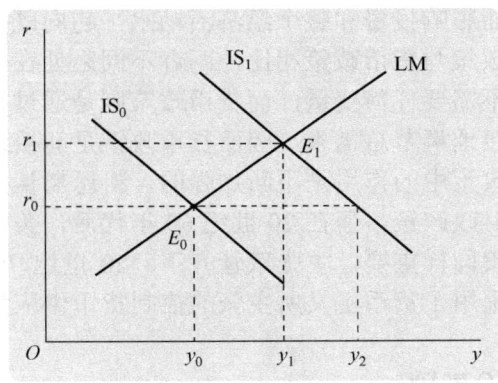

图 12-1　政府支出的挤出效应

（四）公众预期

财政政策还受到公众预期的影响，如果公众认为政策的运用（如减税）只是暂时的，那么他就不会随政策做出反应，政策也就不会产生预期的效果；如果公众认为经济衰退还会更加严重，此时即使增加收入，他们增加的支出也是有限的，则扩大总需求的政策不会起到多少作用。

> **案例讨论**　　　　　　　　　里根的经济政策
>
> 　　1981 年 1 月，年届 70 高龄的里根就任美国第 49 届总统，他所接手的美国正遭受自大萧条以来最严重的经济危机。
> 　　1981 年 2 月，里根向国会提出经济复兴计划，这个计划的要点是：
> 　　（1）削减财政开支（不包括军费），特别是社会福利开支，减少财政赤字，至 1984 年实现预算收支平衡。
> 　　（2）大规模减税，三年内分三次减少个人所得税，对企业实施加快成本回收制度等，给企业以税收优惠。
> 　　（3）放松政府对企业规章制度的限制，减少国家对企业的干预。
> 　　（4）严格控制货币供应量的增长，实行稳定的货币政策以抑制通货膨胀。
> 　　里根总统执政期间实行的经济政策，尽可能大幅度降低高收入者和大企业的所得税税率，又大幅度减少各项社会福利开支，故有人指责该政策"劫贫济富"。然而，在里根的任期内，所有经济阶层的所得都提高了，包括最底层的贫穷人口的收入也提升了 6%，同时最富有的 1% 美国人同样提升了自己的收入，开创性地以匪夷所思的"里根经济学"，引导美国人走出滞胀危机并赢得冷战，堪称"里根革命"，也就是新政以来美国经济发展史上的第二次革命。
> 　　讨论：里根曾有名言，"在这场危机中，政府不是解决方案，政府就是问题所在。"你是否同意这种观点？里根经济学对我国发展经济有什么借鉴意义？

第三节　货　币　政　策

货币政策是宏观经济政策的另一重要组成部分，是指一个国家的中央银行通过控制货币供应量来调节利率，进而影响投资和整个经济活动水平趋向既定经济目标的经济政策，又被称为金融政策。财政政策与货币政策相比，两者不同之处在于，财政政策是直接影响社会总需求的规模，中间不需要任何变量，而货币政策则是通过货币当局控制货币供应量的变化来调节利率进而间接地调节总需求，因而货币政策是间接地发挥作用的。

货币政策在宏观经济政策中的作用是不断加强的。凯恩斯认为货币政策的效果有限，宏观经济政策的重点在于财政政策，但在20世纪60年代后，美国的凯恩斯主义经济学家却强调货币政策与财政政策同样重要，主张双管齐下。20世纪70年代后，随着"滞胀"局面的出现，西方各国又采用了货币主义所主张的控制货币供应量的政策。

一、货币政策的理论基础

（一）货币及其层次

1. 货币的含义及其职能

西方经济学家认为，货币是固定地充当一般等价物的特殊产品，其职能主要有：价值尺度、流通手段、支付手段、贮藏手段以及世界货币职能。

2. 货币的层次

中央银行为了便于进行宏观经济运行监测和货币政策操作，按照不同的统计口径确定不同的货币供应量。尽管世界各国中央银行都有自己的货币统计口径，但是无论存在何等差异，其划分的基本依据却是一致的，都以作为流通手段和支付手段的方便程度作为标准。根据资产的流动性来划分货币供应量层次，已被大多数国家政府所接受。

国际货币基金组织把货币层次分为以下三类：M0、M1、M2。这里的 M 是英文 Money（钱，货币）的意思。我国中央银行根据《中国人民银行货币供应量统计和公布暂行办法》，目前划定的货币层次为：

M0=现金
M1=M0+单位活期存款
M2=M1+个人储蓄存款+单位定期存款
M3=M2+商业票据+大额可转让定期存单。

我国目前只测算和公布 M0、M1 和 M2 的货币供应量，M3 只测算不公布。

（二）中央银行与商业银行

中央银行是一国最高的货币金融管理机构，在各国金融体系中居于主导地位，统筹管理全国的金融活动，是制定和执行货币政策的机构。

一般来说，中央银行具有四大职能：①发行的银行。它垄断货币的发行权，是全国唯一的现钞发行机构。②银行的银行。这一职能最能体现中央银行的特殊金融机构性质，办理"存、放、汇"仍是中央银行的主要业务内容，但业务对象不是一般企业和个人，而是商业银行与其他金融机构。作为金融管理的机构，这一职能具体表现在集中存款准备、最终贷款人、组织全国的清算三个方面。③国家的银行。这一职能主要表现在：代理国库；代理国家债券的发行；向国家给予信贷支持；保管外汇和黄金准备；制定并监督有关金融管理法规；代表政府参加国际金融组织，出席各种国际会议，从事国际金融活动以及代政府签订国际金融协定；在国内外经济金融活动中，充当政府的顾问，提供经济、金融情报和决策建议。④调控的银行。中央银行作为一个国家的职能部门，是一国最高的金融管理机构，为了实现货币政策目标，要通过金融手段，对整个国家的货币、信用活动进行调节和控制，进而影响国民经济的运行。

商业银行是市场经济的产物，是为了适应市场经济发展和社会化大生产需要而形成的一种金融组织。商业银行经过几百年的发展演变，现在已经成为世界各国经济活动中最主要的资金集散机构，其对经济活动的影响力居于各国各类银行与非银行金融机构之首。商业银行是以追求最大利润为目标，能向客户提供多种金融服务的特殊的金融企业。盈利是商业银行产生和经营的基本前提，也是商业银行发展的内在动力。

商业银行的主要职能有：①信用中介，即商业银行充当将经济活动中的赤字单位和盈余单位联系起来的中间人的角色，将闲散货币转化为资本；使闲置资本得到充分利用；将短期资金转化为长期资金。②支付中介，即商业银行借助支票等信用流通工具，通过客户活期存款账户的资金转移为客户办理货币结算、货币收付、货币兑换和存款转移等业务活动。③信用创造，即商业银行通过吸收活期存款、发放贷款，从而增加银行的资金来源、扩大社会货币供应量。④金融服务，即商业银行利用在国民经济中联系面广、信息灵通等特殊地位和优势，利用其在发挥信用中介和支付中介功能的过程中所获得的大量信息，借助计算机等先进手段和工具，为客户提供财务咨询、融资代理、信托租赁、代收代付等各种金融服务。

（三）基础货币与货币乘数

1. 基础货币

基础货币也称货币基数、强力货币、初始货币，因其具有使货币供应总量成倍放大或收缩的能力，又被称为高能货币，是指处于流通界为社会公众所持有的现金及银行体系准备金（包括法定存款准备金和超额准备金）的总和。基础货币作为整个银行体系内存款扩张、货币创造的基础，其数额大小对货币供应总量具有决定性的影响。

基础货币是整个商业银行体系借以创造存款货币的基础，是整个商业银行体系的存款得以倍数扩张的源泉。基础货币具有几个最基本的特征：

（1）中央银行的货币性负债，是中央银行通过自身的资产业务供给出来的。

（2）通过由中央银行直接控制和调节的变量对它的影响，达到调节和控制供应量的目的。

（3）它是支撑商业银行负债的基础，商业银行不持有基础货币，就不能创造信用。

（4）在实行准备金制度下，基础货币被整个银行体系运用的结果，能产生数倍于它自身的量。

2. 货币乘数

货币乘数是指货币供应量对基础货币的倍数关系。在货币供给过程中，中央银行的初始货币提供量与社会货币最终形成量之间客观存在着数倍扩张（或收缩）的效果或反应，即所谓的乘数效应。货币乘数主要由通货-存款比率和准备-存款比率决定。通货-存款比率是流通中的现金与商业银行活期存款的比率，它的变化反向作用于货币供应量的变动，通货-存款比率越高，货币乘数越小；通货-存款比率越低，货币乘数越大。准备-存款比率是商业银行持有的总准备金与存款之比,准备-存款比率也与货币乘数有反方向变动的关系。

狭义货币乘数的计算公式是:$k=\dfrac{R_c+1}{R_d+R_e+R_c}$,其中 R_d、R_e、R_c 分别代表法定存款准备金率、超额准备金率和现金在存款中的比率。而货币(政策)乘数的基本计算公式是:货币乘数 = $\dfrac{货币供给}{基础货币}$,其中,货币供给等于通货(即流通中的现金)和活期存款的总和;而基础货币等于通货和准备金的总和。

二、货币政策工具与运用

货币政策工具是指中央银行为实现货币政策目标所运用的策略手段。中央银行的政策工具主要有一般性货币政策工具、选择性货币政策工具和补充性货币政策工具等。

(一)一般性货币政策工具

一般性政策工具主要包括公开市场业务、法定存款准备金政策和再贴现政策等手段。

1. 公开市场业务

公开市场业务是指中央银行在公开市场上买卖政府金融债券以调整和影响货币供应量的一种措施,是中央政府对货币实行逐日管理的工具。

当中央银行买进商业银行或非银行公众手中持有的债券时,就将增加强力货币的数量,从而按货币乘数引起货币供给的倍增;当中央银行出售债券给商业银行或非银行公众时,就将减少强力货币的数量,从而按货币乘数引起货币供给的倍减。

当然,中央政府除了从事这种积极的调节货币供给的公开市场行动外,还有另外一种防御性的公开市场行动,这就是政府通过中央银行买进或售出政府债券以抵消其他因素的影响,用以平衡多余法定存款准备金以及非银行公众手中持有的现金过多或过少的不良运动,以稳定货币的供给。

2. 法定存款准备金政策

法定存款准备金是商业银行在其吸收的存款中上缴中央银行作为现金准备的资金,几乎所有实行中央银行制度的国家都实行了法定存款准备金制度。中央银行系统可以通过法律改变其成员银行的法定存款准备金率,以影响货币乘数,最终影响货币供应量。例如:在强力货币水平给定的情况下,提高法定存款准备金率会减少货币乘数,引起货币供应量的减少;降低法定存款准备金率会增加货币乘数,引起货币供应量的增加。这是因为提高法定存款准备金率,要求商业银行系统增加法定存款准备金,从而导致了信贷收缩,货币供给减少;而降低法定存款准备金率,商业银行系统将出现多余法定存款准备金,银行为获利必然增加信贷以减少多余法定存款准备金,这就增加了货币供给。

由上述分析可知,改变法定存款准备金率是一种强有力的工具,纵使很小的改变也可能引起货币供给的剧烈变动。但是,因为实际应用上的问题,这一工具很少使用。首先,改变法定存款准备金率的行动是通过法律一次性完成的,不像一般公开市场业务那样具有政策的灵活可变性。其次,降低法定存款准备金率可能要比提高法定存款准备金率容易实行。也正是因为此原因,各国货币当局一般不会轻易采用这一工具。

3．再贴现政策

再贴现是中央银行通过买进商业银行持有的已贴现但尚未到期的商业汇票，向商业银行提供融资支持的行为。通过改变中央银行贷款给它的成员银行的再贴现率，可以起到调整和影响货币供应量的作用。中央银行降低再贴现率，会鼓励商业银行借钱，增加高能货币的数量，这样在货币乘数不变的情况下，就会导致货币供给的增加；反之，中央银行提高再贴现率，会限制商业银行借钱，因为此时借钱需要支付较高的利息，如果商业银行不能保证所借到的钱能以更高的利率贷出，就会减少借款，从而使得高能货币减少，在货币乘数不变的情况下，将会导致货币供给的减少。

由于改变再贴现率的政策效果取决于商业银行的行动。所以在这里，政府的作用是被动的，仅仅通过改变再贴现率的政策往往很难使得贴现控制在理想的水平。此外，再贴现率还可能产生政府所希望的和不希望的各种心理效应。例如，再贴现率的提高，人们可能会认为货币政策会紧缩，银行将更谨慎地放款，这显然是政府在试图紧缩货币政策时所希望的。但是，再贴现率的提高，也可能使得潜在的贷款者觉得以后再贴现率会更高，从而增加目前的借款，这显然与政府提高再贴现率以减少货币供给的意图相悖。

以上工具被称为中央银行的"三大法宝"，主要是从总量上对货币供应和信贷规模进行调节。上述货币政策工具常常需要配合使用。例如：当中央银行在公开市场业务中出售政府债券使市场利率上升后，再贴现率必须相应提高，以防止商业银行增加贴现，于是商业银行向它的顾客的贷款利率也需提高，以免产生亏损；当中央银行认为需要扩大信用时，在公开市场操作中买进债券的同时，也可以降低再贴现率。

（二）选择性货币政策工具

选择性货币政策工具是指中央银行针对某些特殊的信贷或某些特殊的经济领域而采用的工具，以某些个别商业银行的资产运用与负债经营活动或整个商业银行的资产运用与负债经营活动为对象，侧重于对银行业务活动内容方面进行控制，是常规性货币政策工具的必要补充。常见的选择性货币政策工具主要包括消费者信用控制、证券市场信用控制、不动产信用控制、优惠利率、预缴进口保证金等。

（三）补充性货币政策工具

除以上常规性、选择性货币政策工具外，中央银行有时还运用一些补充性货币政策工具，对信用进行直接控制和间接控制，主要包括以下几种工具：

（1）信用直接控制工具，指中央银行依法对商业银行创造信用的业务进行直接干预而采取的各种措施，主要有信用分配、流动性比率、利率限制、特种贷款。

（2）信用间接控制工具，指中央银行凭借其在金融体制中的特殊地位，通过与金融机构之间的磋商、宣传等，指导其信用活动，以控制信用，其方式主要有窗口指导、道义劝告。

三、货币政策的局限性

（一）政策效应的时滞

货币政策的程序繁杂、环节众多，政策发挥作用往往需要半年或一年时间才能见效。

而且，这些成效有时也不一定很显著，因为在此过程中，经济情况可能发生变化，这种变化可能与人们预料的情况相反。例如，经济衰退时，中央银行扩大货币供给，但还未到这一政策效果完全发挥出来经济就已转入繁荣，物价已经开始较快地上升，则原来实行的扩张性货币政策不是遏制衰退，反而是在加剧通货膨胀方面起到了作用。

（二）货币政策反衰退的效果较弱

在经济衰退时期，投资者对经济前景普遍持悲观的态度，即使中央银行松动银根，降低利率，投资者也可能不会增加贷款从事投资活动；而银行为安全起见，也不会轻易发放贷款。特别是由于存在流动性陷阱，不论银根如何松动，利率都不会降低。这样，货币政策作为反衰退的经济政策，其效果就会相当微弱。

（三）政策效果可能被货币流通速度的变化所抵消

在经济繁荣时期，人们对前景预期乐观而增加支出，在物价上涨时，人们宁愿持有货物而不愿持有货币，于是货币流通速度加快，产生扩大货币供应量的效果；在经济衰退时期，实行扩张性货币政策，扩大货币供应量，但由于人们压缩开支，使货币流通速度放慢，产生减少货币供应量的效果。

（四）货币政策发挥作用的影响因素多

货币政策的作用大小受到许多因素的影响。例如：中央银行拟采取从公开市场上买入政府债券政策，以增加货币供应量，而公众不一定会出售其持有的政府债券；中央银行拟采取从公开市场上卖出政府债券政策，以减少货币供应量，而公众不一定会买入政府债券。再如，中央银行拟通过降低再贴现率吸引商业银行借款，但中央银行只能等待商业银行向它借款，而不能要求商业银行这样做，如果商业银行不向中央银行借款，那么再贴现率政策便无法发挥效力了。另外，货币政策的实施效果还受资金在国际流动的影响。

案例讨论　　　　　　　　　　**下调部分金融机构存款准备金率**

为引导金融机构加大对小微企业的支持力度，增加银行体系资金的稳定性，优化流动性结构，中国人民银行决定，从 2018 年 4 月 25 日起，下调大型商业银行、股份制商业银行、城市商业银行、非县域农村商业银行、外资银行人民币存款准备金率 1 个百分点；同日，上述银行将各自按照"先借先还"的顺序，使用降准释放的资金偿还其所借央行的中期借贷便利（MLF）。

中国人民银行将继续实施稳健中性的货币政策，保持流动性合理稳定，引导货币信贷和社会融资规模平稳适度增长，为高质量发展和供给侧结构性改革营造适宜的货币金融环境。近些年存款准备金率调整一览表见表 12-1。

（资料来源：中国银行网站 http://www.pbc.gov.cn/goutongjiaoliu/113456/113469/3522107/index.html）

讨论：经济发展的状况与存款准备金调整的策略，二者之间的关系是什么？

表 12-1 存款准备金率调整一览表

公布时间	生效日期	大型金融机构		中小金融机构	
		调整前	调整后	调整前	调整后
2018 年 6 月 24 日	2018 年 7 月 5 日	16.00%	15.50%	14.00%	13.50%
2018 年 4 月 17 日	2018 年 4 月 25 日	17.00%	16.00%	15.00%	14.00%
2016 年 2 月 29 日	2016 年 3 月 1 日	17.50%	17.00%	15.50%	15.00%
2015 年 10 月 23 日	2015 年 10 月 24 日	18.00%	17.50%	16.00%	15.50%
2015 年 8 月 25 日	2015 年 9 月 6 日	18.50%	18.00%	16.50%	16.00%
2015 年 4 月 19 日	2015 年 4 月 20 日	19.50%	18.50%	17.50%	16.50%
2015 年 2 月 4 日	2015 年 2 月 5 日	20.00%	19.50%	18.00%	17.50%
2012 年 5 月 12 日	2012 年 5 月 18 日	20.50%	20.00%	18.50%	18.00%
2012 年 2 月 18 日	2012 年 2 月 24 日	21.00%	20.50%	19.00%	18.50%
2011 年 11 月 30 日	2011 年 12 月 5 日	21.50%	21.00%	19.50%	19.00%
2011 年 6 月 14 日	2011 年 6 月 20 日	21.00%	21.50%	19.00%	19.50%
2011 年 5 月 12 日	2011 年 5 月 18 日	20.50%	21.00%	18.50%	19.00%
2011 年 4 月 17 日	2011 年 4 月 21 日	20.00%	20.50%	18.00%	18.50%
2011 年 3 月 18 日	2011 年 3 月 25 日	19.50%	20.00%	17.00%	18.00%
2011 年 2 月 18 日	2011 年 2 月 24 日	19.00%	19.50%	16.50%	17.00%
2011 年 1 月 14 日	2011 年 1 月 20 日	18.50%	19.00%	16.50%	16.50%
2010 年 12 月 10 日	2010 年 12 月 20 日	18.00%	18.50%	16.00%	16.50%
2010 年 11 月 19 日	2010 年 11 月 29 日	17.50%	18.00%	15.50%	16.00%
2010 年 11 月 10 日	2010 年 11 月 16 日	17.00%	17.50%	15.00%	15.50%
2010 年 5 月 2 日	2010 年 5 月 10 日	16.50%	17.00%	14.50%	15.00%
2010 年 2 月 12 日	2010 年 2 月 25 日	16.00%	16.50%	14.00%	14.50%
2010 年 1 月 12 日	2010 年 1 月 18 日	15.50%	16.00%	13.50%	14.00%

第四节 财政政策与货币政策的综合运用

一、宏观经济政策的选择

财政政策和货币政策两者都能产生增加国民收入的作用，但是作用机制却不同。财政政策通过影响总需求特别是消费需求来影响国民收入；货币政策主要通过货币供给影响利率进而影响投资，最后再影响国民收入。作用机制的不同，在一定程度上决定了二者对国民收入的影响不同。财政政策和货币政策都有各自的局限性，这也决定了在进行宏观调控时必须将二者有机地协调起来搭配运用。

二、两种政策的综合运用

（一）相机抉择的政策协调

"相机抉择"的政策协调又称"酌情处理"，是指政府在进行国民经济协调时应根据不同的情况机动灵活地决定和选择某项或几项措施来进行调节。首先，不同的政策措施的猛烈程度不一样。例如，同样是货币政策，法定存款准备金率的调整比较猛烈，而公开市场业务则较为缓和；其次，不同政策措施的时效也不一样。货币政策的变动是通过中央银行决定的，而财政政策要通过立法机构，因此财政政策起到有效作用的时间就要来得晚一些；再次，不同政策实行过程中所碰到的阻力不一样，大体上说，货币政策的阻力小于财政政策的阻力。由此可见，在不同的经济形势下，要针对具体情况酌情处理。

（二）财政政策和货币政策的配合措施

（1）"双紧"配合，即紧缩的财政政策和紧缩的货币政策相结合。在经济中出现需求过热并且伴随高通胀时，应同时采取紧缩银根的货币政策和紧缩性财政政策。在适当增加税收和减少政府支出的同时，适当地减少货币供应量，提高利率，以便有效地减少总需求，抑制通货膨胀，但这有可能带来经济停滞的后果。在"双紧"政策配合中，出现的情况有很多种。在同时采取紧缩的财政政策和货币政策的情况下，无论利率怎么变化，国民收入都是呈现减少的变动趋势。

（2）"双松"配合，即宽松的财政政策和宽松的货币政策相结合。在经济萧条时，出现了总需求不足，就要刺激需求，此时要同时采取扩张性的货币政策和扩张性财政政策。在适当减少税收和增加政府支出的配合下，适当地增加货币供给，降低利率，这样可以有效地刺激需求，使需求增加，抑制经济萧条。"双松"配合的目的是使经济增长和扩大就业，但由此可能会引发通货膨胀。"双松"配合和"双紧"配合是完全相反的一个过程，利率变化不确定，但国民收入却呈增加趋势。

（3）"松紧"配合，即宽松的财政政策和紧缩的货币政策相结合。宽松的财政政策有利于刺激需求，克服经济萧条；紧缩的货币政策有利于避免高通胀率。这种综合的效应是在保持经济适度增长的同时尽可能避免通货膨胀，但长期使用可能积累大量的财政赤字。在扩张性财政政策和紧缩性货币政策作用下，国民收入水平呈现三种变化态势：不变、上升和下降，但利率都呈现上升的变动趋势。

（4）"紧松"配合，即紧缩的财政政策和宽松的货币政策相结合。与"松紧"配合相反，"紧松"配合的效应是在控制通货膨胀的同时保持适度的经济增长，但货币政策过松会增加控制通货膨胀的难度。"紧松"配合和"松紧"配合是完全相反的一个过程，在这种情况下，国民收入变化不确定，但利率水平却呈下降趋势。

在选择如何进行财政政策和货币政策的组合时，不仅要考虑经济形势，还要考虑政治因素。因为财政政策和货币政策虽然可以调节总需求，但是二者作用的结果会使 GDP 的组成比例发生变化，从而对不同阶层和集团的利益产生不同的影响。例如，同为扩张性的财政政策，如果采取减税的财政政策，则将有利于增加个人可支配收入，从而增加消费支出；如果采取增加政府公共支出的财政政策，则会使广大公众受益，同时刺激投资的增加。因此，政府在做出财政政策与货币政策的组合决策时，必须统筹兼顾，充分考虑各方面的利益。财政政策和货币政策综合使用的政策效应见表 12-2。

表 12-2　财政政策和货币政策综合使用的政策效应

政策混合	产出	利率
紧缩性财政政策和紧缩性货币政策	减少	不确定
扩张性财政政策和扩张性货币政策	增加	不确定
扩张性财政政策和紧缩性货币政策	不确定	上升
紧缩性财政政策和扩张性货币政策	不确定	下降

● 即问即答 ●

在社会需求严重不足，生产资源大量闲置的经济环境下，适宜采用（　　）政策组合。
A. 双紧
B. 双松
C. 一松（财政政策）一紧（货币政策）
D. 一紧（财政政策）一松（货币政策）

第五节　供给管理政策

一、收入政策

收入政策又称"工资与价格控制"，是后凯恩斯主流学派提出的政策主张之一，是指政府为了影响货币收入或物价水平而采取的措施，其目的通常是为了降低物价的上涨速度。收入政策是国家为实现宏观调控总目标和总任务在分配方面制定的原则和方针，与财政政策、货币政策相比，收入政策具有更高层次的调节功能，并制约着财政政策和货币政策的作用方向和作用力度，而且收入政策最终也要通过财政政策和货币政策来实现。

收入政策目标包括收入总量目标和收入结构目标。收入总量目标着眼于近期的宏观经济总量平衡，根据供求不平衡的两种状况分别选择分配政策和超分配政策。收入结构目标则着眼于中长期的产业结构优化和经济与社会协调发展，着重处理积累与消费、公共消费与个人消费、各种收入的比例及个人收入差距等关系。

国家实施收入政策的手段主要有三种：

1. 强制性收入政策

强制性收入政策主要是政府通过立法来冻结物价和工资，一般是在通货膨胀严重时采用的手段。

2. 非强制性的"指导性"方法

非强制性的"指导性"方法，即政府根据平均劳动生产率的增长趋势，规定每个部门工资增长限度，使货币收入增长不超过劳动生产率增长幅度。

3. 收入指数化措施

收入指数化措施，即将名义收入与某种物价指数联系起来，名义收入随物价指数的变动而变动，其作用在于避免或减轻物价上涨对实际工资的影响。

二、指数化政策

指数化政策是指按通货膨胀率来调整有关变量的名义价格，以便使其实际值保持不变的政策措施。通货膨胀会引起收入分配的变动。例如，通货膨胀会使实际工资下降，从而使利润增加和实际纳税额增加。指数化政策就是为了消除通货膨胀的这种影响，以有利于总供给和整个经济的稳定。指数化政策的形式主要有以下几种。

1. 利率指数化

利率指数化即根据通货膨胀率来调整名义利率，以保持实际利率不变，即在债务契约中规定名义利率自动按通货膨胀率进行调整。这样就可以使通货膨胀不会对正常的债务活动与住房投资等长期投资产生不利的影响。

此外，银行存款利率也要按通货膨胀率进行调整，以保护储户的利益，既便于银行吸引存款，也有利于提高储户进行储蓄的积极性。

利率作为资本的价格可以使资本这种资源得到最优配置，通货膨胀会使利率受到扭曲，从而会导致资源配置失误。对利率实行指数化则可以消除这种失误，因此指数化政策得到了广泛采用。

2. 工资指数化

工资指数化即根据通货膨胀率来调整货币工资，把货币工资增长率与物价上涨率联系在一起，使它们同比例变动，这种做法一般称为"生活费用调整"。具体做法是在工资合同中增加"自动调整条款"，规定按通货膨胀率自动调整货币工资标准。此外，对退休金、养老金、失业补助、贫困补助等社会保险与福利支出也实行类似的指数化。

工资指数化的作用在于抵消通货膨胀对人们生活水平和实际收入的影响，使人们的生活水平不致因通货膨胀而下降。同时，也可以减少人们对通货膨胀的恐惧心理，抵消通货膨胀预期对经济的不利作用。此外，还可以促进工资合同的长期化，有利于劳动关系的稳定。这些对经济和社会安定都有积极作用。

3. 税收指数化

税收指数化是指按通货膨胀率来调整纳税的起征点和税率等级。例如，假定原来起征点为5 000元，当通货膨胀率为10%时，就可以把起征点改为5 500元。税率等级也可以按通货膨胀率相应地进行调整。

这样做的好处是制止政府放纵通货膨胀的行为，使政府采用积极的反通货膨胀政策。但这种措施的实施是相当困难的。因为税收指数化相当复杂，涉及税收制度等问题，而且要政府自己限制自己的行为也是不易的。

三、人力政策

人力政策又称就业政策，是一种旨在改善劳动市场结构，以减少失业的政策。其中主要有：

1. 人力资本投资

人力资本投资是指由政府或有关机构为劳动者投资，以提高劳动者的文化素质、技术水平与身体素质，使之更适应劳动力市场的需求。

2. 完善劳动力市场

失业产生的一个重要原因是劳动力市场的不完善，因此政府应该不断完善和增加各类就业介绍机构，为劳动力的供求双方提供迅速、准确而完全的信息，使工人找到满意的工作，企业也能得到生产所需要的劳动力。这样无疑会有效地减少失业，尤其是降低自然失业率。

3. 协助劳动力进行流动

劳动者在地区、行业和部门之间的流动，有利于劳动力资源的合理配置，实现人尽其才，也能减少因劳动力的地区结构不协调和劳动力的流动困难等原因造成的失业。对劳动力流动的协助包括提供充分的信息、必要的物资帮助与鼓励，以及有助于劳动力合理流动的优惠政策等。

主要内容网络图

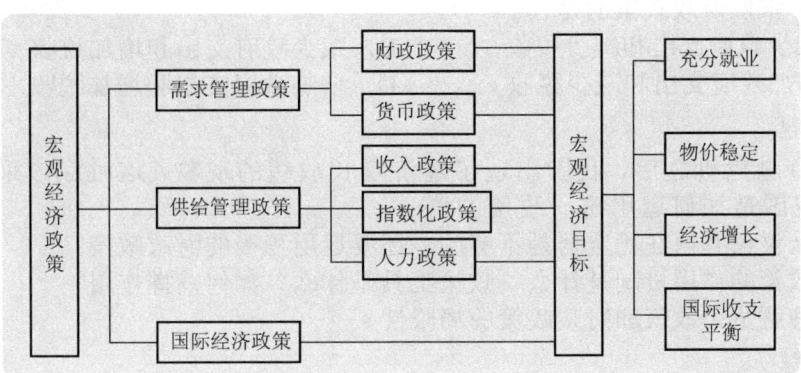

关键名词

宏观经济目标　充分就业　经济增长　物价稳定　需求管理
供给管理　　　财政政策　货币政策　内在稳定器　挤出效应

复习与练习

一、单项选择题

1. 下列不属于常用的宏观经济政策工具的是（　　）。
   A. 需求管理政策　　　　　　　　B. 提高价格政策
   C. 供给管理政策　　　　　　　　D. 国际经济政策
2. 不属于"内在稳定器"的是（　　）。
   A. 农产品制度　　　　　　　　　B. 税收
   C. 政府转移支付　　　　　　　　D. 政府公共工程支出
3. 增加政府购买、增加政府转移支付、降低税率属于（　　）政策。
   A. 紧缩性的货币政策　　　　　　B. 扩张性的货币政策
   C. 紧缩性的财政政策　　　　　　D. 扩张性的财政政策
4. 在积极的财政政策作用下，增加政府支出，而排挤投资的现象称为（　　）。
   A. 相机抉择　　　　　　　　　　B. 挤出效应
   C. 不确定性问题　　　　　　　　D. 逆经济风向行事
5. 中央银行提高法定存款准备金率，可以（　　）。
   A. 增加货币供应量　　　　　　　B. 减少货币供应量
   C. 增加货币需求量　　　　　　　D. 减少货币需求量
6. 下面关于财政政策内在稳定器功能最恰当的描述是（　　）。
   A. 促进经济的繁荣　　　　　　　B. 推迟经济的衰退
   C. 减轻经济波动　　　　　　　　D. 加剧经济波动

7. 通常认为，紧缩性货币政策是（　　）。
   A．提高贴现率　　　　　　　　　B．增加货币供给
   C．降低法定存款准备金率　　　　D．中央银行买入政府债券
8. 属于扩张性财政政策的是（　　）。
   A．减少政府支出和减少税收　　　B．减少政府支出和增加税收
   C．增加政府支出和减少税收　　　D．增加政府支出和增加税收

二、问答题

1．世界金融危机之后，我国出现了经济增长放缓的现象，这时应该采取什么样的财政政策？我国是如何运用这一政策的？
2．为什么仅仅有内在稳定器是不够的，还要运用积极的财政政策？
3．货币政策的作用机制是什么？政策工具是什么？如何发挥作用？
4．如何理解货币政策和财政政策的局限性？

三、分析题

若2018年某国房地产市场价格猛涨，而2019年房地产市场低迷，该国政府应分别采取了什么货币政策措施？

实践与实训

主题：分析我国近几年经济形势及中央政府所采取的宏观经济政策。
要求：
（1）了解有关政策的运用背景。
（2）了解财政政策和货币政策的使用及其效果。
（3）了解财政政策和货币政策的搭配使用。
提示：①查找近5年主要宏观经济指标（如GDP、企业效益、物价指数、失业率、居民储蓄存款余额、货币量、利率、财政收支状况等）；②运用数据进行分析，撰写分析报告。

人物介绍

保罗·萨缪尔森

保罗·萨缪尔森（Paul A.Samuelson，1915—2009），1935年毕业于芝加哥大学，随后获得哈佛大学的硕士学位和博士学位，并一直在麻省理工学院任经济学教授，是麻省理工学院研究生部的创始人。他是那些能够和普通大众进行交流的为数极少的科学家之一，他经常出席国会作证，在联邦委员会、美国财政部和各种私人非营利机构任学术顾问。

萨缪尔森是当今世界经济学界的巨匠之一，他所研究的内容十分广泛，涉及经济学的各个领域，是世界上罕见的多能学者。他发展了数理和动态经济理论，将经济科学提高到新的水平，是当代凯恩斯主义的集大成者，经济学的最后一个通才。他首次将数学分析方法引入经济学，帮助经济困境中上台的肯尼迪政府制定了著名的"肯尼迪减税方案"，并且写出了一部被数百万大学生奉为经典的教科书。他于1947年成为约翰·贝茨·克拉克奖的首位获得者，并于1970年获得诺贝尔经济学奖。

萨缪尔森的经典著作《经济学》以四十多种语言在全球销售超过四百万册，是全世界最畅销的教科书，影响了整整一代人。也正是他的这本著作，将西方经济学理论第一次系统地带进中国，并使这种思考方式和视野在中国落地生根。

参 考 文 献

[1] N 格里高利·曼昆. 经济学原理：微观经济学分册[M]. 7 版. 梁小民，梁砾，译. 北京：北京大学出版社，2015.

[2] N 格里高利·曼昆. 经济学原理：宏观经济学分册[M]. 7 版. 梁小民，梁砾，译. 北京：北京大学出版社，2015.

[3] 罗伯特 S 平狄克，丹尼尔 L 鲁宾费尔德. 微观经济学[M]. 8 版. 高远，等译. 北京：中国人民大学出版社，2013.

[4] 鲁迪格·多恩布什，斯坦利·费希尔，理查德·斯塔兹. 宏观经济学[M]. 12 版. 王志伟，译. 大连：东北财经大学出版社，2015.

[5] 哈尔 R 范里安. 微观经济学：现代观点[M]. 9 版. 费方域，等译. 上海：格致出版社，2015.

[6] 保罗·萨缪尔森，威廉·诺德豪斯. 经济学[M]. 19 版. 萧琛，等译. 北京：商务印书馆，2013.

[7] 约瑟夫 E 斯蒂格利茨，卡尔 E 沃尔什. 经济学（上）[M]. 4 版. 黄险峰，等译. 北京：中国人民大学出版社，2013.

[8] 约瑟夫 E 斯蒂格利茨，卡尔 E 沃尔什. 经济学（下）[M]. 4 版. 黄险峰，等译. 北京：中国人民大学出版社，2013.

[9] 高鸿业. 西方经济学（微观部分）[M]. 7 版. 北京：中国人民大学出版社，2018.

[10] 高鸿业. 西方经济学（宏观部分）[M]. 7 版. 北京：中国人民大学出版社，2018.

[11] 尹伯成. 现代经济学简明教程[M]. 8 版. 上海：上海人民出版社，2013.

[12] 吴冰，陈福明. 经济学基础教程[M]. 3 版. 北京：北京大学出版社，2011.

[13] 梁小民. 西方经济学基础教程[M]. 3 版. 北京：中国人民大学出版社，2014.

[14] 厉以宁. 西方经济学[M]. 北京：高等教育出版社，2010.

[15] 宋承先，许强. 现代西方经济学——微观经济学[M]. 3 版. 上海：复旦大学出版社，2005.

[16] 许纯祯，吴宇晖，张东辉. 西方经济学[M]. 4 版. 北京：高等教育出版社，2014.

[17] 秦云秀，李慧芬. 西方经济学基础[M]. 北京：科学出版社，2005.

[18] 尹伯成. 经济学基础教程[M]. 3 版. 上海：复旦大学出版社，2018.

[19] 亚当·斯密. 国民财富的性质和原因的研究[M]. 郭大力，王亚楠，译. 北京：商务印书馆，2008.

[20] 阿尔弗雷德·马歇尔. 经济学原理[M]. 高建刚，等译. 北京：中国工人出版社，2016.

[21] 约翰·梅纳德·凯恩斯. 就业、利息和货币通论[M]. 高鸿业，译. 北京：商务印书馆，2014.

[22] 莱昂·瓦尔拉斯. 纯粹经济学要义[M]. 蔡受百，译. 北京：商务印书馆，1989.

[23] 王志伟. 现代西方经济学流派[M]. 2 版. 北京：北京大学出版社，2015.

[24] 贾辉艳. 微观经济学原理[M]. 2 版. 北京：北京大学出版社，2010.

[25] 缪代文. 微观经济学与宏观经济学[M]. 6 版. 北京：高等教育出版社，2017.